COMO ENTREI NA LISTA NEGRA DA HERMÈS

Michael Tonello

COMO ENTREI NA LISTA NEGRA DA HERMÈS

MINHA VIDA À CAÇA DA BIRKIN, A BOLSA MAIS DESEJADA DO MUNDO

Tradução
Melania Scoss

Título original: *Bringing Home the Birkin*

Copyright © 2008 Michael Tonello
Copyright da edição brasileira © 2012 Editora Pensamento-Cultrix Ltda.
Ilustrações: Muntsa Vicente

Publicado mediante acordo com Carol Mann Agency através de Karin Schindler Comercialização e Administração de Direitos Autorais Ltda.

Texto de acordo com as novas regras ortográficas da língua portuguesa.

1ª edição 2012.

Todos os direitos reservados. Nenhuma parte deste livro pode ser reproduzida ou usada de qualquer forma ou por qualquer meio, eletrônico ou mecânico, inclusive fotocópias, gravações ou sistema de armazenamento em banco de dados, sem permissão por escrito, exceto nos casos de trechos curtos citados em resenhas críticas ou artigos de revistas.

A Editora Seoman não se responsabiliza por eventuais mudanças ocorridas nos endereços convencionais ou eletrônicos citados neste livro.

Coordenação editorial: Manoel Lauand
Projeto gráfico: Gabriela Guenther
Editoração eletrônica: Estúdio Sambaqui

Dados Internacionais de Catalogação na Publicação (CIP)
(Câmara Brasileira do Livro, SP, Brasil)

Tonello, Michael
　　Como entrei na lista negra da Hermès : minha vida a caça da Birkin, a bolsa mais desejada do mundo / Michael Tonello ; tradução Melania Scoss. -- São Paulo : Seoman, 2012.

　　Título original: Bringing home the birkin
　　ISBN 978-85-98903-40-8

　　1. eBay (Empresa) 2. Empresários - Biografia 3. Leilões pela internet 4. Tonello, Michael 5. Vendas I. Título.

12-01830　　　　　　　　　　　　　　　　　　　　　　CDD-381.177092

Índices para catálogo sistemático:
1. Empresários : Biografia 381.177092

Seoman é um selo editorial da Pensamento-Cultrix.

Direitos de tradução para o Brasil adquiridos com exclusividade pela
EDITORA PENSAMENTO-CULTRIX LTDA.
R. Dr. Mário Vicente, 368 – 04270-000 – São Paulo, SP
Fone: (11) 2066-9000 – Fax: (11) 2066-9008
E-mail: atendimento@editoraseoman.com.br
http://www.editoraseoman.com.br
que se reserva a propriedade literária desta tradução.
Foi feito o depósito legal.

Para Marilyn

Sumário

Prólogo 11

1 Barcelona na Cabeça 13

2 A Indecisão Espanhola 19

3 Vespas e Canções Vesperais 27

4 Enfrentando meus Problemas 33

5 Carreira *Chop Suey* 39

6 Ferraduras e Lenços de Bolso 45

7 Serendipidade de Seda 51

8 *Le Monde d'*Listas de Desejos 58

9 A Passagem dos Pirineus 63

10 Curtindo a Vida entre Birkins e Barcelona ("Tema de Michael") 69

11 Nada de Birkins 79

12 Cor de Laranja deixa Você Feliz? 86

13 A Fórmula 95

14 Fumaça e Espelhos 100

15 Vamos Refazer o Roteiro 104

16 Como as Comprei? Deixe-me Contar! 109

17 Cavaleiro em seu Croco Reluzente 120

18 Pingue-Pongue, Tudo Bem, mas uma Penélope Enrugada? Jamais! 134

19 Oleoduto Parisiense de Bolsas 145

20 Calça Prada Infernal e Cozinha Celestial 152

21 Charadas Chilenas e Buenas Birkins 163

22 Blueberries e Blackberries 172

23 Um Catálogo de Reserva 180

24 Ienes por uma Hermès 196

25 Comprar até Cair 204

26 Vida Inconstante 210

27 O Jeitinho Italiano 222

28 Na Hermès, nós Confiamos; Aston, nós Aceitamos 228

29 Picolés e Madrepérolas 243

30 Há Mais de uma Maneira de Pelar um Crocodilo 254

31 Hermès, Temos uma Situação com Refém 260

32 Sr. Sherlock Hermès 272

33 Filme *Noir* de Fellini 283

34 Dinheiro Descoberto, Grace Oculta 297

35 Uma Birkin para a Mamãe 308

Epílogo 325

Glossário dos Termos Hermès 329

Agradecimentos 333

OS NOMES E DETALHES SOBRE A IDENTIDADE DE ALGUNS PERSONAGENS DESTE LIVRO FORAM MUDADOS A FIM DE SALVAGUARDAR SUA PRIVACIDADE. TODOS OS ACONTECIMENTOS REALMENTE OCORRERAM. MAS, COMO NÃO CARREGAVA UM GRAVADOR PORTÁTIL DURANTE AS MINHAS VIAGENS, RECRIEI ALGUNS DIÁLOGOS.

Prezado Senhor,

Devido a sérios problemas com o fornecimento de peles com a qualidade necessária à manufatura, bem como à produção, dos itens de seu pedido, lamentamos informar que, no momento, não nos resta outra escolha senão cancelar seu pedido, a saber:

1 bolsa *clutch* Kelly fúcsia, de pele de lagarto
1 bolsa Birkin branca, 30 cm, de pele de bezerro
1 bolsa Haut à Courroie fúcsia, 36 cm, de pele de cabra.

Rogamos que aceite nossas sinceras desculpas pela impossibilidade de atendê-lo, e agrademos antecipadamente sua compreensão.

Atenciosamente,
Serge de Bourge
Departamento de Couro

Prólogo

O BARULHO DA MÁQUINA DE FAX me levou ao outro lado da sala. Ao ver o cabeçalho da Hermès, passei os olhos decididamente e depois li de novo; então ficou claro. Achei pouco provável que a maior fabricante mundial de artigos de luxo em couro estivesse com "sérios problemas" de fornecimento de matéria-prima. Sem essa. A desculpa era tão verdadeira quanto a lista de espera de dois anos por uma bolsa Birkin. Eu tinha a leve suspeita de que estavam contados os meus dias de rodar mundo afora, saltitando em busca de uma Hermès.

O único "problema" da Hermès era comigo – eles devem ter chegado à conclusão que eu era um revendedor. (Prefiro o termo "caso de amor com o couro", mas por que se preocupar com minúcias?) É inacreditável que eu tenha chegado a esse ponto, especialmente porque, cinco anos antes, não fazia ideia do que fosse uma Birkin. Desde então, fiz de tudo para comprá-las em tamanha quantidade, que agora estou incluído na "lista negra" da Birkin. Cheguei a esse ponto por pura "serendipidade"*; extorsão, suborno e fraude – suportei tudo na caça à cobiçada bolsa, pela qual o mundo tinha um apetite insaciável. Milhões de dólares depois, talvez fosse chegada a hora de descer da montanha-russa da Birkin. Talvez eu precisasse de um novo início.

Com esses dilemas, a quem podia recorrer? Quem, dos meus conhecidos, entendia realmente a loucura em que aquilo tudo se transformara? Bom, Kate *esteve* comigo desde o princípio...

---

*Serendipidade, ou serendipismo, é uma palavra de origem inglesa, *serendipity*, que significa a capacidade de fazer descobertas importantes por acaso. (N.T.)

1
Barcelona na Cabeça

SEMPRE PENSEI QUE O USO DE UM TELEFONEMA para simbolizar o começo de uma grande mudança pessoal fosse um truque barato em enredos e uma excessiva simplificação dos vários fatores que inspiram a metamorfose humana. Mas, agora, entendo melhor: às vezes, podemos realmente seguir as pegadas no passado até uma chamada telefônica.

No meu caso, em particular, esse telefonema que muda uma vida chegou cedo num dia invernal em Cape Cod, Massachusetts – tão cedo, que Kate, com quem eu dividia a casa, e eu ainda estávamos alegremente às voltas com nossa rotina matinal, composta de café Peet, pijamas e o programa de Rosie O'Donnell. Nem a pessoa que ligou nem o assunto da chamada eram incomuns – tratava-se do escritório que me representava em Boston, informando sobre o meu próximo compromisso. O serviço de cabeleireiro e maquiador, que iria prestar para a IBM de Barcelona, com duração de uma semana, tinha o fascínio de uma fuga do tédio e melancolia do final de inverno em Provincetown. Claro que, na época, a ligação pareceu de rotina, pois nem sempre reconhecemos quando o destino nos chama...

Pelo menos em relação a trabalho, as coisas não eram tão ruins. Eu tinha uma carreira que, para quem não a conhecia bem, podia ser considerada glamourosa. Como esteticista especializado em campanhas comerciais, eu havia passado a maior parte da década anterior feliz da vida na companhia de um frasco de *spray* para cabelo e uma esponja de pó facial. E de alguma maneira, ao longo do meu alegre trajeto, também fui o cofundador de uma empresa. Chamada TEAM, era uma agência que representava artistas que trabalhavam nas mais diversas funções para a indústria da fotografia e da publicidade. Em relação a números, o conceito era não só conveniente como eficaz. Normalmente, um publicitário precisava dar cerca de meia dúzia de telefonemas para organizar uma sessão de fotos. O que minha empresa fazia era transformar essas seis chamadas em uma só. Maquiadores, cabeleireiros, estilistas de roupas, aluguel de locações, produtores, estilistas culinários – tínhamos todos eles debaixo de um mesmo teto. Mas, apesar de ter sido bom, a minha euforia inicial por fazer parte da indústria da moda, que sempre venerei como espectador, estava começando a definhar. Percebi que as celebridades eram apenas pessoas com uma marca registrada, e que as sessões de fotos, depois que você já esteve presente em centenas delas, eram tão tediosas quanto reuniões de diretoria. Dez anos fazendo arranjos elaborados em cabelos e tirando brilhos de narizes me levaram a uma autoanálise bem pouco característica. Era assim mesmo que eu queria passar o resto da minha vida? Talvez não, mas naquele momento eu sabia somente uma coisa: estava indo para a Espanha.

Eu adorava viajar a trabalho, abocanhando ansiosamente aquilo que a indústria chamava de *go-away jobs*, os empregos "pé na estrada". Nômade por natureza, assumi literalmente o ditado que diz que "lar é onde está o coração" – um quarto de hotel transformado em lar, com a condição de que eu estivesse nele (com o bônus adicional de lençóis limpos, toalhas novas e chocolates sobre o travesseiro).

Porém, mais tarde, descobri que estava ficando cada vez mais saturado dessas voltas ao mundo. Não por causa das tolices que sempre se ouve quando as velhotas dos clubes de bridge resolvem se lamentar nos aeroportos – também não era a perda de bagagens ou a falta de um bom *bagel* o que me punha para baixo. Eu não me incomodava com os cálculos envolvidos na conversão de moedas nem com a etimologia dos nomes dos pratos de entrada exóticos. Não, não eram as inconveniências inerentes às viagens que me estavam cansando. Era tedioso. Mais e mais, eu notava uma sinistra mesmice em cada uma dessas cidades estrangeiras. Antes mesmo que eu pusesse os olhos nelas, cada cidade se tornava igual a todas as outras. Eu esperava fervorosamente que Barcelona provasse ser a exceção.

Suspirei desapontado e me afundei no assento quente de vinil do táxi. Com exceção da música flamenca no rádio e do clarão ofuscante do sol da Catalunha, até aquele instante, Barcelona me parecia tão estrangeira quanto Boston. *Outdoors* e anúncios eletrônicos de mau gosto e hotéis baratos faiscavam através da janela do carro com uma frequência alarmante. Será que restou algum lugar no mundo que não se pareça com uma gigantesca zona comercial? Talvez tivesse chegado a hora de eu sossegar. Enfim, talvez precisasse de uma casa de campo e uma churrasqueira.

Míseros cinco minutos mais tarde, com o meu cinismo esquecido, eu estava tão hipnotizado pela vista diante de mim quanto um interiorano do Meio Oeste ao atravessar a ponte George Washington e entrar em Manhattan. Eu não sabia para qual lado olhar. À minha esquerda, surgia a massa impressionante do Estádio Olímpico de 1992, rematada por uma torre branca que era a combinação improvável de uma estação espacial futurista com uma escultura gerada por computador. À minha direita, o Mediterrâneo. Eu estava deslumbrado não apenas pelo brilho turquesa do mar, mas também pelas centenas de embarcações presas aos cais. Luxuosos navios de cruzeiro, iates particulares, navios-tanque monstruosos, modestos barcos à vela – de algum modo, *ver* um dos maiores portos do mundo era bem mais impressionante do que *ler* sobre ele no guia de viagens *Fodor's*. De repente, eu me vi tão excitado quanto um garotinho no seu primeiro passeio ao campo.

Mas foi somente quando saímos da autoestrada e entramos no perímetro da cidade que fiquei realmente fascinado. Nenhuma das minhas longas perambulações pelo mundo havia me preparado para a paisagem única de Barcelona – palmeiras margeavam as ruas estreitas, edifícios ornamentados recostavam-se amistosamente uns contra os outros e roupas penduradas adornavam praticamente todas as sacadas. A arquitetura abrangia séculos de estilos – gótico entremeado com modernista, contemporâneo misturado com clássico. Podia ser dissonante para os sentidos, mas, como descobri mais tarde, Barcelona tinha o dom de transformar o incompatível em harmonioso. Ela se parecia com a cidade europeia com a qual eu sempre sonhara, mas que recentemente havia desistido de encontrar algum dia. Fui cativado.

As minhas oito horas diárias pintando rostos e tornando os modelos atraentes reduziram o tempo que eu tinha para passear pela cidade. No entanto, mesmo com as restrições do serviço para a IBM, que picotava o tempo dedicado ao turismo, ainda deu para colher um número suficiente de amostras do estilo de vida de Barcelona para eu ficar cada vez mais enamorado. Os meus instintos iniciais sobre o charme físico da cidade estavam errados – ela era muito mais espetacular do que eu havia suposto no início. Com uma população de quase dois milhões, espalhada por 96 mil quilômetros quadrados, Barcelona está dividida em dezenas de bairros, cada um deles com seu charme particular. Eu tinha dificuldade de encontrar um local desagradável; a cidade era o sonho de consumo de qualquer corretor de imóveis.

E havia a comida. Saboreei camarões do tamanho de lagostas, tomates tão doces que se podia comer como se fossem maçãs, pão catalão crocante acabado de sair do forno, queijo Torta del Casar (saboreia-se melhor com uma colher) e incontáveis caçarolas de *paella* em todas as variedades imagináveis, cada uma acompanhada de um magnífico vinho local, proveniente da mundialmente famosa região de Rioja. De sobremesa, *crema Catalana* — uma inebriante e aveludada mistura de creme, ovos e baunilha que faz com que o *crème brûlée* pareça tão atraente quanto um bolo pesado de frutas. Eu estava no paraíso dos glutões.

Mas não era apenas a comida que dava à cidade o seu sabor inconfundível. Mesmo o detalhe mais mundano da vida cotidiana tinha uma vocação artística. Eu me vi fascinado pelos objetos mais comuns. As lâmpadas eram repentinamente elevadas a obras de arte. Os saleiros e pimenteiras tinham sido fabricados com a atenção ao detalhe normalmente reservada aos ovos Fabergé. Maçanetas adornavam com estilo as portas, em vez de simplesmente abri-las. Não é de admirar que Jean Paul Gaultier adora visitar Barcelona.

Claro que a cidade tinha arcobotantes fantásticos e cheirosas *botifarras* fritas, mas os artigos cheios de entusiasmo da *Architectural Digest* e do guia *Zagat* não iam além disso. Eu sempre pensei em escrever um guia turístico que avaliasse a única coisa em uma cidade que pode torná-la um sucesso ou um fracasso – o povo. Vamos começar com o francês. Considere isto:

"O charme deste pequeno bistrô parisiense provém de seu *pot-au-feu* repleto de vegetais bebês e de sua lareira crepitando o ano inteiro. Certamente, esse charme não é compartilhado pelo povo local que almoça no estabelecimento. Desavergonhadamente elitistas e arrogantes, os frequentadores personificam (e ruidosamente aceitam, para desânimo dos outros fregueses) todas as piores qualidades do povo francês. Mesmo assim é uma boa opção, mas leve consigo muita coragem – e protetores de ouvido."

O meu comentário sobre o povo de Barcelona soaria um pouco diferente:

"Uma *paella* perfeita e vasos cheios de peônias resultam positivamente em fregueses apaixonados por esta nova maravilha mediterrânea. Melhor ainda, a clientela é principalmente nativa. Os visitantes que amam a boa mesa se verão rodeados pelo belo, charmoso e amável (mas jamais arrogante) povo local. As conversas em catalão e as risadas despreocupadas permeiam de modo agradável todos os cantos dos tetos altos deste restaurante."

Falando sério agora, esse era o meu tipo de gente. Assim que rompi a cautelosa, mas cortês, reserva inicial, percebi como esse povo era caloroso, amável e generoso em relação às falhas. Além disso, era divertido. Qualquer lugar em que um sujeito comum passasse seis semanas de férias era um lugar que tinha tudo a ver comigo. Os espanhóis, sem eu saber, incorporaram durante séculos o meu mantra pessoal: Trabalhe para viver, não viva para trabalhar.

Eu não falava a língua, não conhecia ninguém e a minha família estava a milhares de quilômetros de distância. Contudo, eu tinha uma leve suspeita de que a minha "casa de campo" estava destinada a ter uma decoração espanhola.

❊ ❊ ❊

2
A Indecisão Espanhola

Quando voltei para casa, parecia o filme *O Mágico de Oz* passado de trás para a frente – a minha viagem em tecnicolor foi substituída pela desolação branca e preta de Boston. Bastou ver os montes de neve suja, ao lado da pista do aeroporto, e eu já estava freneticamente procurando na bagagem de mão os meus chinelos espanhóis vermelho-rubi. Enquanto dirigia no caminho do aeroporto Logan para Provincetown, através do granizo "primaveril", foi por muito pouco que não dei meia-volta e saltei para dentro do próximo voo para Barcelona. Somente a lembrança de que estava sem roupas de baixo limpas me fez recuperar o bom senso.

Pensei que a minha paixão por Barcelona fosse passar, mas, ao contrário, a ideia de me mudar para lá começou a me consumir cada vez mais.

Registrei no meu diário:

RAZÕES PARA ME MUDAR	RAZÕES PARA FICAR EM PTOWN
Clima quase perfeito	Amigos
Comida formidável	Muita tralha para levar
Cidade e povo bonitos	Trabalho
Sempre quis aprender espanhol	Família
Adorei estar lá!	Aluguel da casa
	Carro
	Nenhuma, basta mudar para a Espanha

 Iniciei com a coluna contra a Espanha. Certo, o carro não era um grande problema, e Kate acharia facilmente um companheiro com quem morar. Eu sentiria falta da casa, porém, nunca fui daquelas pessoas que são definidas pelo jardim que tem diante da porta de entrada. O fator "muita tralha" era mais um reflexo da minha aversão por encaixotar coisas do que um obstáculo real. Portanto, sem grandes problemas. O item "amigos" era um pouco mais complicado – os meus amigos eram tudo para mim. Mas eu havia me mudado de Nova York para São Francisco, para Boston, para Ptown, e ainda mantinha contato com aqueles que mais importavam. Não, nunca é a mesma coisa quando a gente não mora mais logo depois da esquina, mas as amizades, como o parentesco, são melhores se não estiverem baseadas somente na conveniência. A minha mudança para a Espanha não precisava significar a perda das pessoas queridas. E esse tipo de filosofia se transferiu também para o aspecto familiar. Os meus pais eram excepcionalmente ousados e sempre viajaram da casa deles, na Flórida, para qualquer lugar onde eu estivesse, pelo menos duas vezes por ano. Eu tinha certeza de que isso não mudaria, e sorri quando imaginei os dois perguntando o preço dos livros de frases prontas em espanhol na loja local da Borders. A minha irmã também vivia na Flórida, casada, com uma filha, e nós, como muitos irmãos adultos, tínhamos nessa fase da vida um relacionamento que dependia muito mais das nossas férias. Por isso, eu imaginava que não sofreria de solidão na Espanha.

Sentei à mesa da cozinha, com os olhos fixos na lista. Então, como o doido que sou em certas ocasiões, comecei a rir. Rindo de quê? Listas? Prós e contras? Eu nunca devia ter visto aqueles estúpidos infomerciais de autoajuda do Tony Robbins – acho que eles alteraram a química do meu cérebro. Mas com o Método Motivacional do Michael (isto é, o meu método), tudo se resumiu a três simples palavras: Adorei estar lá. A vida é curta demais para a gente ficar fazendo listas e arrumando desculpas. Afinal de contas, milhões de pessoas vivem na Europa; qual a dificuldade disso?

Naquela noite, tomei coragem e contei para Kate sobre o que eu vinha refletindo. Estávamos sentados no The Mews, o nosso bar favorito, e achei que ela assumiu que alguém tinha batizado com alguma droga o meu drinque margarita. Além de tudo, ela estava acostumada com o meu otimismo incurável e com as minhas "viagens". O que ela não sabia é que, naquela tarde, eu tinha recebido um telefonema do meu grande amigo Ward. Ex-designer da Tiffany, havia pouco tempo ele finalmente decidira traçar o seu próprio caminho, fundando uma empresa de criação e fabricação de joias femininas de luxo. E foi aí que tudo se tornou um pouco mágico – Ward precisava de um contato em Barcelona e me ofereceu a posição de representante comercial (gostaria de mencionar aqui que eu não falava com Ward havia meses – o que era totalmente inesperado). É, eu seria um vendedor de joias, mas o bom é que inesperadamente venci o meu maior obstáculo, que era conseguir um visto de trabalho europeu. Para mim, essa foi a coincidência das coincidências. Mas quando contei para Kate, em vez de ficar desconcertada com a minha boa fortuna, ela apenas riu e pediu calmamente ao garçom outra rodada. Suponho que, quando alguém teve um irmão que fazia a voz do Beaker de *The Muppet Show*, o bizarro se torna relativo. Beberiquei a margarita e encerrei o assunto. Havia tentado.

Não que eu me sentisse infeliz onde estava. Eu tinha um lar e, em Provincetown, uma casa térrea com três quartos, como a que Kate e eu dividíamos, era o equivalente a um castelo. Kate recebera dos vizinhos o carinhoso apelido de "a Imperatriz" – acho que era apropriado. Seu falecido irmão, Richard, foi um dos atores que fizeram as vozes originais dos Muppets e chegou a comprar uma despretensiosa mansão de astro de cinema junto ao mar, nas colinas de North Truro (a poucos quilômetros de Ptown). Todos deduziram que a sua morte prematura (foi levado cedo demais pela AIDS) havia transformado Kate em uma mulher rica. Na verdade, tudo o que trouxe para Kate foi tristeza. Mas, em vez de se afundar no luto, ela decidiu que a melhor maneira de reverenciar o irmão era continuar com o seu legado de amabilidade e generosidade. Jamais deu a entender para a maioria das pessoas o que a morte do irmão custara para ela – uma imperatriz sempre anda com a cabeça erguida. Eu me sentia mais do que honrado em representar o seu bobo da corte. Foi essa dinâmica que tornou nossa vida em comum em Ptown tão excepcional.

Até aquele momento havia meia década que montávamos alegremente o "cenário" e oferecíamos jantares festivos, e não poderíamos estar mais satisfeitos como companheiros. (O nosso maior desentendimento era, em geral, sobre quem faria o nosso papel na versão cinematográfica dos nossos anos passados em Ptown – eu torcia por James Spader e ela, por Dyan Cannon, mas o debate estava em aberto.) E, além das minhas confortáveis acomodações, simplesmente viver em Ptown era um luxo. Éramos apenas três mil "caipiras da cidade" *versus* os 60 mil "turistas de um dia só" que faziam o percurso até a extremidade do cabo em um dia normal do alto verão. Eu desfrutava secretamente a sensação de privilégio que acompanhava o fato de permanecer na cidade depois do feriado de 12 de outubro, em comemoração ao descobrimento da América, e por ser uma das únicas testemunhas da duração total de uma estação em uma cidade

governada pelo oceano. (Isso talvez fosse até honroso, mas eu também amava me sentar perto do rádio na praia Race Point, no Dia do Trabalho, no início de setembro, aproveitando os dias finais do verão e ouvindo o noticiário sobre os quilômetros de engarrafamento nas pontes que saem de Cape Cod.) Mas há, na cidade turística, uma austeridade na desolação do inverno e um espectro fantasmagórico do verão que tornam suportável a espera pela primavera. Se você aguentou os ventos gelados, os céus cinzentos e as paisagens cobertas de neve, sabe que bem merece o conforto dos meses de verão – junho, julho e agosto. Mas, a despeito de quão valiosos nós, os moradores fixos, nos sentíamos, não há dúvidas de que Ptown continuava a ser o paraíso de verão da Nova Inglaterra, uma combinação de Martha's Vineyard e Key West, com o bem merecido histórico de abrigar artistas de todos os tipos que se possa imaginar. (Eu nunca me cansava de pensar que qualquer noite podia esbarrar em Norman Mailer ou Michael Cunningham.) No entanto, estava começando a ter dúvidas sobre a impermanência da vida ali, talvez um reflexo da minha tardia chegada à maioridade. Todo mundo que eu encontrava estava a caminho de algum outro lugar. Durante um tempo, tinha sido emocionante, mas naquele momento isso apenas me fez perguntar – para onde *eu* estava indo?

Foi somente quando as caixas para a mudança chegaram, na semana seguinte, que Kate entrou em desespero. Apesar da nossa conversa na outra noite, posso dizer que ela ainda estava assumindo que eu ia tirar um ano sabático, e não que ia me expatriar.

— Meu Deus, quanto tempo está planejando ficar fora? – Ela perguntou, em um tom mais emocionado do que o seu discreto tom normal.

Quase respondi com sarcasmo, algo do tipo "Espero que para sempre". Mas, quando levantei os olhos da caixa que estava enchendo e vi a aparência do rosto dela, mordi imediatamente a língua. A julgar por sua expressão desolada, Kate precisava de um abraço, e não de uma resposta irônica. De imediato, me senti triste também, não só por ela, mas por nós.

– Kate, você sabe que vou voltar sempre para visitá-la... mas acho que preciso realmente fazer essa mudança para a Espanha.

Tentei falar do modo mais suave possível, mas também firme. Eu não queria que ela ficasse esperando por minha volta, pois estava determinado a começar uma nova vida na Europa.

– Está certo, presumo que vamos fazer deste verão o melhor de todos. – Ela deu um sorriso desbotado conforme falava.

Kate aceitava finalmente a minha partida, no entanto, não estava sendo fácil para ela. Eu podia sentir que lhe custaria muito aceitar o final dos nossos anos na companhia um do outro. Conhecendo Kate, aposto um bom dinheiro como a nossa linha telefônica em Provincetown ainda está em meu nome.

Comecei o árduo processo de pôr em ordem os meus negócios. Com a meia década em Provincetown chegando ao fim, percebi como havia me divertido. Acostumado a estar rodeado por quase todos os lados, não só pelas águas geladas do Atlântico, mas também por um círculo caloroso de amigos, eu ia sentir saudades. Os meus dias de vinhos, jantares e farras durante o ano todo na danceteria Atlantic House estavam quase acabados. Os meus amigos, tristes com a notícia da minha partida iminente, fizeram aquilo que eu esperava. Quase me mataram com a correnteza sem fim de toxinas químicas, ingeridas praticamente todas as noites em todos os meus bares favoritos na cidade. Foi um verão que vou lembrar por muito tempo ou, mais exatamente, que gostaria de poder lembrar. As semanas voaram em meio a um turbilhão de rolos de plástico bolha e garrafas de espumante. Andy Warhol teve seus quinze minutos, John Lennon teve seu final de semana perdido e eu tive o meu verão vivido com ausência de lembranças. Mas quando os momentos finais chegaram, percebi algo mais, além do verão. Embora gostasse dos prazeres simples da vida, eu não era exatamente um *amish* no que se referia ao acúmulo de bens. Entrei em alvoroço pela casa toda. Joguei fora, distribuí, me despojei.

No final, guardei o restante das minhas posses mundanas em um guarda-volumes da U-Haul. Caixas e caixas de livros e fotografias; roupas de grife, suficientes para um desfile de moda; duas dúzias de peças de cerâmica Roseville; uma miscelânea de antigos móveis de mogno; e meus dois quadros a óleo, pintados por Martin Friedman, foram compactados dentro de um espaço minúsculo. Do jeito que estava o mercado imobiliário em Boston, por um instante pensei em alugar o guarda-volumes como se fosse um apartamento-estúdio, com certo aconchego, mas muito luxo, bastante adequado a especialistas em *feng shui*. Ora, eu tinha de ser criativo; ainda estava negociando os meus ganhos financeiros.

Ali parado, olhando para tudo aquilo empilhado como se fosse lenha, fiz uma pausa. Como o humorista George Carlin disse uma vez, eram apenas "coisas". Mas eram as *minhas* coisas, e nenhuma delas estava indo para a Espanha. Tudo bem, quem começa algo deve ir até o fim. Voltei para o meu carro (já vendido) onde duas malas grandes descansavam no porta-malas, quase estourando de tão cheias, com todos os Pradas, Ralph Laurens e Jil Sanders que eu precisaria em um futuro próximo. Esperava que Barcelona estivesse tão pronta para mim quanto eu estava para ela.

※ ※ ※

3
Vespas e Canções Vesperais

Depois de duas semanas de passeios e incursões pela vida noturna de Barcelona (convenientemente, o meu hotel começava a servir o café da manhã continental às 6h – logo depois que as boates fechavam as portas), eu me lembrei inesperadamente de que não estava em férias. Precisava arranjar um apartamento.

A 120 dólares a diária, o Hotel del Pi não estava exatamente dentro do meu orçamento. É claro que eu ainda não sabia qual era o meu orçamento, mas torrar 4.000 dólares por mês com cama e banho parecia um preço um pouco alto. Estava na hora de procurar uma casa para morar.

No escritório da imobiliária, segurando um formulário em branco preso a uma prancheta, eu me sentei obedientemente na fileira de cadeiras de vinil que a recepcionista havia indicado. Eu me sentia anormalmente ansioso e achei que podia ser a *vibe* do lugar, que lembrava um departamento de trânsito ou uma sala de espera de hospital. Quando decifrei o questionário (escrito em espanhol, claro), percebi *de fato* o que estava me incomodando. Até aquele dia, eu sempre tinha viajado com passagens de ida e volta. Agora, respondendo perguntas tais como *¿cuántos dormitorios?*, compreendi que pouco importava o número de quartos, o que importava é que eu ia passar a dormir na Espanha. Depois que encontrasse o meu apartamento, não haveria mais voos sobre o Atlântico a caminho de casa – ao contrário, eu tinha de construir o meu lar no lado oposto do Atlântico. Precisava amadurecer e me comprometer de verdade, e para sempre, com a minha nova vida – claro que estava ansioso. Mas, por outro lado, dizem que as substâncias químicas que o nosso corpo produz quando estamos ansiosos são as mesmas que produz quando estamos apaixonados. E, para mim, o que eu sentia por Barcelona era seguramente paixão verdadeira.

Tampouco, nenhum dos cenários de pesadelo que muita gente havia previsto tinha ocorrido até o momento. Eu estava conseguindo me comunicar com as pessoas, apesar da barreira da língua. Todos os espanhóis estudam inglês na escola, mas pude notar que fazer com que eles usassem o inglês era outra história. Entretanto, descobri o segredo bem rápido: era somente a vergonha que os desencorajava, então, se eu usasse o meu péssimo espanhol, os espanhóis ficariam mais do que felizes em usar o não tão péssimo inglês deles. Eu estava descobrindo que essa "barreira" era algo que podia ser ultrapassado facilmente. (E mais, como Barcelona estava a meio caminho de se tornar a "nova Paris", eu me encontrava o tempo inteiro com pessoas de toda a Europa, e a maioria delas falava inglês, bem ou mal.) Eu não me sentia sozinho, nem isolado, nem nostálgico; não sentia falta de *drive-thrus*, *shopping centers*, estacionamentos para *trailers* e leis de restrição a bebidas alcoólicas. Nunca imaginei que algum dia fosse morar na Europa, no entanto, aqui estava eu, e não podia estar mais feliz. Mas, mesmo com toda a minha racionalização, e o meu amor florescente por Barcelona, ainda era muito estranho estar naquele escritório, sentado em uma cadeira de vinil, examinando um formulário em branco e tendo conhecimento de um fato único e irrevogável: assim que eu assinasse o contrato de locação, me tornaria um expatriado.

Com a rápida expansão da construção civil em Barcelona, havia literalmente centenas de apartamentos desocupados, mas eu me sentia bastante desmotivado a me instalar em um deles. Existia um par de razões para isso. Uma delas era o meu bonito corretor de imóveis espanhol. Fiquei um tanto viciado nos solavancos pelas ruas de pedras arredondadas de Barcelona na garupa da sua Vespa. A principal razão, no entanto, era o simples medo de cometer um erro – um contrato padrão de aluguel na Espanha tinha a duração de cinco anos (e, ao contrário dos casamentos, não dava para voltar atrás). O corretor me mostrou muitos apartamentos lindos, mas, para mim, a decisão se resumia a um clichê do ramo imobiliário: localização, localização e localização. Eu não ia conseguir, de modo algum, morar nos arredores da cidade. Assim, afunilei a escolha a três bairros: Eixample, Borne e Barrio Gottico. Eixample era o "gueto gay" de Barcelona – uma suave transição para quem veio de Provincetown, com o adicional de poder voltar facilmente a pé para casa depois das baladas. Borne se orgulhava de abrigar as melhores galerias, as butiques da moda e os restaurantes de vanguarda, todos aninhados ao redor do Museu Picasso – formando um SoHo espanhol que nunca deixava de me encantar. O meu hotel ficava no coração do Barrio Gottico, que era o lar das famosas Las Ramblas de Barcelona, uma rua para pedestres, com um quilômetro de extensão e ladeada por sicômoros. Eu já tinha adquirido o hábito de dar minha caminhada matinal ali, acompanhada de muitos *cortados* gelados. (Adorei o fato de que, na minha nova cidade, ainda era verão em setembro.) Eu hesitava diariamente entre essas três opções quase perfeitas. Tentei improvisar um plano para deixar nas mãos do destino a solução do meu dilema de moradia, mas até isso falhou. Eu tiraria a sorte na moeda, mas não consegui encontrar uma que tivesse três faces; a minha bola de cristal estava no guarda-volumes, lá nos Estados Unidos; e eu não sabia falar tão bem espanhol para poder explicar a alguém o conceito de tirar a sorte no palito. Eu estava enrascado. Começava a me perguntar se, com a minha fobia por compromisso, eu não ia acabar aterrissando em algum albergue para indigentes.

Não precisava ter me angustiado. Cupido me atingiu na forma de um prédio de apartamentos de duzentos anos de idade, reformado recentemente. Sempre fui um romântico, e o que aconteceu foi amor à primeira vista. O edifício dava diretamente para Las Ramblas e era um cartão postal com tudo aquilo que eu mais gostava na arquitetura espanhola. Com seis andares de vidro e pedra, adornados com sacadas de ferro forjado e portas francesas de vidro recém-instaladas, ele exalava tanto o charme do Velho Mundo quanto pintura fresca. A fachada antiga dos dois primeiros andares havia sido convertida em um átrio envidraçado, que acomodava um suntuoso saguão de entrada em mármore e mogno. Era um encontro entre o arquiteto I.M. Pei e a catedral de Saint Patrick. O meu coração já estava aos saltos quando saí do elevador e atravessei a passarela de aço e vidro. A enorme porta do apartamento se abriu para as paredes brancas e crespas e para o assoalho claro de tacos de carvalho, novo em folha. Janelas imensas (um detalhe raro na arquitetura em estilo espanhol) inundavam o apartamento com a luz do dia. Elas se abriam sobre os telhados vizinhos, proporcionando não só uma vista exterior atraente, mas também uma sensação imediata de amplidão do interior. Quando atravessei as portas duplas, que ligavam a sala e a ampla sacada, e avistei a Torre Olímpica, tive certeza de que ia assinar um contrato. Os dias na garupa da Vespa estavam oficialmente acabados.

O Hotel del Pi ficava a apenas dois quarteirões de distância do meu novo lar. No entanto, quando, aos cinco lances de escada do hotel, são acrescentadas as minhas duas malas grandes (que pesavam mais do que eu), a multidão de turistas serpenteando sem rumo por Las Ramblas e as malditas pedras arredondadas do chão, os dois quarteirões viraram três quilômetros. Cheguei suado, mas triunfante. Lar doce lar. Passei a tarde limpando e arrumando – fiz um esboço de onde colocar os móveis, escrevi uma lista das necessidades imediatas e considerei as várias opções de cortinados para as janelas.

O dia passou voando, mas, ao anoitecer, o desastre se instalou. Pressionei o interruptor e descobri que faltavam dois componentes essenciais ao meu sistema de iluminação embutida – lâmpadas e eletricidade. Hum. Seguindo um impulso, fui até a cozinha e abri a torneira da pia. Nada de água. Calma, nenhum grande problema – concluí que precisava fazer alguns telefonemas na manhã seguinte. Dava para aguentar por uma noite. Diabos, eu já tinha me resignado com o saco de dormir – seria como em um acampamento de escoteiros, sem as canções vesperais e os *marshmallows*. Corri até o mercado da esquina e comprei dois pacotes de velas, garrafas de água e vinho. Nada daria errado no primeiro dia em meu novo apartamento. Até imaginei um plano mestre: um jantar à luz de velas.

Sentindo-me tolamente satisfeito comigo mesmo por conta do meu otimismo incansável, na volta do mercado agarrei alguns folhetos de restaurantes que estavam no saguão. Já em casa, quando peguei o telefone, os meus planos – e o meu otimismo – desabaram. Nada de linha. Abri a garrafa de vinho. Hum, de novo. As minhas canções vesperais estavam se transformando em toque de silêncio. Por mais que tentasse reverter positivamente essa nova situação, e já na metade da garrafa de vinho, eu tinha conseguido chegar a um único pensamento realmente reconfortante – as malas podiam continuar no maldito lugar em que estavam. Decidi, então, que ficar sentado no escuro, bebendo, não me levaria a lugar algum, portanto, enchi uma mala de mão e percorri o caminho de volta para o hotel.

Na manhã seguinte, com cara de sono e depois de outro café da manhã continental, fiz alguns telefonemas do quarto do hotel. Descobri que os serviços públicos no meu apartamento ainda não estariam disponíveis por alguns dias – nove ou dez, para ser exato. Naquilo que se referia aos acessórios de iluminação, a responsabilidade era do inquilino, evidentemente. A experiência da mudança era, sem dúvida, uma das poucas diferenças culturais entre Espanha e Estados Unidos que eu não achei tão charmosa. Não era de admirar que os contratos de locação fossem de cinco anos – ninguém jamais ia querer se mudar de novo.

※ ※ ※

4
Enfrentando meus Problemas

Menos de duas semanas mais tarde, o meu apartamento já estava com todo tipo de comodidades da vida moderna: água, eletricidade, telefone, iluminação e uma cama. Eu me sentia animado por estar finalmente ajeitando o meu ninho. Não que tudo fosse um mar de rosas. Essas diferenças culturais iniciais na questão moradia eram mais numerosas do que eu havia suposto no princípio. Tinha ficado tão completamente apaixonado e tão ofuscado pelos meus sonhos que, naquela primeira visita, deixei de observar uma omissão arquitetônica um tanto quanto evidente – a completa ausência de armários. Para qualquer outra pessoa, isso seria bastante problemático, mas, para mim, era quase catastrófico. A única coisa que eu tinha em grande quantidade no momento era roupas, e estremeci quando pensei nas que estavam estocadas no guarda-volumes. Por sorte, o australiano que instalou a iluminação exercia um duplo ofício, o de carpinteiro (ele também providenciou o cortinado das janelas – vá entender uma coisa dessas!). O meu dinheiro estava escoando pelo ralo, mas o que eram mais dois mil dólares pela glória de ter os privilégios de armários para roupas? E raciocinei que um dos armários

recém-adquiridos poderia ter a dupla função de caixão de defunto quando eu me recolhesse à minha cova de indigente. Não me entenda mal, normalmente eu apreciava os excessivos momentos de ócio, mas na velocidade em que gastava o dinheiro, sentia-me mais do que pronto para ver um contracheque de novo. Agora, com tudo (praticamente) instalado, eu estava ansioso para me lançar ao mundo das joias.

Então Ward telefonou. A voz dele soava um pouco estranha, e quase imediatamente começou um discurso longo e complicado sobre assuntos de negócios, como logísticas e análises de custo. Aos poucos percebi que, logo abaixo da superfície daquela linguagem tortuosa e daquela fala propositadamente indireta, escondiam-se dois fatos bastante importantes, um montado nas costas do outro. Primeiro fato: ele não ia transferir a sua fábrica para Barcelona; portanto, segundo fato: eu não ia trabalhar para ele. Isso me conduzia a um terceiro fato pessoal – eu estava enrascado.

Consegui dominar o meu crescente pânico e garanti a Ward que eu ficaria bem. Trocamos um adeus e, assim que coloquei o fone no gancho, comecei a avaliar a situação calmamente. Está bem, contei uma mentira das grandes, pois enlouqueci totalmente. Ali estava eu, com um contrato de locação de cinco anos, sem um visto de trabalho e com uma barreira de língua bastante significativa. A menos que, por baixo do pano, eu encontrasse um emprego em que só precisasse perguntar o nome da pessoa e depois servisse uma cerveja, eu estava no meio da droga de uma correnteza sem ter sequer uma palheta para usar como remo.

Mas eu resolveria isso como homem. Telefonei para mamãe. Para minha sorte, a minha mãe não era uma mãe do tipo normal. Ela não ia ficar perturbada com a ideia de seu primogênito estar desamparado em um país estranho, sem a mínima possibilidade de ganhar honestamente o seu dinheiro. Não, a minha mãe possuía um equilíbrio inabalável e uma visão prática dos dilemas. As pessoas costumavam reparar na semelhança entre ela e a atriz Tyne Daly, do antigo seriado policial televisivo *Cagney and Lacey*. Assim como Lacey, mamãe nunca deixava escapar uma oportunidade – e conseguia detectar uma mentira a quilômetros de distância. Naquele instante, aquilo não era nada reconfortante (e era menos ainda quando, aos dezesseis anos, eu me atrasava para o toque de recolher), mas, em tempos turbulentos, era exatamente o que um médico recomendaria. Eu queria alguém que me desse um conselho pé no chão, e não alguém que reforçasse o meu pânico. E, como sempre, ela manteve o sangue-frio.

Ela me fez lembrar que eu ainda conservava os meus dotes como cabeleireiro e maquiador, e, mais importante, um histórico de "pisar na merda e transformá-la em rosas" (nenhuma palheta era necessária nessa analogia). Decidimos também que eu iria passar o Natal na Flórida. Além de servir para matar a grande saudade da família e dos amigos, a viagem também me daria a oportunidade de uma esticada até o norte para assaltar um guarda-volumes. (Eu estava determinado a fazer com que valesse a pena o dinheirão que tinha gastado com os benditos armários do australiano.) Desliguei o telefone antes que ela soltasse algumas palavras encorajadoras e mencionasse que ainda me restava a saúde – isso seria deprimente demais. Do jeito que foi, eu me senti um pouco melhor depois da nossa conversa.

Eu havia acabado de pôr o fone no gancho quando tocou de novo. Era o meu pai, o cômico da família. Ele conseguiu fazer com que coubesse muita personalidade em um esqueleto italiano menor do que a média. Embora não fosse a pessoa que eu normalmente procuraria para pedir um conselho, ele se superou naquela noite com uma história sobre a minha ambição juvenil; uma história que já estava quase esquecida.

Quando tinha 15 anos, o que eu mais queria na vida era ir para Paris com o restante da minha classe de francês. Os meus pais, que nunca tinham viajado para a Europa, disseram que, para eu ir, teria de ser com o meu próprio dinheiro. Para desencavar 900 dólares, ou mais, uma verdadeira fortuna para mim naquela época, eu precisaria ser criativo. Depois de queimar muitos neurônios, inventei um plano; um que precisava um pequeno investimento financeiro e um grande investimento de tempo. Para mim e para os meus limitados recursos de adolescente (tempo, eu tinha; dinheiro – nem tanto), era o ideal. Nos fins de semana, o meu pai costumava jogar golfe no Halifax Country Club (a mais ou menos uma hora de viagem de Boston), e esse se tornou o cenário do crime. Durante os fins de semana dos três meses de verão, eu pegava uma carona com ele em uma pouco agradável hora matinal, às 6h, alugava um carrinho de golfe e jogava na parte traseira dele as minhas "geladeiras" (duas latas de lixo cheias de gelo). Eu era uma lanchonete ambulante – vendia batatas fritas, sanduíches (recém-preparados por minha humilde pessoa) e refrigerantes. Ao longo do dia, eu simplesmente fazia o percurso do golfe, vendendo tudo, com um preço consideravelmente remarcado para cima, para jogadores de golfe de rosto afogueado. E o meu plano funcionou? *Oui*, e adotei para a vida toda a crença nos empreendimentos criativos. Penso que a ideia do meu pai era que, se eu tinha conseguido ir para Paris aos 15 anos, provavelmente conseguiria sobreviver em Barcelona mais de 20 anos mais tarde. Mas, conhecendo papai, podia ser também a sua maneira de dizer que, se tudo o mais falhasse, eu sempre poderia entrar no ramo de alimentação nos percursos de golfe espanhóis.

De um modo ou de outro sobrevivi; e, graças à sugestão de mamãe de uma viagem para casa, consegui ter dois natais naquele ano: uma vez com a minha família, e de novo quando o correio começou a entregar o tesouro que ficara estocado no guarda-volumes. Eu tinha passado quase um dia inteiro naquele depósito empoeirado, escolhendo a dedo as minhas posses mais valiosas. Ao todo, despachei 27 caixas. Ainda faltava muita coisa, mas pelo menos o meu novo lar dava naquele momento a impressão de que eu tinha um emprego lucrativo. Todos aqueles anos na indústria da publicidade não me ensinaram coisa alguma, a não ser a importância das aparências. Rodeado pela minha coleção de primeiras edições modernas de livros e de meu Macintosh, fui capaz de convencer a mim mesmo (embora temporariamente) de que tudo transcorria bem.

Mas as contas continuavam a chegar. Certo dia, quando estava rearranjando os meus suéteres pela oitocentésima vez, percebi que contemplava um rebanho de *cashmeres* que nunca mais tinha usado. Estávamos em pleno inverno em Barcelona e as temperaturas haviam caído a quase 15°C, não exatamente um inverno para casaco de neve e luvas grossas. Era hora de tosquiar o rebanho. Os meus olhos pousaram sobre uma luxuosa echarpe xadrez de *cashmere* Polo Ralph Lauren, que eu comprara havia um ano e só tinha usado uma vez. O meu primeiro pensamento foi encontrar uma loja local onde pudesse deixar a echarpe em consignação. Mas, *hello*, se eu não precisava dela para enfrentar os elementos aqui, então, provavelmente, ninguém mais precisaria. Daí me lembrei do eBay. Sempre fui um comprador, nunca um vendedor, mas que dificuldade poderia haver? Eu já tinha comprado uma ótima câmara digital. Tirar algumas fotos, escrever algumas linhas... Concluí que, se Velma Vinklemeyer, de Vinalhaven, em Vermont, podia ter um estrondoso sucesso financeiro com seus abafadores de crochê para bules, inspirados nas escrituras sagradas, então eu tinha alguma chance decente de vender uma echarpe de grife (embora, provavelmente, a nossa clientela não fosse a mesma). O que eu tinha a perder?

5
Carreira *Chop Suey*

Quando tentamos aprender uma nova aptidão, você sabe que leva algum tempo até podermos dominá-la, não é? Mas isso é exatamente o oposto da minha primeira incursão ao mundo do empreendedorismo no eBay. A minha echarpe, ao custo original de 99 dólares em um *outlet* da Polo Ralph Lauren em Connecticut, despertou uma rivalidade apaixonada entre os licitadores *on-line*, e foi vendida, inexplicavelmente, por 430 dólares a um sujeito do Meio Oeste. Suponho que ele realmente gostava de tecido xadrez (ou talvez estivesse apenas resfriado). Depois desse sucesso um tanto surpreendente, comecei a olhar para as minhas posses sob uma luz totalmente diferente. Naquele momento, eu não estava prestes a morrer de fome – por sorte, como cofundador da TEAM, a maior parte das minhas despesas era coberta pelos 2.000 dólares por mês provenientes dos rendimentos da empresa. Eu sabia, no entanto, que isso certamente não ia durar para sempre, então era hora de fazer uma triagem. No início eram apenas as roupas que iam para o matadouro, mas depois comecei a inspecionar outros itens. Pensei, quantas vezes conseguimos ler o mesmo livro? E, francamente, sempre existem as bibliotecas. Não demorei a listar certa quantidade dos meus livros no eBay, sendo que alguns deles eram primeiras edições.

Está bem, para ser absolutamente sincero, eu não era tão indiferente à venda dos meus livros como gostaria de ser. Eu adorava roupas, claro, mas as roupas são... roupas. Enquanto os livros... bom, são como amigos. Eu tinha dois escritores favoritos, Lillian Hellman e Truman Capote, e comprei diversas primeiras edições de ambos. *Pentimento* era, e é, o meu livro favorito de todos os tempos, e releio-o pelo menos uma vez por ano, admirando a cada vez o humor sarcástico e impessoal da autora. O estilo impetuoso, superbrilhante e um tanto corajoso de Lillian Hellman me impressionava profundamente. E Capote sempre me surpreendia – como o humor ácido e a emoção discreta formavam um contraponto perfeito para um conteúdo extremamente intenso! Quantos escritores seriam capazes de escrever um livro sobre crimes da vida real, descrevendo o trágico massacre de uma família, e, ainda assim, inserir no processo um par de comentários engraçados? Obviamente, o elo comum era o senso de humor que espreitava das entrelinhas de seus enredos, muitas vezes de maneira inesperada. O humor é a última aptidão que sobreviveu e, quando leio esses autores, sei que estou aprendendo com os mestres. Ironicamente, foi o reconhecimento desse fato que tornou fácil a decisão de vender os meus exemplares das suas obras. Eu já havia aprendido o que era necessário – assimilara as suas lições de humor, coragem e criatividade. Será que existia um modo melhor de imitar os meus mestres do que usá-los para impulsionar o que estava rapidamente se tornando o episódio mais divertido e corajoso até aquele instante? (Porém, fiquei com um exemplar de *Pentimento* – nunca se sabe quando vai ser necessário um curso de recapitulação.)

Percebi rapidamente que não tinha sido nem a minha extraordinária perspicácia para os negócios nem o meu senso apurado de estilo que me fizera abocanhar aquele primeiro grande lucro. Na verdade, não é preciso que você saiba muita coisa sobre o eBay para usá-lo com sucesso. Eu tinha de abrir um leilão para o item e também estabelecer uma restrição sobre o preço mínimo de venda. Preferia os leilões de sete ou de dez dias, programados para terminar no domingo à noite, quando a maioria das pessoas estaria em casa. (Eu baseava esses cálculos no "horário eBay", aliás, o horário do Pacífico, pois a grande maioria dos usuários do eBay está nos Estados Unidos.) Então, eu me sentava e esperava. A parte excitante começava geralmente nos minutos finais. Era quando uma "guerra de lances" podia ser deflagrada. Eu sempre ficava com a atenção presa na tela do computador nos últimos 60 segundos do leilão, pressionando repetidamente o botão "atualizar" do navegador à medida que os lances (assim esperava eu) fossem aumentando.

A minha primeira edição (autografada e em excelente estado) de *Breakfast at Tiffany's*, de Truman Capote, chegou perto dos mil dólares. Eu estava em meio a uma maré de sucessos. Descobri que a dor do sacrifício diminuía a cada dólar que ganhava. Outra viagem ao guarda-volumes de Boston engordou lindamente o meu "estoque" (e arrancou outro naco da minha milhagem, acumulada graças às frequentes viagens a serviço da minha empresa, a TEAM). Liquidei armários inteiros de roupas de inverno de grife e uma verdadeira biblioteca de livros. A minha nova "carreira" estava provando ser bastante lucrativa.

Naqueles primeiros dias das minhas aventuras no eBay, eu tinha quase certeza de que todas as pessoas ligadas à minha vida pessoal achavam que eu estava louco. Estou certo de que os meus pais se encolhiam todas as vezes que um vizinho lhes perguntava qual era a ocupação do filho deles. Nas comunidades de aposentados da Flórida, um "guru do eBay" não tinha o mesmo prestígio que um médico ou um advogado. Mas, como a mamãe ainda me mandava mensalmente uma cesta com mantimentos, penso que eles não ficaram intimidados com isso. Os meus amigos que ficaram nos Estados Unidos não se surpreendiam mais com coisa alguma, especialmente depois da minha emigração para Barcelona. Contudo, pela falta de brilho em suas respostas às minhas histórias de sucesso nos leilões, eu percebia que eles acreditavam que aquela era apenas outra das minhas fantasias passageiras. Afinal, eu não tinha um plano de negócios nem objetivos estabelecidos. A minha perspectiva de aposentadoria patrocinada pelo empregador também não era nada boa. Mas o que todo mundo parecia ignorar era que eu passava os meus dias de pijama e, mesmo assim, recebia um contracheque. Para mim, naquele momento, aquilo superava qualquer pacote de benefícios dado pelas empresas listadas na *Fortune 500*.

Descobri uma verdadeira mina de ouro quando listei um exemplar antigo de *O Rio de Janeiro*, de Bruce Weber. O livro de fotos se transformou em uma verdadeira guerra de lances, sendo finalmente arrematado por 500 dólares, e provocou uma avalanche de e-mails pedindo mais livros de Weber. O último – *The Chop Suey Club* – mal tinha chegado às estantes das livrarias e já estava completamente esgotado nos Estados Unidos. Corri até uma livraria de Barcelona e encontrei um tesouro escondido, com doze exemplares. Hesitando em fazer um investimento grande demais, comprei só um e listei-o no eBay. Bingo! O livro foi vendido por 245 dólares... nada mal para um investimento de 65 dólares no curto prazo. Como não sou tolo, corri de volta e comprei o resto. Não consegui ficar com nenhum deles. Talvez eu tivesse um plano de negócios, afinal de contas.

Depois desse sucesso, fiz a derradeira viagem para Boston. Parecia um tanto tolo pagar o aluguel de um guarda-volumes em Boston quando já pagava o aluguel de um apartamento em Barcelona. Com alguma sorte, o conteúdo das caixas me tiraria do guarda-volumes e me colocaria na caixa-forte do banco. Sabendo que aquele armazém de mercadorias era o meu último vínculo com a área de Boston, deduzi que seria uma boa hora para excursionar pelos meus antigos lugares favoritos e fazer uma visita a Kate. A primavera estava começando a pôr o seu verde nariz para fora através do solo congelado, então, sabia que todo mundo estaria com uma disposição de espírito positiva.

Na minha antiga porta de entrada, fui saudado com um grito e um abraço apertado. Kate estava mais do que ansiosa para ouvir todos os detalhes da minha nova aventura, e eu queria saber de todas as fofocas mais recentes, é claro. Eu me senti estranho, no entanto – em poucos curtos meses, a minha vida havia mudado radicalmente, mas a dela permanecia exatamente a mesma. Ao percorrer a longa e cinzenta rodovia, eu tinha ficado na dúvida se sentiria arrependimento quando visse todas as pessoas e coisas que deixara para trás. Mas não, embora eu ainda gostasse da casa, de Kate e de Ptown, o amor que senti foi muito mais uma reminiscência do que um reavivamento. Mesmo que precisasse vender a roupa do corpo para permanecer na Espanha (e no meu caso, em particular, não era apenas um clichê), eu sabia que não havia futuro para mim em Ptown. O meu lar estava em Barcelona – soube disso com toda a certeza naquele exato instante, e com mais certeza ainda alguns dias depois. Não há nada que nos convença tão completamente que pertencemos de verdade a um lugar do que o fato de nosso coração bater mais rápido só de pensar que logo pisaremos mais uma vez naquele chão familiar. E nesse dia, quando o avião tocou na pista de pouso da cidade que escolhi, o meu coração batia mais rápido do que o de uma lebre.

Certa tarde, não muito tempo depois, eu estava pondo em ordem as pilhas restantes de roupas e livros quando localizei uma caixa que não notava havia anos. Assim que vi a sua cor laranja, me lembrei do lenço de seda Hermès acondicionado lá dentro. Ele tinha sido comprado quase dez anos antes, em Nova York, e eu o usei em uma festa a rigor de Ano Novo, no restaurante La Caravelle. Desde então, não toquei mais nele. Tirei-o da caixa e lembrei imediatamente por que o havia comprado – 100% de sarja de seda pesada, com uma estampa complexa e admirável de espigas e listras, em preto e dourado

–, ele era o máximo da elegância discreta. Entretanto, do jeito que estava a minha mentalidade no momento, a estampa se parecia mais com as marcas nas notas de dólar do que com outra coisa qualquer. Em todo caso, o lenço era lindo.

6
Ferraduras e Lenços de Bolso

HAVIA MUITO TEMPO, eu adotara a visão de vida de Júlio César; eu considerava que a vida se dividia em três partes — lar, trabalho e sociedade. Mas, acontecesse o que acontecesse, a minha vida na Espanha naquele ponto se resumia a apenas duas das três partes. Eu tinha um emprego novo e instigante (pagava as contas, portanto, era um emprego) e o meu apartamento havia finalmente alcançado um nível que se aproximava do requintado. Como sou, sem remorsos, uma pessoa caseira (ponha a culpa na astrologia: sou canceriano), as minhas casas nunca estavam realmente *prontas*; eram ninhos que eu ficava emplumando para todo o sempre. Mas, por ora, o meu ninho em uso estava certamente mais do que tolerável, se servir como uma indicação os elogios dos vizinhos que encontrei no elevador depois da festa de inauguração do meu novo lar. Com isso, é claro, ficava faltando apenas um membro do triunvirato que me guiava — a vida social.

Com uma frente de trabalho livre de horários, eu não estava tendo problemas para dedicar uma quantidade de energia mais do que mediana para a sociabilização. Entretanto, ela não progredia tão *totalmente* fácil quanto as outras áreas. Apesar de ter conhecido muita gente em festas, eu ainda não tinha chegado nem perto de encontrar alguém que fosse tão indispensável como qualquer um dos meus amigos dos Estados Unidos. As pessoas que eu encontrara até o momento na Espanha eram do tipo de amigos que você escreve o nome a lápis na agenda de endereços (especialmente se o nome deles começar com uma das letras mais populares). E, claro, sempre havia aquela coisa incômoda que era "encontrar a alma gêmea". Mesmo com a minha considerável destreza no campo do bate-papo, eu não conseguia me convencer de que a expectativa de passar o resto da vida sozinho me deixava feliz. Portanto, insisti na vida noturna — não que eu achasse tão árduo assim sair para beber, afinal, os drinques em Barcelona eram baratos demais. De fato, a dois dólares uma dose de Absolut com tônica, eu me sentiria culpado se não saísse. Eu *tentava* ser um animal social, não havia dúvidas. Mas, ai de mim, depois de quatro meses em Barcelona, o meu banquinho manco da vida ainda estava pendendo para um lado, mas eu sabia que ia acabar encontrando algo de bom no qual pudesse apoiá-lo.

Até então, eu tinha outras coisas em que focalizar o meu TOC — tais como lenços de seda, digamos. Durante a semana inteira, observei boquiaberto como o número de acessos ao leilão do meu lenço Hermès aumentou, até chegar a três centenas (quase dobrando qualquer uma das minhas listas anteriores). Mais importante, já havia lances agressivos nos momentos iniciais da estreia do lenço no eBay. No instante em que o leilão chegou ao seu "horário nobre" (eu adorava aqueles 60 segundos finais), o preço do lenço já estava acima dos 300 dólares. Nesse único minuto, eu observava os lances furiosos fazerem o preço subir um dólar por segundo, à medida que dezoito pessoas competiam agressivamente pelo meu lenço de dez anos de idade.

Eu mal tinha acabado de celebrar aquela vitória de 400 dólares quando a minha caixa de entrada começou a se encher. Todas eram mensagens dos "perdedores" do leilão, implorando que eu os ajudasse com suas "listas de desejos" de artigos Hermès. Obviamente, essas pessoas eram colecionadores sérios, portanto, eu não ia deixar que a minha ignorância se pusesse no caminho da minha cobiça. Calculei que aquilo fosse "apenas a ponta do iceberg". Bom, sempre tive uma forte crença no poder do pensamento positivo — eu *queria* realmente que aquilo fosse apenas a ponta do iceberg.

Eu tinha uma missão: encontrar mais lenços. Folheei rapidamente a lista telefônica. Hermele, Hermenegildo, Hermens, e lá estava: Hermès! Ah, que bom, ficava mais ou menos perto; eu podia tomar um táxi. Dez minutos mais tarde, já estava em frente à loja, bem no centro do bairro residencial mais rico de Barcelona. Aproximei-me da fachada de vidro, sem a mínima curiosidade. O que tinha essa grife para estar causando tamanha carência nos meus licitantes do eBay? Localizada em uma esquina, era maior do que eu esperava; então, passeei em volta do prédio, absorvendo o visual. As vitrines estavam cheias de artigos luxuosos de couro, roupas de alta-costura e joias e lenços com inspiração equestre. Permaneci do lado de fora durante um momento, inspecionando. Embora sentisse a presença de um verdadeiro gênio do marketing por trás das vitrines extravagantemente tentadoras, fui percebendo aos poucos algo surpreendente. Pessoalmente, eu não me sentia tentado — por mais que aquela mercadoria fosse opulenta, não consegui ver uma única coisa que eu desejasse. Creio que nunca fui um aficionado por cavalos. Se não estivesse no cumprimento da minha missão, eu teria me dirigido à loja da Louis Vuitton, no outro lado da rua. Levando em conta o lado positivo da situação, a tentação não seria um problema.

Percebi a avaliação silenciosa do porteiro conforme eu entrava na loja. Ignorei-o. Eu não podia deixar que algo me distraísse do meu desejo de encontrar mais daqueles lenços mágicos — estava determinado a provocar outro frenesi consumista no eBay. Equipado com as listas de desejos dos meus "clientes" em potencial, pela primeira vez quis ajuda na hora de comprar. Olhei ao redor, mas distingui apenas uma vendedora, e claro que ela tinha os braços ocupados. A cliente que ela atendia estava possivelmente na casa dos 60 anos, vestida como em uma foto posada de Jackie Onassis em seu chá da tarde no Ritz. No entanto, as atitudes "Jackie O" estavam mais para Imelda Marcos — ela reclamava em voz alta sobre um sapato de couro rosa que a pobre vendedora acossada não conseguia encontrar no tamanho certo. Fiquei longe delas e fingi olhar as coisas, sem compromisso.

Comecei pela seção masculina — quem sabe, se vasculhasse o suficiente, eu desenterraria algumas peças que não lembrassem de modo tão gritante uma partida de polo. Por causa dos leilões, os meus guarda-roupas tinham começado a ficar totalmente improdutivos ("improdutivos" significa que agora eu podia abrir as portas sem que as roupas caíssem para fora). Depois de alguns minutos remexendo em prateleiras pouco inspiradas de artigos de algodão e seda, achei uma camisa que não parecia de todo má. Tinha uma estampa de "H"s geométricos, em preto e azul, com um fundo cinza claro — com nenhuma ferradura à vista. Eu até gostei dela. Mas então, possivelmente pela primeira vez na minha vida, senti que o sangue me fugia do rosto quando olhei para a etiqueta de preço: $690 — por uma camisa de algodão? Será que era um erro de impressão? E olha que, normalmente, eu não fazia as minhas compras em lojas de departamento barateiras — estava acostumado a pagar preços de grife. Mas... por favor! Era só uma camisa, pelo amor de Cristo! Meio que a sério chequei as mangas em busca de abotoaduras de diamante, depois me afastei lentamente. Então a minha mão roçou em uma jaqueta, o couro macio como manteiga... Fui à caça da etiqueta de preço. Oh... meu Deus... $4.770! Eu já tinha adquirido o que considerava um "investimento em qualidade" — uma jaqueta de couro Prada. Essa minha peça tinha, até aquele momento, desempenhado todas as suas funções como jaqueta — manter-me aquecido, por exemplo, e às vezes providenciando um lugar onde eu pudesse colocar as mãos —, com uma confiabilidade admirável e uma competência infalível. (E ela também era absurdamente linda.) Custando uns bons 3.000 dólares a mais, o que aquela jaqueta Hermès conseguia fazer? Botar a droga da minha lata de lixo para fora? Lustrar os meus sapatos? Talvez fosse um dublê de paraquedas.

Então as coisas ficaram claras. Eu estava transitando em uma classe totalmente nova. De repente, não conseguia parar de ver obsessivamente o preço de tudo na loja. Cuecas *boxer* de algodão? Só $295 cada. Passei a considerar a minha roupa íntima Ralph Lauren tão de grife quanto as da Fruit of the Loom. Os artigos mais baratos que consegui encontrar na seção masculina foram os lenços de bolso, por 110 dólares cada. Tentei a sorte na seção de utilidades domésticas. Uma toalha de praia de algodão em cores vistosas, com tema de elefantes, chamou a minha atenção: $450. Acho que vou secar meu corpo ao sol, obrigado. Parei ao lado de uma pequena mesa onde estavam dispostos uma taça de conhaque, um baralho e um cinzeiro... preço total para uma noitada de pôquer com acessórios Hermès? $700 (sem o conhaque e os charutos). Gostei da aparência dos graciosos cavalinhos de pelúcia. Mamãe égua? $830. Cavalinho bebê, talvez? $340. Ôô! Decidi ser mais prático. Que tal um cobertor? $940. Onde será que eles iam buscar a lã? Em carneiros alimentados a caviar? Que deviam ser criados pelo mesmo fazendeiro que plantava o algodão para os lenços de bolso.

Provavelmente, eu teria circulado em estado de torpor pela loja durante toda a tarde, brincando de "adivinhe o preço", mas, por sorte, um vendedor se materializou junto ao meu cotovelo. Antes que ele tentasse me vender um cavalo, entreguei-lhe a lista. Ele leu-a, com o cenho franzido, embora eu não tivesse certeza se era por concentração ou por confusão. Provavelmente por confusão, imagino, porque depois de um minuto ele pediu desculpas de modo desajeitado e foi até onde estava a vendedora (que tinha finalmente se livrado da Compradora do Dia, a Imelda). Eu esperava que ela soubesse o que estava acontecendo — alguém por lá tinha de saber, e esse alguém não era eu. Rodeei por perto e ouvi por acaso as expressões "modelos antigos" e "verifique se tem no estoque". Ele desapareceu nos fundos da loja. Quando retornou, carregava dois lenços dos doze ou mais que existiam na lista. O meu coração se afundou um pouco — mas, quando ele veio à tona, vi que nem tudo estava perdido.

— Senhor, talvez tenhamos mais lenços de seda em outro depósito, mas não posso ir até lá sem o meu gerente. E, neste exato momento, ele não está aqui, sinto muito lhe dizer. Posso anotar seu nome e telefone, ou talvez o senhor possa voltar daqui a dois dias. O que for melhor para o senhor. — Ele estava quase que excessivamente educado, mas nunca me incomodei com essa qualidade em um vendedor.

— Posso voltar, sem problemas, moro na cidade. Por agora, levo estes dois.

Virei-me (me sentindo um muquirana por ter gastado só 450 dólares) e saí rapidamente dali. Flutuei rua abaixo, balançando a sacola de grife na cor laranja vivo. Não seria a última vez.

***

7
Serendipidade de Seda

Após o jantar, listei no eBay os meus dois tesouros arduamente conquistados e fui para a cama logo depois. Tenho certeza de que os meus sonhos, em vez de doces sonhos, foram com lenços, mas, mesmo assim, acordei renovado na manhã seguinte. Feliz por poder ficar de pijama durante todo o dia de trabalho em casa, zanzei pela cozinha enquanto o computador inicializava. Havia muitos e-mails, mas um, em particular, despertou o meu interesse.

De: GraceoftheGarden@yahoo.com
Para: Armoire_Auctions@yahoo.com
Assunto: Item do eBay/Pergunta para o vendedor: Lenço de seda PEÔNIAS da HERMÈS novo/sem uso

Oi — Esse lenço de seda (com peônias em rosa e verde) tem um significado muito especial para mim; é realmente um dos meus favoritos. Há dois anos esqueci o meu num táxi em Nova York e ele nunca mais foi encontrado. Será que há a possibilidade de você acrescentar um "Compre agora" em seu item? Eu apreciaria muito se você me ajudasse a conseguir novamente esse modelo para a minha coleção, especialmente se consideramos que é quase impossível encontrar os modelos antigos da Hermès nos Estados Unidos. Cordialmente, Grace

De: "Michael" <armoire_auctions@yahoo.com>
Para: "GraceoftheGarden" <graceofthegarden@yahoo.com>

grace, obrigado por seu e-mail e por seu interesse no meu leilão. não me entusiasma muito a ideia de acrescentar um compre agora, mas você gostaria de me fazer uma oferta? michael

A 225 dólares cada, eu não pude deixar de me perguntar quantos lenços essa mulher teria em sua coleção. Esses colecionadores de lenços eram realmente sérios. Mas, sei lá. Eu estava contente em poder ajudá-la a satisfazer o seu desejo ardente de gastar malas cheias de dinheiro, desde que parte desse dinheiro viesse parar no meu bolso.

Verifiquei os meus leilões. Ainda não tinham nenhum lance. No entanto, havia uma dúzia ou mais de "observadores". Um "observador" é basicamente alguém que está venerando à distância o item listado, mas com medo de que, se expressar interesse através de um lance, possa fazer com que os outros também notem como o item é atraente. Más notícias (até certo ponto) para mim, mas boas notícias para Grace. Já que não havia lances para o lenço de peônias, eu podia encerrar o leilão de maneira legítima. Eu tinha o pressentimento de que a oferta dela seria justa, talvez mais do que justa.

Os meus instintos estavam em boa forma.

De: GraceoftheGarden@yahoo.com
Para: Armoire_Auctions@yahoo.com

Obrigada por sua amável resposta. Se o lenço for novo e estiver em excelente estado, eu me sinto confortável fazendo uma oferta de 350 dólares. Grace

De: "Michael" <armoire_auctions@yahoo.com>
Para: "GraceoftheGarden" <graceofthegarden@yahoo.com>

grace, negócio fechado. me agrada saber que ele vai ter um bom lar. ☺

michael

p.s. preciso de seus dados para a remessa. por você, tudo bem me mandar um cheque?

Eu ainda estava me adaptando ao estranho tipo de intimidade que o eBay necessitava. Até então eu não havia me encontrado cara a cara com alguém para quem tivesse vendido um item, e não sabia se em algum momento ia encontrar. (Obviamente, a geografia desempenhava um papel nisso — muitos dos meus compradores viviam na outra metade do mundo.) Mas, embora eu não pudesse reconhecê-los se estivessem em uma fila de suspeitos, todo o processo de compra-e-venda me oferecia pequenos pedaços de informação de modo casual. Por exemplo, eu sabia quais as mulheres que tinham de esconder do marido o seu vício por Hermès (costumavam pagar através de ordem de pagamento) e quais não precisavam se preocupar com isso (pagavam com cheque ou cartão de crédito). A intuição me dizia que Grace pertencia, sem dúvida, ao último grupo.

De: GraceoftheGarden@yahoo.com
Para: Armoire_Auctions@yahoo.com

Michael, que bom! Vou pôr hoje no correio um cheque para você, e todos os meus dados estarão escritos no cheque. Você é mesmo muito amável. Grace

p.s. Você está receptivo a algumas críticas construtivas?

Bingo. Essa mulher não escondia nada, parecia... (inclusive suas opiniões, evidentemente). Na verdade, eu estava muitíssimo interessado em ouvir o que ela tinha a dizer, já que não fazia a mínima ideia de quais eram os motivos de todo aquele meu sucesso no eBay. Ganhar dinheiro daquele jeito não exigia quase nenhum esforço mental — então por que eu era a única pessoa (praticamente) que negociava em uma escala tão larga? Talvez a minha garota Grace tivesse alguma informação interna.

De: "Michael" <armoire_auctions@yahoo.com>
Para: "GraceoftheGarden" <graceofthegarden@yahoo.com>

críticas construtivas??? claro... por que não? michael

De: GraceoftheGarden@yahoo.com
Para: Armoire_Auctions@yahoo.com

Eu dei uma olhada em vários dos seus leilões, não só os atuais como os anteriores, e vi que você vendeu algumas peças excepcionais... Mas as suas descrições se resumem só ao essencial e são extremamente pouco informativas. Você também deveria colocar mais fotos do que tem incluído até agora. Isso é especialmente importante caso queira oferecer mais lenços para os compradores sérios. E, por acaso, você tem mais lenços? Grace

Certo, se for julgada por sua eloquência e formalidade, é muito provável que Grace não seja exatamente uma "garota". Seria advogada, talvez, ou CEO de uma empresa listada na *Fortune 500*. De qualquer modo, era uma maior conhecedora de lenços de seda do que eu, definitivamente. Por um rápido instante me preocupei com uma possível espionagem no eBay (talvez ela trabalhasse para a Hermès?), mas decidi que era mais provável eu estar tendo um pequeno surto de paranoia. Afinal, eu não era o guardião do Cálice Sagrado da Hermès, ou qualquer coisa do gênero. E, sem dúvida, ela tinha o endereço de e-mail mais meigo do mundo. Era como se só ele bastasse para garantir que Grace não era uma espiã — "A Graça do Jardim" não tinha exatamente um halo de desonestidade. (Eu imaginava uma senhora amável em um campo de lírios, com um lenço Hermès sobre os cabelos grisalhos e *My Favorite Things* tocando suavemente ao fundo.) Além disso, Grace era tão incrivelmente educada que eu não podia *deixar* de gostar dela. Mesmo.

De: "michael" <armoire_auctions@yahoo.com>
To: "GraceoftheGarden" <graceofthegarden@yahoo.com>

grace, preciso ser honesto e confessar que não sei nada sobre lenços Hermès, exceto que são de seda e custam cerca de 225 dólares.

AINDA ESTOU VERDE. Michael

Aposto que a única coisa verde relacionada a Grace era o seu jardim.

Definitivamente, ela possuía uma visão de especialista sobre todo aquele cenário de lenços no eBay. Fui até a cozinha preparar outra xícara de chá. Era hora de parar para pensar — Sherlock tinha o seu cachimbo de ópio; eu tinha o meu Earl Grey. Reli o e-mail enquanto bebericava, e o ponto mais importante que Grace estava tentando destacar, de-modo-tão-gentil, saltou aos meus olhos: não passe a impressão de ser o idiota dos lenços de seda. O negócio, ali, era a sério e eu precisava me atualizar. Aquelas pessoas tinham, obviamente, um profundo compromisso com a grife Hermès; portanto, se eu queria encontrar "compradores sérios", como ela os chamou, eu tinha de ser um vendedor sério.

De: "Michael" <armoire_auctions@yahoo.com>
Para: "GraceoftheGarden" <graceofthegarden@yahoo.com>

grace, uau! não entendo nada mesmo... eu pensava que eles eram só 3 pés quadrados de seda (apesar de caríssimos). com toda honestidade, eu ADORARIA toda e qualquer informação/ajuda.

seu novo aluno, michael

De: "GraceoftheGarden" <graceofthegarden@yahoo.com>
Para: Armoire_Auctions@yahoo.com

Michael, depois que você me ajudou a me reunir com o meu amado lenço de peônias, sinto que sempre estarei em dívida com você. Falando sério, eu ficaria extremamente feliz em poder ajudá-lo. Grace

p.s. um lenço Hermès NÃO tem 3 pés quadrados, ele tem 35,4 polegadas quadradas. (ou, mais exatamente, 90 centímetros quadrados porque, afinal de contas, é francês.)

Pela primeira vez, mamãe estava errada. Pelo jeito, quando a gente pisa em uma merda *espanhola*, tudo se transforma em peônias, e não em rosas. Sem querer, eu tinha miraculosamente tropeçado em algo que estava provando ser uma mercadoria incrivelmente lucrativa. Eu sempre ouvi falar de filatelistas e colecionadores de moedas, mas aficionados por lenços de seda? Nunca teria imaginado uma coisa dessas. Apesar da bizarrice, aconteceu de eu estar exatamente no lugar certo e na hora certa para suprir a demanda — parece que alguns desses lenços eram mais facilmente encontrados na Europa. E, para completar, eu havia começado uma florescente amizade por e-mail com uma extraordinária mentora em potencial. Será que essa mulher, convenientemente chamada Grace, tinha algum PhD em Hermès? Ela era tão versada nessa matéria, que agradeci às minhas estrelas da sorte por nossos caminhos terem se cruzado. Se as visões, tingidas de cor laranja, que eu tinha do meu futuro não estivessem tão longe de acontecer, eu estaria tirando o meu pijama logo, logo.

❋ ❋ ❋

8
Le Monde d'Listas de Desejos

UM MÊS MAIS TARDE, eu ainda não conseguira o meu doutorado em Hermès, no entanto, estava a caminho de merecer um bacharelado. Tirei realmente o pijama (em certas ocasiões), mas na maioria das vezes apenas para ir até os *correos* (correios). É claro que eu continuava desfrutando da vida noturna. Contudo, percebi que a ausência de um relógio de ponto no meu local de trabalho também significava a ausência de um bebedouro refrigerado. Seja como for, não era a mesma coisa sair e se embebedar quando a gente não tem alguém com quem se lamentar acerca da própria ressaca. E, francamente, dormir até tarde não era o meu forte — esses leilões faziam com que eu me sentisse desamparado como um garotinho.

Eu me admirava de como a minha vida aqui em Barcelona estava diferente. Não que, em alguma época, eu tivesse estado atolado em um emprego de período integral, mas, no quesito liberdade, isso superava tudo o mais, mesmo para mim. Eu podia trabalhar muito ou pouco; podia trabalhar à noite ou durante o dia. Em alguns dias, não ganhava nem um dólar; em outros, a minha conta bancária inchava com milhares deles. E constatei que, tão logo comprasse um *note-*

book, poderia até escolher *onde* iria trabalhar. Visualizei a mim mesmo sentado na praia no final daquele verão, com um drinque margarita ao lado, observando os meus leilões por cima da haste de uns óculos escuros Trussardi. Tão divertido quanto tinham sido os Dias do Trabalho em Ptown, só que agora eu estaria sendo *pago* para me aquecer ao sol. Talvez até comprasse uma toalha de praia Hermès.

As viagens seguintes à loja da Hermès em Barcelona renderam quase duas dúzias de lenços de seda, que fizeram cair na minha rede um lucro considerável. Na última visita, o vendedor me entregou um exemplar de *Le Monde d'Hermès* (O Mundo de Hermès). Recheado de fotografias em papel brilhante e de textos curtos dirigidos ao consumidor, esse catálogo luxuoso continha uma lista com o endereço de todas as lojas da Hermès no mundo. Algumas semanas mais tarde, as páginas do meu *Le Monde* já tinham tantas orelhas quanto as do meu exemplar de *O Apanhador no Campo de Centeio* da adolescência. Fiz os telefones trabalharem. Estava determinado a encontrar o máximo possível de itens das listas de desejos dos meus clientes. Em umas duas ocasiões, a viagem à loja da Hermès em Madri mostrou ser proveitosa. Então descobri Andorra.

Andorra é um principado, com comércio isento de impostos, encravado nos montes Pirineus, entre a França e a Espanha. É um país minúsculo — o Parque Nacional de Yosemite, na Califórnia, é quase sete vezes maior. E mais importante, um lenço de seda Hermès custa, em Andorra, 30 dólares a menos do que em Barcelona; só essa economia já fazia valer a pena as duas horas de viagem. Foi lá, também, que aprendi sobre a valiosa diferença entre uma loja franqueada da Hermès e uma loja "oficial" da Hermès. Já que as franquias, como a de Andorra, não devolviam os lenços para Paris no final da estação, os estoques no fundo das lojas representavam verdadeiras minas de ouro para as listas de desejos. Ser capaz de descobrir modelos antigos e fora de linha, cobiçados por colecionadores sérios, era a minha principal atividade no eBay naqueles dias. Eu vivia para a batalha de lances que um lenço altamente desejado podia provocar. Ao todo, devo ter comprador quase mil lenços lá.

Com todo o meu antigo sarcasmo sobre as ferraduras da Hermès posto de lado, esse negócio de lenços provou ser algo extremamente complicado. Eu aprendera nas aulas ministradas por Grace que a Hermès lançava duas novas coleções de lenços todos os anos, geralmente criadas por vários designers diferentes. Além disso, havia relançamentos de antigos lenços, novas cores de modelos preexistentes e, naturalmente, um número indefinido de "edições especiais". (Exemplos desses casos incluem o lenço Mozart, disponível somente na loja de Salzburg, e modelos que a empresa lançou para comemorar as Olimpíadas de Inverno de Lake Placid, em 1980.) Um verdadeiro colecionador também sabe que deve procurar certas marcas indicativas de autenticidade e de condição do produto — tais como símbolos de copyright (apenas nos lenços lançados depois de 1976) ou etiquetas de cuidado (que precisam estar intactas se, como eu, você quiser fazer por merecer o preço mais alto). Mas tenho de admitir que o mercado era muito simples para mim, apesar de ele ser complexo em nível global. Se os meus clientes incluíam um item em uma lista de desejos e eu o achava, então o comprava. Depois o vendia. Fim da história. E, em Andorra, eu achava muitos deles.

Os negócios estavam prosperando! Os meses se evaporavam rapidamente e, com eles, os lenços. Com 50 ou 60 leilões do eBay operando sem interrupção, não era incomum eu vender 20 ou 30 lenços em um único domingo. Com a ajuda de Grace, completei a minha "graduação" (*magna cum laude*) e, magicamente, tornei-me o magnata do mundo *on-line* dos lenços de seda Hermès. Não demorou muito e Grace já estava me informando quais eram os modelos de lenços mais desejados entre os colecionadores. Agora eu sabia, por experiência própria, como era brilhante aquela mulher, e ela sempre me conduzia pelo caminho certo. Se ela apenas murmurasse o nome de um lenço, eu o acrescentava à minha pilha, rapidamente crescente, de listas de desejos. Um desses lenços era o "Kachinas" — criado para a Hermès por um carteiro/artista do Texas, com o improvável nome de Kermit Oliver. Esse modelo retratava bonecos inspirados nos índios norte-americanos, e se esgotou rapidamente nos Estados Unidos. Os europeus, como era de se esperar, demonstraram pouco interesse pelo Kachinas; portanto, esse lenço era facilmente encontrado em toda a Europa. (Mas se você quiser encontrar um agora, desejo-lhe boa sorte!) Para mim, o nome Kachinas podia ser escrito "Kachina$". O meu lucro variou entre 100 e 200 dólares em cada lenço vendido.

Além dos lenços, houve outro jeitinho divertido de a Hermès me ajudar a ganhar um milhar ou dois de dólares. Certo dia, quando eu comprava um lenço, depois de a vendedora acabar de embrulhá-lo da maneira cerimoniosamente elaborada, como era o costume, ela tirou de algum lugar um livro minúsculo. (Preciso mencionar que era cor de laranja?) Cheio de fotos e desenhos esquemáticos, esse livrinho mostrava todas as maneiras concebíveis de se amarrar um lenço, e mais algumas. Apesar de achá-lo meio estranho de início, em considerações posteriores percebi que o seu conceito era genial. Veja bem, se você tem duas centenas desses lenços, é inevitável que acabe ficando sem ideias de como amarrá-los. E o livro era entregue gratuitamente quando solicitado, embora sempre acompanhasse o lenço no ato da compra. Depois que soube da sua existência, tomei o cuidado de sempre pedir um na hora de efetuar o pagamento. Comecei a leiloar esses livrinhos como uma ocupação secundária. Com o pessoal pagando cerca de 30 dólares cada, eu não precisava ser um gerente de vendas para calcular a margem de lucro. Imaginei que essa era a minha versão de um bônus salarial.

O meu quarto de hóspedes se transformara na Central dos Lenços. Empilhadas em volta dos armários estavam centenas de caixas cor de laranja, cada uma abrigando um tesouro criado segundo uma lista de desejos. Sem exagero, naquele ponto, os colecionadores sérios de lenços que visitassem Barcelona seriam mais bem servidos ao circular pelo meu apartamento do que na loja da Hermès. (Especialmente porque eu já tinha limpado o estoque da coitada.) Ainda bem que ninguém estava *usando* de fato o meu quarto de hóspedes, pois agora era um departamento de expedição e recebimento de mercadorias. Eu realmente precisava fazer uma boa faxina antes que os meus pais viessem visitar-me; mamãe deixou subentendido que não demorariam muito a fazer a viagem. Perto das caixas havia pilhas precárias do livrinho como-amarrar-um-lenço, pacotes e mais pacotes de envelopes com plástico bolha, e rolos sobre rolos de fita adesiva. A minha única leitura de cabeceira era *Le Monde d'Hermès*. Como um todo, eu estava extremamente satisfeito com o meu novo estilo de vida (apesar de o meu apartamento não estar à altura de ocupar uma página dupla na *Architectural Digest*). Dedos cruzados, muito logo eu seria capaz de me presentear com dois pares daquela chique cueca *boxer* da Hermès. Mas eu ainda tinha de puxar as rédeas quanto à compra daqueles cavalos de pelúcia — talvez no próximo ano...

9
A Passagem dos Pirineus

Eu estava afogado em seda na época em que percebi que navegava em águas desconhecidas. Conseguira descobrir que uma das razões do meu sucesso tão estrondoso era que a Hermès ainda não possuía um *site* na internet. Descobri isso quase ao mesmo tempo em que me tornava o primeiro *workaholic* acidental do mundo. Comprava mercadorias, vendia mercadorias, embalava mercadorias, despachava mercadorias... o meu pintinho estava se transformando em uma galinha dos ovos de ouro. Deduzi que a busca pela alma gêmea teria de esperar, a menos que o meu destino fosse acabar ao lado de um fanático por lenços de seda. De qualquer modo, o tempo se encarregou de diversificar os artigos em oferta. Braceletes esmaltados, baralhos, Ulysses (cadernos de anotações, com capa de couro), acessórios de mesa — se tivessem o logo "Hermès Paris", eram vendidos. Dava para entender porque a máxima dos seus executivos, segundo rumores, era "A Hermès jamais fabricaria algo feio, pois alguém seria capaz de comprá-lo". A *minha* máxima era "Adquira, enquanto adquirir for uma boa". E na Hermès de Andorra, a aquisição era *sempre* uma boa. Nunca tinha tido sequer a sombra de um problema, até certa tarde.

As minhas viagens para a loja de Andorra tinham a regularidade de um relógio — três ou quatro vezes por mês, eu percorria as duas horas do caminho através das montanhas em um carro alugado da *Hertz* (devido aos meus progressos, quase sempre um Mercedes; obrigado, gentis clientes). Agora, as minhas finanças dependiam basicamente dos lucros com os artigos Hermès no eBay — eu era o dono de um pequeno negócio, e encarava as viagens como a minha versão de abastecer o estoque da loja. Portanto, não posso dizer que tenha sido só um pequeno transtorno o fato de as máquinas de cartão de crédito não estarem funcionando naquele dia. Desolado, eu contemplava a mercadoria no valor de 10.000 dólares que teria de deixar para trás quando a dona da loja, Carmen, sugeriu que eu poderia pagá-la na próxima visita. (Carmen tinha *empregados* que eram menos confiáveis do que eu.)

No início, o alívio me dominou, mas eu estava na metade do caminho de volta para casa quando caiu a ficha. Agarrei o celular.

— Mamãe, você não vai acreditar no que aconteceu!

(Embora, naquela época, qualquer coisa que se referisse à minha saga Hermès provavelmente não a surpreenderia.) Despejei a história inteira, terminando com o meu êxito formidável dentro de um Mercedes carregado com 10.000 dólares de mercadorias não pagas. Enquanto estávamos ao telefone, aproveitei para lhe dar mais notícias boas. Naquele mês, eu tinha me tornado um Platinum Power-Seller no eBay, o que significava que as minhas vendas ultrapassavam com regularidade a marca dos 25.000 dólares por mês. Como a mãe incentivadora que sempre era, ela disse seus "ohs" e "ahs" em todos os momentos certos, e estava ansiosa para desligar e contar para papai.

Jamais me passou pela cabeça dar um calote na loja de Andorra. Seria o equivalente a matar a galinha dos ovos cor de laranja. Além disso, eu nunca mais teria uma noite decente de sono, apesar dos meus lençóis de algodão com centenas de fios. Desde que a minha mãe me fizera devolver ao caixa do supermercado uma barra de chocolate Heath Toffee, que eu tinha roubado e comido pela metade (na idade altamente impressionável de quatro anos), a ideia de roubar algo era psicologicamente intolerável para mim. Bom, se um complexo de culpa pode ser útil, esse me ajudou muito. A partir dele, a ideia de vender algo que não fosse autêntico seria, para mim, o equivalente a um roubo. Sem roubalheira, sem imitações, e fim de papo. Sob um aspecto mais prático, habituado como eu estava ao chamariz que eram os produtos Hermès, em todas as ocasiões que aquela loja de Andorra precisava se livrar de alguma coisa, eu a queria para mim. (Isso se devia parcialmente ao seu status como franquia. Lembre-se, eles jamais devolviam os artigos para Paris.) Deveriam contratar um guia, considerando-se o museu Hermès que havia no depósito dos fundos. Eu estava lá, certo dia, passeando à toa entre os produtos expostos, quando encontrei um jogo de xícaras de chá que amei. Era azul-cobalto e dourado, fabricado com uma porcelana casca de ovo, tão fina que deixava a luz passar através dela. O desenho incluía floreios de fitas, e era uma reprodução do buquê dado como prêmio ao cavalo vencedor do Prix de Diane, a tradicional corrida que acontece em Chantilly, na França. Tanto fazia ser vencedor, placê ou dupla, eu soube então que o meu Earl Grey teria um sabor ainda melhor em uma dessas chávenas. Elas tinham de ser minhas. Coloquei-as no topo do restante da minha pilhagem, e Carmen começou a embrulhar tudo. Ela pegou uma chávena e comentou casualmente que a Hermès não produzia mais o padrão de porcelana Cocarde de Soie ("Fitas de Seda"). Agora eu conhecia o suficiente sobre a Hermès para aguçar os ouvidos até mesmo a uma simples insinuação de raridade. Acabei levando para casa naquele dia um jogo completo de Cocarde de Soie, suficiente para oferecer um banquete ao Clube Equestre de Harvard. Mas a tentação foi grande demais e eu simplesmente não pude dizer "não" quando um sujeito de New Jersey me ofereceu pelo lote inteiro o dobro do que eu pagara. (Porém, fiquei com as chávenas.)

Andorra sempre me pareceu boa demais para ser verdade e, infelizmente, no final, era mesmo. A Hermès havia começado com as suas lojas franqueadas em uma época em que não tinha certeza do próprio potencial de prosperar em nível mundial. Mas, naquele momento, devido ao inacreditável sucesso no mercado global, a empresa não tinha mais necessidade de manter abertas lojas como a de Andorra. Muito simplesmente, as franquias não rendiam à Hermès o mesmo lucro que as lojas de propriedade da corporação. Certo dia, mais ou menos um ano depois do início da minha cavalgada como caçador de prêmios em Andorra, perdi outra ferradura. Eu mal havia saído do carro (estacionado, como sempre, na área de carga e descarga diante da loja), quando uma Carmen visivelmente transtornada saiu pela porta da frente. Ela despejou imediatamente uma longa e triste história.

— Michael, é horrível, você não vai acreditar, a Hermès está me forçando a fechar. Meu marido e eu fomos a Paris na última semana para uma reunião na sede central. Você lembra que mencionei na última vez em que o vi que não recebíamos mercadorias havia mais de dois meses?

Concordei meio aturdido.

— Bem, marcamos várias reuniões com os nossos contatos na Hermès para conversar sobre a situação, mas eles sempre cancelavam no último minuto. Dessa vez, conseguimos finalmente falar com a diretoria, e nos disseram que não podiam mais nos fornecer as mercadorias. Claro que não posso vender produtos Hermès se eles não os entregarem! Pensamos em processá-los por quebra de contrato, mas para quê? Prefiro ficar longe dessa confusão.

Naturalmente, essa história me deixou bastante desanimado. Carmen e sua loja tinham sido extremamente boas para mim. E também não gostei de ver esse aspecto da Hermès. Sempre desconfiei das grandes corporações, mas, inexplicavelmente, em nenhum momento parei para pensar nas possíveis maquinações da

Hermès em particular. (Muito provavelmente porque eu estava ocupado demais com os meus próprios negócios com os artigos Hermès. Para sua informação, a Hermès já tem um *site* oficial na internet; como várias outras marcas de luxo, tem sido apenas um pouco lenta em sua modernização.) Mas, naquele momento, a situação ficou bem clara para mim... eu era uma espécie de *persona non grata* para uma empresa como a Hermès. Ela queria o controle total sobre o próprio mercado, o que ficava óbvio agora. Até aquele instante, eu havia me projetado como alguém que tornava os produtos Hermès acessíveis para aqueles que não tinham condições de ir pessoalmente até um de seus estabelecimentos. (Que, por causa de apenas umas quinze lojas nos Estados Unidos, era um número grande de pessoas. Além disso, muitos dos modelos que enchiam as prateleiras nas antigas lojas europeias não estavam sequer disponíveis nas lojas americanas.) Mas, para a Hermès, eu era um guerreiro rebelde, vendendo para as massas. Essa era a diferença entre usar um chapéu de caubói ou o bigode negro do vilão. Entretanto, se quisesse continuar a pagar o aluguel, eu tinha de passar despercebido. Não estava fazendo nada ilegal, claro, mas Carmen também não, e mesmo assim eles fecharam as portas para ela sem pensar duas vezes. Bem, pelo menos eu sentia um alívio em saber que Carmen não ia exatamente ficar na miséria. O seu marido era dono de vários hotéis e de revendedoras autorizadas da Peugeot. O maior impacto econômico seria sentido pelo seu guarda-roupa — Carmen era a melhor compradora da sua loja.

— Michael — ela prosseguiu —, não quero que esses bastardos, perdoe a minha vulgaridade, comprem de volta aquilo que posso vender para você pelo mesmo preço. Portanto, hoje, vendo para você tudo o que quiser, a preço de custo. Prefiro ver a mercadoria nas suas mãos do que nas deles.

Espere um minuto — a preço de custo? Algo como um abatimento de 50% sobre a lista de preços? Tudo bem, talvez eu estivesse sendo levemente egoísta, mas a oferta dela aliviava bastante a situação. Tentei não parecer feliz demais.

Eu tinha a esperança de obter um último e nostálgico vislumbre da loja em meu espelho retrovisor, mas os artigos Hermès no valor de 30.000 dólares obstruíam a visão. Pensei em ligar para a minha mãe; sabia que ela ficaria entusiasmada com essa fortuna caída do céu. Cheguei a digitar os três primeiros números, mas pus o telefone de lado. Não estava com humor para celebrações. Apesar da quantia significativa de dinheiro que ia conseguir ganhar graças à generosidade de Carmen, a experiência daquele dia tinha sido agridoce, na melhor das hipóteses. Na verdade, não era a perda do meu local preferido — afinal, havia muitas outras lojas Hermès onde podia comprar. Não, o problema era que, de um modo misterioso, tratava-se do final de uma época. Não era mais um capricho, como tinha sido quando atravessei pela primeira vez a fronteira de Andorra. A história de Carmen me fez perceber que aquilo era um negócio, e os negócios podem ser implacáveis. Também percebi outra coisa muito importante — eu precisava de pijamas mais refinados.

10
Curtindo a Vida entre Birkins e Barcelona ("Tema de Michael")

Decidi, finalmente, que não devia mais restringir a minha vida ao eBay. Eu me tornara algo que se podia chamar de "viciado em leilões" e isso estava deixando-me um tanto desconfortável. Lembre--se, trabalhar para viver, e não viver para trabalhar... eu continuava tendo em mente o meu mantra. Por isso, certa noite, após uma sequência particularmente longa de noitadas em casa observando os meus observadores, tomei posse de mim mesmo e saí de frente da tela. Mais ou menos uma hora depois, Michael saía pela porta do apartamento. Eu me sentia absurdamente orgulhoso de mim mesmo enquanto descia de elevador até o saguão. Nesse momento, eu não levava meu BlackBerry, assim sendo, estava totalmente liberto do mercado virtual. Tomei um táxi e me dirigi para um dos meus retiros favoritos.

Acho que eu adorava frequentar o Hotel Arts porque era como sair em viagem de férias e pagar somente cinco dólares pela "passagem aérea". Localizado no complexo do Porto Olímpico, o hotel foi construído como parte da extensa revitalização urbana que precedeu as Olimpíadas de 1992. Agora compreendo porque as cidades competem de modo tão acirrado pela invasão atlética dos jogos. Eles se comparam a hospedar uma festa gigantesca, mas, em vez de ter apenas barris de chope vazios no dia seguinte, o município pesca uma rede cheia de benfeitorias, construídas graças aos dólares do turismo. E o Porto Olímpico é, sem dúvida, a garota propaganda de Barcelona e ilustra bem esse conceito como um todo. Impecavelmente planejado e esplendidamente arquitetado, é um santuário quase perfeito construído no centro antigo de uma cidade mediterrânea. Tenho de admitir que o projeto principal não foi desenhado pela mão humana — ele é formado por duas praias públicas belíssimas que margeiam toda a área. No entanto, os restauradores construíram de modo sábio sobre as maravilhas da natureza e, agora, essas praias de nudismo opcional são acompanhadas por um calçadão, sombreado por palmeiras, que recebe durante o dia uma multidão de patinadores e corredores. O esforço de revitalização também incluiu bares à beira da praia, restaurantes de todos os tipos imagináveis, uma marina gigantesca, esculturas anticonvencionais, clubes noturnos e discotecas, dois hotéis e até mesmo um cassino. Mas a glória suprema, pelo menos aos meus olhos, é o Hotel Arts, da rede Ritz-Carlton.

Na minha primeira visita ao hotel, fiquei não só surpreso, mas também fascinado, por caminhar dentro de um enorme e luxuoso hotel e ser recepcionado pelo som calmante da água corrente e pela onda de perfume das flores. Eu já esperava esse momento meio desconcertante, de "exterior trazido para o interior", quando entrava no hotel e via que ele era proporcionado pelas cascatas encrustadas de pedras e pelos arranjos com as espécies de orquídeas mais cobiçadas. Isso proporcionava a toda à área do saguão uma vibração tranquila que relaxava a mente do cliente de modo muito sutil (e, presumivelmente, relaxava a mão que apertava a carteira de dinheiro). Em uma observação menos etérea, eu também estudava atentamente a mobília feita sob encomenda, criada por Jaume Tresserra (um designer catalão que é claramente um discípulo de Ruhlmann, o gênio da *art déco*). Mas é possível que o aspecto mais arrojado de todo o lugar seja a escultura de uma baleia na área externa, de autoria de Frank Gehry, do tamanho de uma grande casa, literalmente. As curvas da tela metálica da escultura são uma canção do Pink Floyd trazida à vida, com uma cor que muda constantemente, dependendo das luzes naturais ou artificias que incidem sobre a sua superfície. (Timothy Leary teria tido um dia de glória.) Ela é considerada a obra-prima da "fase peixes" de Gehry. Mas, como eu já tinha visto tudo aquilo antes, naquela noite eu estava muito mais interessado no peixe que iria comer.

O restaurante Arola é o meu grande favorito dentre as várias opções para o jantar que há no hotel. As enormes paredes deslizantes de vidro servem a dois propósitos — permitir uma vista de tirar o fôlego dos jardins impecáveis, que têm como pano de fundo a onipresente orla marítima, e proporcionar uma fronteira não demarcada para um jantar ao ar livre. Nas noites quentes, que são a maioria, as paredes são deixadas totalmente abertas e o terraço iluminado por velas forma uma extensão natural da área interna. Eu também me delicio com a completa visibilidade da cozinha — sendo o que sou, um aspirante a *gourmet*, adoro ver como trabalham os profissionais de um estabelecimento aclamado pela crítica. Também um convite às minhas tendências voyeurísticas é a adega de vinhos — um grande recinto de vidro no centro do salão; um cubo transparente que expõe milhares de garrafas. Portanto, eu me sentia mais do que excitado por estar de volta ao Arola, novamente à solta no mundo e pronto para compensar as últimas semanas trancado em casa negociando lenços.

À medida que a recepcionista me guiava, serpenteando entre as mesas do salão de jantar cheio, até a minha mesa para uma pessoa, o aroma de dar água na boca e a momentânea visão das entradas suculentas despertaram o meu apetite. Quando me sentei à mesa, convenientemente vizinha ao cubo de vinhos, eu estava mais do que pronto para examinar as ofertas ecléticas do *pica pica*. O *pica pica* — uma variação coloquial do verbo espanhol *picar*, que tem o sentido de "lambiscar" — não é realmente um cardápio. É uma descrição por escrito dos minipratos surpresa de uma noite em particular, disponíveis *à la carte* para os clientes aventureiros. Já que ele incluía uma sequência de mais de uma dúzia de pequenas porções primorosamente elaboradas, eu era freguês certo do *pica pica*.

Alegrei-me com o pensamento das delícias culinárias que estavam a caminho e pedi uma garrafa de Rioja 200 Monges para a minha graciosa garçonete. Com a grande decisão da noite já tomada — o vinho, claro —, eu estava livre para observar as pessoas. Os meus olhos foram atraídos para um quinteto particularmente bonito (três homens e duas mulheres) sentados em diagonal em relação a mim. Eles eram claramente catalães, e não espanhóis, como estava evidenciado por sua constituição física mais leve e estrutura óssea mais europeia. Também estavam claramente inclinados a celebrar, embora a desculpa para se celebrar alguma coisa na Espanha inclua desde sair da cama pela manhã até ser capaz de respirar durante longos períodos de tempo. Então chegou a minha primeira porção de *pica pica*, e parei de espionar o quinteto. Entretanto, algumas taças de vinho mais tarde, eu trilhei o caminho até a toalete dos meninos e quase esbarrei em um dos homens do trio que eu tinha examinado. Ele sorriu, apresentou-se e iniciou uma conversa, fingindo surpresa pelo meu jantar solitário. Durante a nossa curta conversa, duas coisas me impressionaram: como era divertido paquerar de novo e como era perfeito o inglês dele. Visivelmente mais jovem do que eu, Juan transpirava cordialidade, e não me surpreendi quando soube que era professor em uma escola secundária particular em Barcelona. Depois de falarmos durante aqueles poucos minutos, eu já queria saber mais sobre ele e, beleza, ele também parecia interessado neste pobre coroa. Determinado a não estragar as coisas por parecer muito ansioso, forneci calmamente uma dica de qual seria a boate em que eu estaria mais tarde, e retornei triunfante para a minha mesa a fim de secar a última taça e ir embora.

Mais tarde, naquela noite, bebericando um drinque refrescante no Celtes, fiz um esforço consciente para não ficar vigiando a porta; eu não queria dar corda demais para as minhas esperanças de encontrar o meu novo conhecido, Juan. Mas, sem querer, ainda olhava diretamente para a entrada quando ele e seus amigos chegaram. Vi que ele passou os olhos casualmente pela multidão e, então, deu um largo sorriso quando me avistou junto ao bar; e essa visão que tive de Juan fez com que o chão parecesse tremer de leve sob os meus pés. Enquanto o observava abrir caminho até onde eu permanecia em expectativa, tive a premonição de que o nome dele seria um daqueles que eu não teria problemas em escrever com tinta permanente na minha agenda de endereços.

Algumas semanas mais tarde, com o meu novo romance em plena floração, eu tive de fazer um esforço enorme para parar de andar sem rumo pelo apartamento, com a cabeça no mundo da lua e um sorriso bem-aventurado no rosto. Mas o tempo e o eBay jamais param, então me acorrentei firmemente à minha mesa de trabalho. A terra estava prestes a tremer lá também, mas, em meu estupor amoroso, eu não ouvia nem o rumor de um trovão à distância. Listava e leiloava alegremente, sem me preocupar com o mundo. Certo dia, quando vendi um baralho Hermès adorável, fiquei simplesmente feliz porque alguém tinha resolvido escolher a opção "Compre agora" e dado às cartas um novo lar. (Toda vez em que conseguia retirar um item do meu quarto de hóspedes, eu sentia que tinha realizado algo.) Eu não fazia a menor ideia — como qualquer caubói do Velho Oeste que perdeu o seu cavalo em um jogo de pôquer —, mas a minha vida estava destinada a mudar para sempre por causa desse conjunto de cartas. É claro que, um par de semanas antes, eu também não achava que algo de importante espreitava por trás da minha escolha do restaurante Arola, portanto, posso dizer que as minhas aptidões de super-herói não estavam funcionando bem.

E então recebi um e-mail.

De: CBShelper@yahoo.com
Para: Armoire_Auctions@yahoo.com
Assunto: final de leilão: detalhes de pagamento

Armoire-Auctions: Sou assistente de Carole Bayer Sager e farei com você os acertos para pagamento e despacho da mercadoria. Por favor, confirme seu endereço postal para a remessa de valores. Cordialmente, Tori

Uau, a minha primeira cliente famosa! Carole Bayer Sager! Essa mulher escreveu músicas para todo mundo. Barbra Streisand, Aretha Franklin, Frank Sinatra, Bette Midler, Whitney Houston, Ray Charles... e sem mencionar que é a ex-mulher de Burt Bacharach. Liguei imediatamente para o celular de Juan, pulando de alegria.

— Juan, você não vai acreditar... Vendi um baralho Hermès para a CAROLE BAYER SAGER! — Assim que as palavras saíram da minha boca, me perguntei se ele fazia alguma ideia de quem era ela. Quero dizer, eu não sabia até que ponto ela era conhecida na Espanha. Ah, como sou um homem de pouca fé!

— *In good times, in bad times, I'll be on your side forevermore...* — Juan começou imediatamente a cantar *That's What Friends Are For* (um dos sucessos de Carole, dentre as suas oito bilhões de cópias vendidas), com uma surpreendente e forte voz de barítono, e depois caiu na risada. — Mikey, você tem certeza de que é ela mesma?

— Bem, não tenho nenhum motivo para pensar que não seja... Vou responder ao e-mail agora mesmo... Falamos mais tarde?

— Sim, mas me mantenha informado... Eu sempre pensei que pertencia ao mundo dos espetáculos, talvez essa seja a minha grande oportunidade! — A voz de Juan estava falsamente suplicante.

— Vou ver o que posso fazer — eu ri. — Daremos um jeito de ficar juntos, em todo caso.

Ele desligou, cantando o seu adeus, e eu fiquei rindo por um minuto depois de pôr o fone no gancho. Juan era muito divertido e, mais do que isso, eu adorava a nossa capacidade de sermos tolos e ridículos, mesmo tão no começo do relacionamento. Sorrindo e murmurando para mim mesmo, voltei aos negócios e escrevi uma resposta. (Lembrei a mim mesmo que devia aparentar calma — não queria demonstrar que ficava com olhos arregalados e queixo caído diante de celebridades.)

De: "Michael" <armoire_auctions@yahoo.com>
Para: "Tori" <CBShelper@yahoo.com>

oi tori, o endereço que você recebeu na notificação de final de leilão está correto. enviarei o item por encomenda registrada após receber seu pagamento. obrigado por sua ajuda, michael

A minha excitação relacionada a celebridades se reacendeu quando recebi o pagamento. O cheque tinha sido emitido por alguma firma de advogados caros de Los Angeles, e eu estava certíssimo de que teria fundos. Praticamente me esqueci dessa história assim que enviei o baralho. Imaginei que esse e-mail seria o meu primeiro e último contato com a fama e a fortuna. Felizmente, estava errado. Cerca de uma semana mais tarde, recebi o seguinte e-mail:

De: lyricalCarole@yahoo.com
Para: Armoire_Auctions@yahoo.com
Assunto: Birkins Hermès

Oi Michael, obrigada pelas cartas, elas são perfeitas!!! dei uma olhada na sua lista do ebay, você tem coisas ótimas. lembre-se de mim se aparecerem algumas Birkins. estou sempre interessada (especialmente na croco!). carole

De: "Michael" <armoire_auctions@yahoo.com>
Para: "CBS" <lyricalCarole@yahoo.com>

oi carole, fico feliz por você ter gostado. quer que eu abra uma lista de desejos para você? faço isso para muitos dos meus clientes. michael

Eu não fazia a mínima ideia do que era uma Birkin. Na hora, disparei um e-mail para Grace, explicando a situação. Então procurei por "Birkin" no Google. Por mais que eu tentasse, não conseguia entender por que Carole Bayer Sager queria que eu encontrasse CDs de uma atriz e cantora francesa chamada Jane Birkin. (E que diabos queria dizer "croco"?) Talvez os CDs dessa tal de Birkin estivessem fora de catálogo nos Estados Unidos ou algo parecido. Ei, essa talvez fosse a minha nova atividade. Concluí que devia esperar uma resposta de Grace antes de navegar por todo o *site* francês da Amazon. Não queria atrair o azar.

De: GraceoftheGarden@yahoo.com
Para: Armoire_Auctions@yahoo.com
Assunto: Birkin Hermès

Michael, uma Birkin é uma bolsa famosa, fabricada pela Hermès. "Croco" se refere a crocodilo (a pele com que é feita a maioria das Birkins mais caras). Não se preocupe... você não vai conseguir nenhuma Birkin, de croco ou de qualquer outra coisa. Grace

Entrei e saí do mercado musical antes mesmo de dar o primeiro passo. Maldição. Pobre Jane.

De: "Michael" <armoire_auctions@yahoo.com>
Para: "GraceoftheGarden" <graceofthegarden@yahoo.com>

grace, o que você quer dizer com "eu não vou conseguir nenhuma"? eles não fabricam mais??? mas eu quero conseguir uma para a CBS. michael

De: GraceoftheGarden@yahoo.com
Para: Armoire_Auctions@yahoo.com

Michael, a Birkin é a queridinha das celebridades no mundo das bolsas e é literalmente impossível de ser conseguida... é EXATAMENTE por isso que a Carole está pedindo para você arrumar uma para ela ... nem ela consegue. É bem conhecido numa certa classe social de mulheres que existe uma lista de espera de dois ou três anos para conseguir uma Birkin. A piada é que existe até mesmo uma lista de espera para poder entrar na lista de espera. Grace

p.s. Cheguei a mencionar que elas podem custar tanto quanto um carro?

De: "Michael" <armoire_auctions@yahoo.com>
Para: "GraceoftheGarden" <graceofthegarden@yahoo.com>

grace, estamos falando de Hyundai ou de Hummer? michael

De: GraceoftheGarden@yahoo.com
Para: Armoire_Auctions@yahoo.com

De ambos. O preço das Birkins varia de 7.000 dólares (o modelo básico em couro) até mais de 100.000 dólares (o modelo Persian Princess). E acredite em mim, existem colecionadores de Birkins assim como existem colecionadores de lenços de seda Hermès. Grace

Cruz-credo, essas bolsas fazem com que todas as outras coisas da Hermès pareçam ter um preço razoável.
(Veio na lembrança o meu primeiro dia na loja de Barcelona e senti gratidão por não ter visto nenhuma delas naquela hora — provavelmente, eu teria saído da loja aos gritos.) O que me fez pensar... onde eles guardavam essas bolsas, então? Numa cela de prisão solitária? Eu já deveria ter visto uma, pelo menos... e eu estava mais do que interessado. Porque, em meio a toda essa troca de e-mails, a minha cabeça começou a fazer cálculos (sempre fui bastante bom em questões de aritmética). Um lenço de 225 dólares dobrava de preço em um leilão, então, eu lucrava com ele $225. Agora, se uma bolsa de 7.000 dólares dobrasse de preço, eu lucraria com ela... uau! Portanto, uma Birkin equivalia a uma montanha de lenços. Mas, mesmo com a matemática a meu favor, algumas coisas não estavam fazendo muito sentido. Tais como, onde eu ia conseguir 100.000 dólares para comprar uma bolsa? Por que Carole Bayer Sager não comprava, ela mesma, a sua Birkin? Quem era o raio da pessoa encarregada dessas listas de espera? (Em um restaurante, a gente simplesmente escorrega para as mãos do *maître* uma nota de 20 e consegue a melhor mesa — mas eu não fazia a menor ideia do que funcionaria no caso das bolsas.) Estava determinado a descobrir a verdade por trás das Birkins, para o meu próprio bem e para o de Carole — afinal de contas, "é para isso que servem os amigos".

❈ ❈ ❈

11
Nada de Birkins

Pelo resultado que eu estava tendo com os telefonemas para as lojas Hermès em busca de uma Birkin, daria na mesma se eu tivesse perguntado se o refrigerador deles estava funcionando (ou se tinham tabaco Prince Albert em lata). Os vendedores de Madri foram concisos; tudo o que consegui foi um "Desculpe-nos, não temos Birkins aqui". A ligação para Barcelona fincou um marco no caminho, pois foi a primeira vez em que ouvi as temíveis palavras... (toque de tambores, por favor)... "a lista de espera". Disseram que a demora era de dois ou três anos, mas pedi para colocarem o meu nome assim mesmo. Eu não pretendia ir a lugar algum. Telefonemas posteriores para Marbella, Lisboa e Biarritz deram o mesmo resultado; acabavam sempre em uma dessas duas respostas. (Senti algum conforto em saber que dentro de dois a três anos eu estaria *nadando* em Birkins.) Destemido, planejei uma viagem de verão, metade a negócios, metade por prazer. Era hora de me dirigir diretamente à fonte — França.

Com *Le Monde d'Hermès* à mão, tracei o meu roteiro. Não era uma viagem complicada: primeira parada em Montpellier; depois um curto percurso e um pulo até Aix-en-Provence, que é muito perto de Avignon, que fica a uma pequena distância de Marselha, que não está longe de Cannes, que fica na mesma estrada, mas um pouco além de St. Tropez, que está perto da fronteira de Monte Carlo (tecnicamente Mônaco, mas ninguém realmente conhece por esse nome), que está no caminho para Milão (sempre adorei a comida italiana). Imprimi o roteiro a partir do MapQuest e coloquei-o perto da minha mala jumbo sempre-estourando-de-tão-cheia. Embarcaria na manhã seguinte. Acordei no meio da noite, desorientado — tinha sonhado com uma lista de espera de dois anos para cruzar a fronteira da França.

O meu primeiro destino, a loja da Hermès em Montpellier, estava localizado na Place de la Comédie. Essa antiga praça, com séculos de existência e circundando uma fonte, abrigava as butiques mais chiques da cidade. A vendedora, que parecia ter acabado de deixar a adolescência, era amável, mas escapou depressa ao ouvir falar na Birkin. Voltou acompanhada de um jovem, muito provavelmente o gerente, que, desculpando-se, ofereceu um prêmio de consolação — uma bolsa Kelly. Eu não sabia o que era uma bolsa Kelly (mais perguntas para fazer ao Google e a Grace), mas sabia que não era uma Birkin. Tirei do bolso as minhas listas de desejos e me dediquei à compra de lenços. Algo tinha de pagar essa viagem.

Próxima parada, Aix-en-Provence. Eu tinha lido os livros de Peter Mayle, mas mesmo assim não estava preparado para algo *tão* pitoresco. Parecia um episódio de *Além da Imaginação*, em que o personagem principal estivesse aprisionado em um quadro de Paul Cézanne... e, por acaso, seria eu esse personagem principal. A loja da Hermès era muito pequena, tão pequena quanto um trocador de roupas. Não avistei nenhuma Birkin durante os 17 segundos que levei para dar uma olhada em tudo; e meu ânimo naufragou. Se havia alguma Birkin, ela estava em sua Bat-caverna secreta no porão da loja. Como suspeitei, a resposta foi *"Aucunes Birkins, désolé"* ("Não temos Birkins, desculpe-nos"). Com um sinal de resignação, peguei as minhas listas de desejos. Lenços, *s'il vous plaît*.

Em Avignon, uma antiga cidade fortificada, as Birkins eram tão protegidas por muros quanto os perímetros da cidade. (Lenços, lenços, lenços... eles estavam me deixando doente.) Para o sul, mas sem desistir, dirigi-me bravamente para Marselha, a segunda cidade francesa em população, só perdendo para Paris. Cargueiros cheios de mercadorias chegavam diariamente a essa enorme cidade portuária; com certeza, *alguma* embarcação trazia uma Birkin. Entrei na loja da Hermès, cheio de energia e vigor. Mas essa visita fincou outro marco no caminho: a primeira vez em que saí furioso de uma loja. Pedi ajuda a uma vendedora mais velha, com uma aparência agradável, assim que entrei na loja. Ao ouvir a palavra "Birkin", outra vendedora se aproximou de mim (ou, mais exatamente, lançou-se sobre mim). Essa mulher não tinha uma aparência tão agradável — na verdade, fazia lembrar Leona Helmsley. A minha vendedora original se afastou imediatamente (não era tola!). Quando repeti o pedido para essa provável autodenominada guardiã do Reino das Birkins, a expressão dela se tornou tão desconfiada e sarcástica, que me perguntei se, acidentalmente, tinha pedido "uma bolsa *baguette* Fendi" em vez de "uma Birkin".

— Senhor, esta lista de espera está encerrada.

Ela conseguiu fazer caber uma quantidade enorme de asco em apenas sete palavras. Não pude imaginar porque ela me odiava tanto. Pensei, eu estou em uma loja da Hermès, certo? O que fiz não era equivalente a pedir um Big Mac em uma lanchonete do Burger King. Afinal de contas, eles vendem Birkins, não vendem? (Eu estava começando a me perguntar... talvez a Birkin fosse como uma fênix ou um unicórnio... a gente ouve falar deles, mas nunca os vê.) Bolsa imaginária ou não, eu não merecia esse tipo de tratamento ao pedir uma bolsa Hermès em uma loja Hermès. Depois de dias esquadrinhando o território francês, eu não tinha vindo até tão longe para ser destratado por uma mulher mal-educada com um lenço da empresa no pescoço.

— O que você quer dizer com a lista de espera está encerrada? É uma *lista de espera*. Como eu não posso *esperar*? Você está me dizendo que eu não posso *esperar?!* Isso aqui não é um restaurante, que para de servir depois de determinado horário. Estou numa loja Hermès, correto? Vocês fabricam uma coisa chamada Birkin, correto? Ah, espere um pouco, entendi... vocês *fabricam* essa bolsa, só que não *vendem* essa bolsa... é, faz sentido. Ei, tive uma ideia, por que vocês não cobram uma taxa para incluir as pessoas na lista de espera? Ah, tudo bem, a lista de espera está encerrada. — Eu descarreguei em cima dessa infeliz um mês inteiro de frustrações causadas por uma caçada infrutífera a Birkins. Mas não senti remorso, principalmente quando vi que os outros empregados pareciam estar prontos para formar um círculo ao nosso redor e aplaudir.

— Senhor, se não parar de gritar, serei forçada a lhe pedir que se retire da loja. — O seu tom de voz estava presunçosamente triunfante. Eu poderia afirmar que o que ela mais gostava de fazer era expulsar os fregueses porta afora.

— Em primeiro lugar, eu não estava gritando, e não gostei de sua insinuação de que eu gritava. Em segundo, eu estava tratando com outra vendedora antes de você resolver invadir as praias da Normandia e espantá-la... será que pode fazer a gentileza de me deixar falar com ela sobre os lenços nos quais estou interessado? Ou vocês também não têm *lenços de seda*?

A minha voz gotejava sarcasmo. Com essa última alfinetada sobre os lenços, ela deu meia-volta sobre os calcanhares e foi embora. Então você me pergunta: e a primeira vendedora? Bom, ela também não conseguiu uma Birkin para mim, mas me tratou como um herói pelo resto daquela tarde.

Dez dias mais tarde, em Milão, eu não sentia coisa alguma que se parecesse com frustração. Não, eu não tinha cumprido a minha missão quanto a Birkins — nem em St. Tropez, nem em Cannes, nem em Monte Carlo. Mas, sentado a uma mesa do Boeucc, um restaurante com mais de trezentos anos de idade, preguiçosamente bebericando um Amarone e mastigando um *fettuccine* com trufas, era impossível eu me sentir infeliz. Sejamos honestos, fazer turismo pelo sul da França não é exatamente uma tortura, mesmo quando a gente não encontra a bolsa que queria. Decidi que, no dia seguinte, faria um derradeiro esforço na loja local da Hermès, mas não guardava muitas esperanças. Precisava rever as minhas porcentagens originais: para que a viagem pudesse ser encarada como um sucesso estrondoso, as minhas projeções deviam ter sido 75% de prazer e 25% de negócios. A causa dessa reviravolta foi a total ausência de Birkins em sua terra natal, a França — alguém devia colocá-la na lista de espécies em extinção, e rapidamente, antes que ela fosse obrigada a se reproduzir em cativeiro. O lado bom é que a população de lenços de seda estava em pleno crescimento; era uma especiezinha resistente. (Pelo menos, os meus clientes e suas listas de desejos ficariam agradecidos por essas férias — o meu baú estava cheio de lenços.) Mas, apesar de me sentir satisfeito naquele momento, uma pequena parte de mim não conseguia parar de pensar obsessivamente no meu fracasso. Será que Grace estava certa — o meu destino era viver para sempre sem uma Birkin? Refleti sobre bolsas — e possíveis planos —, enquanto saboreava uma *panna cotta*.

    O que aconteceu a seguir fez com que eu me lembrasse de um Natal quando tinha oito anos de idade. Eu começava a desconfiar que o Papai Noel não era um velhinho com roupa e capuz vermelhos (tenha dó, havia presentes demais para que coubessem em um trenó). Então os meus pais resolveram tomar uma atitude drástica. Na véspera do Natal, o meu pai, contrariando os conselhos da minha mãe, subiu ao telhado da nossa casa e fez barulho suficiente para convencer novamente um garoto de oito anos que o Bom Velhinho existia. Foi esse sentimento que tomou conta de mim naquela noite em Milão — a exata sensação de que eu estava deitado na minha cama, ouvindo renas que escalavam o beiral do telhado. Como se surgisse do nada, materializou-se — no braço de uma elegante mulher que passava ao lado da minha mesa — uma bolsa Birkin (eu a reconheci graças às fotografias). Imediatamente, acreditei nelas de novo. E me perguntei — quem *era* aquela mulher? O que ela sabia que eu não sabia? Será que esperou realmente dois anos por uma bolsa? E logo atrás dessas perguntas veio uma solução tão simples que nem acreditei não ter pensado nela antes. Eu pediria uma Birkin para o Papai Noel — aposto como *ele* não precisava se preocupar com listas de espera.

❋❋❋

Anatomia de uma Birkin

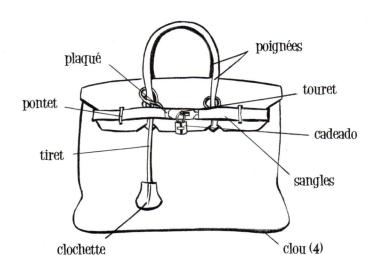

Interior

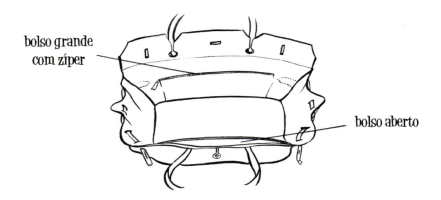

12
Cor de Laranja deixa Você Feliz?

Cheguei das férias tarde da noite em um sábado, diretamente para uma caixa postal abarrotada de e-mails. Como havia uma pilha enorme de lenços para enviar, tive de fazer mais de uma viagem aos *correos* na segunda-feira. Os felizes clientes Hermès do e-Bay iam ter de esperar para ver as minhas novas ofertas. Havia também uma luzinha piscando na secretária eletrônica, com uma mensagem de Juan, me lembrando do nosso encontro no dia seguinte. Ele largou uma pequena bomba no meio da mensagem: em vez do nosso habitual *brunch* domingueiro, ia ser um almoço na casa dos pais dele em um subúrbio de Barcelona. Rapaz, conhecer os pais dele! Um passo grande demais, embora esse fosse o curso natural das coisas, em vista da rapidez do nosso namoro — eu tinha encontrado Juan quase todos os dias desde que nos conhecêramos, exceto o tempo em que estive fora da cidade. Embora eu pretendesse ficar sem fazer nada no dia seguinte, a não ser dar início ao processo de desembalar a mercadoria, não ia permitir que as minhas aspirações Birkinianas atrapalhassem o meu romance florescente. E mais, estava ansioso para lhe contar sobre o meu... como posso dizer... fracasso. Mas tudo bem, eu sabia que ele era um bom ouvinte. A impressão que eu tinha é a de que nos conhecíamos desde sempre.

Contudo, eu me sentia um tanto nervoso enquanto esperávamos diante da porta do apartamento dos pais dele, depois de Juan ter tocado a campainha. Como eu poderia cativá-los se nenhum deles falava sequer uma palavra em inglês? E se não gostassem de mim porque eu não falava a língua deles? E se simplesmente não gostassem de mim, e ponto final? Eu sabia como eles eram importantes para Juan. Ele deve ter visto alguns desses pensamentos ansiosos estampados no meu rosto, pois pegou a minha mão e deu um aperto encorajador antes que a porta fosse aberta. Eu tinha certeza de que, pelo menos por enquanto, *ele* gostava de mim.

Vendo em retrospecto, eu não poderia ter sido mais tolo. Os pais de Juan eram a hospitalidade em pessoa e, de alguma maneira, a personalidade deles foi derrubando todas as barreiras da língua que existiam entre nós. O pai, Juan sênior, era visivelmente o cômico da família, e contava as suas histórias e fazia os seus pequenos apartes de um modo tão engraçado que, entre os seus gestos e as rápidas traduções de Juan, eu dei gargalhadas durante a maior parte da refeição. Carmen, a mãe, era o modelo da alma delicada, sempre balançando a sua face sorridente na direção do seu extrovertido marido. Era uma anfitriã graciosa e atenciosa, e ainda por cima uma cozinheira inacreditável. Comemos como reis, iniciando com um queijo nativo servido com o presunto espanhol, ou *jamón*. O caro *jamón* que Carmen serviu era preparado com carne de porco negro, criado com uma dieta exclusiva de bolotas de carvalho, o que resultava em uma carne particularmente doce e com sabor de nozes. Depois tivemos aspargos brancos com molho *alioli* [alho e óleo], feito em casa, e alcachofras bebês — e esse ainda não era o prato principal. Para ele, Carmen havia feito a sua *paella* especial, chamada *mar y montaña*, ou "mar e montanha". Era preparada com coelho, cogumelos silvestres, pequenos moluscos, camarão, lagostim e vegetais variados. Como sobremesa, fatias de abacaxi fresco e *coca* caseiro — um pão chato adocicado, coberto com pinhão torrado. E todos esses pratos deliciosos foram acompanhados pela única habilidade culinária de Juan sênior: *cava sangria*. Ele pegava uma garrafa do melhor champanhe local, acrescentava maçãs, laranjas, limões e pêssegos, e uma dose generosa do licor Grand Marnier. Depois de comer todos esses pratos e beber a minha cota de sangria, eu estava mais do que relaxado no final da refeição — praticamente comatoso. Pelo jeito, na família de Juan havia uma ceia de Natal todo domingo à tarde, o que parecia uma excelente ideia para mim. Mas precisávamos tomar um trem de volta para a cidade, portanto, em vez de uma soneca no sofá, fui beijado, abraçado e convidado para voltar logo; e fomos embora. Enquanto atravessávamos a praça em frente ao prédio de apartamento deles, Juan parou de repente, deu meia-volta e me puxou pela manga para eu fazer o mesmo. Ao me virar, percebi porque ele tinha feito aquela pausa — seus pais estavam parados na sacada do apartamento. Acenamos e eles acenaram de volta; Juan me explicou:

— Eles sempre me veem ir embora, então eu aceno para que fiquem felizes.

Embora ele parecesse meio sem graça ao admitir isso, não consegui pensar em outra atitude sua que fizesse com que eu gostasse mais dele. E também descobri outra coisa naquele dia — os trens são ótimos para se tirar uma soneca.

Com o meu romance bem encaminhado, na segunda-feira de manhã eu estava de volta ao trabalho, e a primeira coisa foi lidar com a correspondência de Grace.

De: GraceoftheGarden@yahoo.com
Para: Armoire_Auctions@yahoo.com
Assunto: Bem-vindo ao lar/Sua viagem

Michael, espero que a sua viagem tenha sido um sucesso. E daí, o assento de trás do carro está cheio de Birkins? Ha-ha.

Conseguiu algum tesouro, com lenços de seda? Está opressivamente quente aqui em Manhattan... Estou indo para Montauk no final da semana. Grace

Sim, ha-ha.

De: "Michael" <armoire_auctions@yahoo.com>
Para: "GraceoftheGarden" <graceofthegarden@yahoo.com>

grace, a viagem foi o maior sucesso no nível da culinária (haha), mas um fracasso total no caso das birkins, embora eu tenha conseguido ver uma num restaurante (mas a dona dela não tinha interesse em vender). toneladas de ótimos lenços novos, que vou listar amanhã num leilão de cinco dias (para encerrar no domingo). mt

De: GraceoftheGarden@yahoo.com
Para: Armoire_Auctions@yahoo.com

Michael. Pelo menos, você entrou em alguma lista de espera? Dizem que quem espera sempre alcança... boas bolsas! Grace

De: "Michael" <armoire_auctions@yahoo.com>
Para: "GraceoftheGarden" <graceofthegarden@yahoo.com>

estou em listas de espera por todo o sul da frança, exceto em marselha (a lista de espera deles está fechada, me lembre de lhe falar sobre essa história mais tarde). mt

Grace e eu tínhamos decidido manter o nosso relacionamento de um modo diferente. Quando digo "falar" com ela sobre essa história de Marselha mais tarde, o que quero dizer é contar por e-mail. Havíamos concordado em nos comunicar somente por e-mail ou fax. Sem conversa ao telefone. Sem encontro cara a cara. Achei isso estranho quando Grace sugeriu pela primeira vez, mas agora compreendo. Era como ter um amigo por correspondência, só que melhor, pois havia minutos entre as "cartas", e não meses.

    De: GraceoftheGarden@yahoo.com
    Para: Armoire_Auctions@yahoo.com

    Michael, muito "falatório" nas mesas de reunião sobre o lenço Carnaval de Venise (especialmente com uma combinação de tons em preto). Sugiro que você acrescente esse modelo nas suas listas de desejos... ele pode se tornar o próximo Kachinas.
    Grace

Como "mesas de reunião", ela se referia a três ou quatro salas de bate-papo do Yahoo, todas dedicadas inteiramente aos lenços Hermès (ou HS, como os entendidos chamavam esses lenços; HS, de Hermès *Scarfs*). Grace, obviamente, era um dos seus visitantes/colaboradores frequentes, e toda vez que ela me passava uma dica discutida nessas salas, eu soltava os meus cães farejadores de lenços, e depressa. (Se alguém for dedicado o suficiente para se sentar e bater papo no ciberespaço sobre "HSs" raros todos os dias, então essa pessoa é, definitivamente, dedicada o suficiente para gastar dinheiro com eles.)

    De: "Michael" <armoire_auctions@yahoo.com>
    Para: "GraceoftheGarden" <graceofthegarden@yahoo.com>

    obrigado pela dica... irei às compras! mt

Aprendi por experiência que sair por aí perguntando não funcionava quando o assunto era modelos mais antigos de lenços. Era infalível — eu telefonava e atendia algum vendedor novato da Hermès, admitido havia apenas três dias, que tinha *lido às pressas* o capítulo sobre lenços de seda no manual dos funcionários. Mas se fosse pessoalmente à loja, eu falaria com o "embaixador dos lenços". (Sim, penso que eram chamados assim mesmo, e cada loja da Hermès tinha o seu.) Pois, o "embaixador dos lenços" conhece não apenas quais lenços estão *nas* vitrines na fachada da loja, mas também quais lenços estão *sob* o balcão, escondidos em gavetas de madeira. Geralmente, eu estava atrás dessas gavetas — era onde os modelos mais antigos ficavam guardados.

Armado com essa notícia de Grace, saída do forno, planejei uma excursão de final de semana a Madri. (Eu já tinha conferido que as gavetas de Barcelona estavam tão vazias que a madeira estalava.) Naquele sábado de manhã entrei na Hermès de Madri e fui cumprimentado pelo meu nome. Puxei de dentro do bolso as listas de desejos.

Imediatamente, deparei-me com uma mina de lenços Carnaval de Venise — a "embaixatriz" disse estar certa de que tinha em várias cores. E ela não ficou apenas nisso; logo havia dez ou mais dos melhores lenços empilhados ao lado da caixa registradora. Encorajado pelo sucesso e pelo meu status como VIP naquela loja, fui em frente.

— Está ótimo, muito obrigado, vou levar todos estes... Ah, e se for possível, um livrinho de como amarrar os lenços para cada um deles... Sim, um em cada caixa está bom... ah... e mais uma coisa... vocês têm alguma Birkin? — Tentei dar um tom casual à voz.

— Vou dar uma olhada.

Com essas palavras, ela desapareceu nos fundos da loja. Eu não podia acreditar. Essa era a primeira vez que alguém não dizia imediatamente "não" nem mencionava a lista de espera. Será que era verdade? Eu me concentrei em não ficar com os olhos grudados na porta que dizia USO RESTRITO AOS FUNCIONÁRIOS. Mas então, na borda da minha visão periférica, surgiu um clarão cor de laranja. A vendedora havia voltado e estava quase oculta atrás da enorme caixa cônica colorida que carregava nos braços. Devia ter cerca de 9 metros quadrados, e a minha boca ficou seca só ao pensar no que ela podia conter. A vendedora fez um gesto para que eu me juntasse a ela ao lado de uma das pequenas ilhas balcões que há no meio de todas as lojas da Hermès.

— Senhor Tonello, temos uma bolsa, caso o senhor tenha interesse. É uma Birkin de 35 centímetros, de crocodilo, na cor antracite. Gostaria de vê-la? — Fiz um "sim" com a cabeça. Não confiava em mim mesmo para abrir a boca.

Ela abriu uma gaveta do balcão, retirou um par de luvas brancas e imaculadas, e calçou-as. Retirou a tampa e colocou-a cuidadosamente ao lado da caixa. Ficaram à mostra quatro camadas de tecido branco, um tecido tão inflexível que parecia engomado (descobri depois que esse tecido era fabricado especialmente para a Hermès, a fim de garantir que fosse isento de ácidos). Cuidadosamente, ela negociou com as barreiras brancas, dispondo-as de tal maneira que cada camada ficasse perfeitamente caída sobre o seu lado correspondente da caixa — norte, sul, leste, oeste. Então, com um cuidado maior ainda (como se estivesse retirando um bebê de um moisés), tirou a Birkin da caixa e ergueu-a diante dos meus olhos maravilhados.

Mas a bolsa ainda estava oculta, abrigada contra a poeira, dentro de uma capa parda. A vendedora desamarrou o cordão e deixou a capa escorregar. (Eu já quase esperava que ela fosse assobiar alguma música de *strip-tease*.) A partir do momento em que a Birkin se revelou, eu não consegui parar de olhá-la boquiaberto, apesar de achar que não estava sendo tão óbvio. A bolsa de crocodilo, na cor cinza carvão (imaginei que era isso que significava "antracite"), cintilava esplendidamente. A vendedora continuou a falar.

— Como o senhor pode ver, as ferragens são *palladium*. Penso que elas se justapõem de modo muito delicado à cor carvão, que é mais quente. — Ao dizer isso, ela pegou a bolsa e saiu de trás do balcão. Passou pela minha frente e foi se olhar no espelho, que ficava na parede oposta. Segurando a bolsa ao seu lado, ela caminhou devagar para a frente e para trás, fazendo a volta sobre os saltos de 10 centímetros, de modo que a bolsa oscilasse levemente na altura de seus joelhos. A expressão dela, visível no espelho, parecia a de alguém que partilhava um delicioso segredo. Após alguns instantes de desfile, ela estendeu o braço, com as alças da bolsa repousando suavemente sobre dois de seus dedos — um sinal claro de que me oferecia a oportunidade de segurá-la eu mesmo. O meu pensamento inicial foi de como era *leve* — supus que era por isso que não cobravam por peso. O meu segundo pensamento foi: não importa quanto custe, hoje ela vai comigo para casa.

— Vou levá-la.

Ainda bem que não me pediram para penhorar a minha alma (naquele momento, provavelmente, eu faria isso). Mas, por outro lado, eles produziram um documento do Departamento de Pesca e Vida Selvagem, uma espécie de "passaporte" para o transporte de peles exóticas (descobri que os crocodilos estavam sob algum tipo de norma de proteção — mas os meus pensamentos me diziam que essas normas não deviam ser tão protetoras, já que eles acabavam virando bolsas o tempo inteiro). Naturalmente, eu também tinha de assinar um recibo de cartão de crédito, que me deixava apavorado só de ter de olhar para ele... o que fiz foi desviar os olhos e guardá-lo na carteira para ser contemplado mais tarde. O preço da bolsa até que estava razoável — 18.000 dólares, mas quando era acrescentado o preço dos lenços... rapaz!

Vinte minutos mais tarde, eu caminhava pela rua, dando pequenos goles na garrafa de água Evian que recebi como cortesia e segurando uma sacola de compras absurdamente grande que balançava na minha mão. O que havia acontecido? Eu queria contar para todos os meus conhecidos sobre a minha vitória sobre a Birkin — mas não conseguia imaginar o que diria quando me perguntassem como eu fizera aquilo. Não tinha a mínima pista. Será que eu tinha executado um movimento secreto com as mãos, sem perceber? Olhei para as minhas roupas — as mesmas de sempre. Eu estava com um belo bronzeado, adquirido na França, mas uma Birkin parecia ser um presente incrivelmente bom demais por apenas um tom amorenado na pele. E, acima de todos esses, havia outro mistério — por que a capa protetora de uma Birkin não era da cor laranja da Hermès?

13
A Fórmula

UMA SEMANA MAIS TARDE, a caminho de Paris, eu estava desesperado para solucionar o mistério da Birkin de Madri, tentando raciocinar como Nancy Drew — a minha detetive adolescente favorita, dos livros de mistério da infância. Ia brincando de correio expresso, mas ao estilo Air France, a fim de entregar a bolsa croco antracite nas mãos de Carole Bayer Sager no Hotel Ritz. Assim que recebeu o meu e-mail com a frase "consegui uma!", ela respondeu imediatamente com uma oferta muito generosa (por meio da sua assistente, claro), que me rendeu um lucro líquido de 5.000 dólares.

Mas a questão permanecia: que tipo de poção eu tinha tomado para conseguir realizar aquela mágica em Madri? Afinal de contas, necessitava da receita desse elixir para poder conjurar mais Birkins. Talvez arrumar um emprego como segurança na Hermès de Madri — assim eu poderia procurar pistas do meu sucesso nas imagens gravadas pelas câmeras de vigilância naquele sábado decisivo. Ou quem sabe fazer os arranjos para um encontro secreto com a vendedora em algum barzinho pouco iluminado. Eu poderia vestir um sobretudo e usar óculos escuros, e a nossa senha seria "crocodilo".

Ou que tal se eu ficasse de tocaia no outro lado da rua, observando a porta da loja, e entrevistasse todos os clientes que saíssem com uma Birkin? Está bem, os cenários que estou sugerindo não são dos mais realistas — acho que não é muito prudente tentar canalizar a detetive que foi a nossa heroína na infância quando estamos a mais de 7 mil metros de altitude.

No começo, eu me senti muito em evidência ao entrar no saguão do hotel carregando uma sacola de compras gigantesca (cor de laranja). Mas depois pensei: no Ritz de Paris, a *minha* bolsa Hermès era apenas mais uma dentre a quantidade incontável que atravessava todos os dias as portas de mogno e vidro, aparentemente leves como uma pluma. Carole estava hospedada na suíte Coco Chanel e dera instruções para que a portaria me deixasse subir diretamente. Ela abriu a porta com um largo sorriso, e a cordialidade das suas boas-vindas me pegou meio desprevenido. Dava até para pensar que ela me conhecia havia uns bons doze anos, em vez de uns doze e-mails. Mas ela parecia estar sendo totalmente sincera — a primeira palavra que eu usaria para descrevê-la seria "amável". Eu me senti imediatamente à vontade ao seu lado. Tinha ficado agoniado sobre o que deveria vestir, mas não precisava; ela estava vestida de maneira informal, de *jeans* e blusa branca de algodão, embora tanto o brilho do algodão da blusa como o caimento do *jeans* insinuassem dinheiro. (O enorme diamante rosa no seu dedo não insinuava nada.) Assim que tirei a bolsa da caixa e a entreguei para Carole, ela imediatamente foi até o abajur da Tiffany mais próximo para inspecionar o couro. Examinou o tamanho e a simetria das escamas do crocodilo, e finalmente deu um amplo sorriso, elogiando tanto a cor quanto a qualidade da bolsa. Fiquei com a sensação de que aquela certamente não era a sua primeira Birkin.

A suíte em si era o que se pode esperar da suíte Coco Chanel do Ritz de Paris. A 4.500 dólares a diária, eu sabia que não seria um quarto de um hotel Formule 1. A sala de visitas onde eu estava era aproximadamente do tamanho de uma piscina olímpica. No entanto, tinha o aconchego de uma sala de chá da Renascença e era decorada segundo o gosto requintado de uma baronesa. Estava repleta de antiguidades *Louis* autênticas, com sua madeira escura entalhada coberta com almofadas recheadas de penas. A atmosfera de luxo era reforçada pela riqueza das cortinas de gorgorão pesado que, com seus drapeados imensos, formavam uma moldura para a vista da Place Vendôme. No entanto, o que me impressionou mais foi o toque oh-que-elegante das bandejas de prata com altas pilhas de morangos vermelhos. Esperei, mas durante todo o tempo em que estive lá, em nenhum momento Carole pediu para que eu me servisse de um deles, apesar da sua amável hospitalidade.

Retornei ao saguão sem bolsas de qualquer espécie. Eu tinha me livrado daquela bolsa conseguida a duras penas, sem ao menos uma pontada de dor pela perda. Apesar das minhas perguntas persistentes sobre como repetir a proeza de comprar uma Birkin, eu sentia uma grande e recém-descoberta confiança na facilidade de se vender uma. Após minha pequena permanência vespertina no território favorito de Coco Chanel, eu ainda não estava pronto para abandonar a opulência do Ritz. Decidi celebrar o meu sucesso na venda para Carole com uma taça de champanhe no Bar Hemingway. Depois de uns instantes estudando os objetos do escritor e as suas fotos que estavam emolduradas na parede dos fundos do pequeno bar, sentei-me em um dos bancos altos. Mas percebi que não era muito adequado pedir champanhe naquele lugar (imaginei que o velho Ernest não aprovaria) e pedi então um drinque *sidecar*. Já que a minha mãe era a melhor leitora que eu conhecia, seria bastante apropriado que eu lhe telefonasse sentado naquele marco literário.

— Mamãe, oi... estou no Bar Hemingway, no Ritz. Sim, já estou em Paris. Acabei de entregar a bolsa da Carole... Oh, meu Deus, a suíte é um espetáculo... e ela é a pessoa mais amável do planeta... — Não consegui contar a minha história em uma velocidade rápida o suficiente, mas, do jeito que estava excitado, tentei pelo menos manter a voz em um tom discreto. Naquele bar, a gente se senta perto de *todo mundo*: eu não queria fornecer a algum colunista de fofocas parisiense o furo jornalístico da semana. (Eu sabia que se *eu* fosse um colunista de fofocas, passaria certamente pelo Hemingway a caminho de casa.) Eu não desejava perder a minha melhor (e única) cliente de Birkins.

— O que ela disse? Gostou da bolsa? Como era a suíte? — A minha mãe era só perguntas, portanto, lhe servi de bandeja todos os detalhes, até mesmo sobre os morangos que não consegui comer. Mas havia aquela outra coisa rondando a minha mente.

— Sabe, é engraçado porque ainda não tenho certeza de como eu realmente *consegui* a bolsa. — Dei uma risadinha enquanto falava, mas acho que mamãe percebeu a frustração que eu não conseguia deixar de sentir.

— Michael, dê tempo ao tempo e estou certa de que você vai decifrar. Pense no que aconteceu, pense em cada detalhe, e você vai acabar tropeçando na verdade. — A voz dela estava calma, como sempre, mas em vez de me confortar, como costumava fazer, por alguma razão fiquei um pouco irritado.

— Mamãe, ouça, entrei na loja como sempre faço. Fui cumprimentado pelo nome, certo, o que era novidade, mas não acho que eles vendem uma Birkin só porque reconhecem a pessoa. Se assim fosse, em Barcelona já teriam me entregado uma há *muuuuito* tempo. Entrei na loja, entreguei as minhas listas... de desejos...

Parei de falar. Tive esperanças de que mamãe não tivesse notado como a minha voz foi sumindo, e, se tivesse notado, que pusesse a culpa na ligação telefônica transoceânica. Infelizmente, esta é a era do telefone celular, e ela não se deixava enganar nem por um segundo. (E também, por ter me dado à luz, ela me conhecia melhor do que qualquer outra pessoa no mundo. Odeio os clichês, mas, afinal, ela era a minha mãe.)

— Michael, o que foi? Algo errado? Ou você se lembrou de algo sobre as bolsas? — Eu podia ouvi-la tentando não parecer tão satisfeita consigo mesma. Eu sabia que ela conseguia ver, de alguma maneira, a minha cabeça funcionando através do telefone.

— Nada errado, mamãe... sim, talvez eu tenha percebido algo. Conto para você amanhã. Tchau, te amo... tchau. — Aquele era um dos momentos em que pôr as coisas em palavras fazia com que elas parecessem ridículas. (Mas, o que não era ridículo em toda essa história da Birkin?) O fato básico era que, durante aquele tempo inteiro, eu vinha analisando os ingredientes, e todos os ingredientes eram sempre *exatamente* os mesmos. Cada vez que eu ia a uma loja Hermès, havia listas de desejos, embaixadores de lenços e a minha súplica por uma Birkin. Eu *sabia* que não devia ter cabulado todas aquelas aulas de química no segundo grau para ir fumar no estacionamento. Porque isso quase me fez esquecer que, em química, a ordem em que acrescentamos os ingredientes de uma fórmula é tão importante quanto os próprios ingredientes.

❈ ❈ ❈

14
Fumaça e Espelhos

NA MANHÃ SEGUINTE, acordei cheio de energia e entusiasmo, e doido para comprar uma Birkin. Decidi que a *flagship* da Hermès, no número 24 da Rue du Faubourg Saint-Honoré, não era o lugar certo para testar pela primeira vez a minha hipótese sobre a compra de Birkins. Aquele edifício de seis pavimentos abrigava não apenas os dois andares com os artigos Hermès, mas também os escritórios, as oficinas de *design* e um museu particular. Naquele ponto do meu "jogo das bolsas", eu achava o lugar um pouquinho intimidador. Resolvi começar por algo menor (pelo menos, na metragem quadrada): iria à loja da Hermès da Avenue George-V. Seria um perfeito campo de treinamento para o meu roteiro aprimorado de compras de Birkins.

No percurso de táxi tentei encontrar furos na minha teoria. Na noite anterior, com o drinque *sidecar* nadando através das minhas veias, o momento de descoberta que tivera durante a conversa com mamãe não havia apresentado qualquer defeito — sua lógica era inquestionável. É claro que também tinha parecido uma boa ideia discar para Juan, sob a influência do álcool, à uma hora da madrugada, mesmo sabendo que ele precisaria sair de casa em alguma hora atroz para ensinar inglês a estudantes secundários (felizmente, ele não se incomodou ou, ao menos, fingiu não se incomodar). Portanto, levantei a possibilidade de que o meu raciocínio também estivesse um tantinho distorcido em outras áreas. Minutos antes de testar o novo plano, eu estava na dúvida — será que toda a minha agonia e análise se destilaram e resultaram *realmente* em uma conclusão tão banal? Porque a "fórmula", em sua essência, era simplesmente isto: *primeiro*, as listas de desejos; *depois*, a Birkin. Eu estava fazendo tudo errado antes. Tentar conseguir que um funcionário da Hermès me vendesse uma Birkin antes de eu ter gasto uma boa grana em outras coisas seria o mesmo que tentar levar para a cama a garota que me acompanhou ao baile de formatura sem antes sequer elogiar o penteado dela. Foi desse modo que acertei em cheio, em Madri, comprando primeiro os lenços. Assim que aquela funcionária da Hermès viu que a minha conta já somava alguns milhares de dólares, ficou mais do que feliz em colocar uma Birkin bem no alto da pilha de compras. Era necessária uma taxa inicial, uma compra qualificatória. (Essa era a minha esperança, em todo caso. Eu estava prestes a checar como o meu estratagema científico se comportaria diante da experimentação.)

Quando o táxi parou na frente da Hermès, sequei as palmas das mãos úmidas no meu *jeans* Bottega Veneta, engoli o nó de ansiedade que estava parado na garganta e atravessei aquela porta como se fosse o proprietário do lugar — e de cada Birkin que estivesse ali.

Um vendedor sentiu o cheiro de dinheiro e se aproximou de mim imediatamente.

— Bom dia. Tenho uma lista bastante longa de lenços de seda que quero levar, e talvez você possa tornar as coisas mais fáceis para mim. — Eu disse à medida que lhe estendia a minha lista de compras.

— Certamente — ele respondeu, com maneiras prontamente obsequiosas; sem dúvida, sua reação natural ao longo comprimento da lista. — A maioria destes lenços é de edições mais antigas. Preciso ir procurá-los no estoque.

Eu me impedi de dizer "Surpresa, surpresa". O meu *modus operandi* nas lojas era aparentar tanto quanto possível um peixe fora d'água. Queria que todos assumissem que estava cumprindo uma missão para a minha mãe. Fazia parte daquela encenação como pessoa de perfil discreto. Eu estava lá, parado, tentando parecer desconfortável, porém arrogante, quando o vendedor retornou carregando uma bandeja cheia de lenços. Conforme apontava para cada lenço, ele indicava a sua posição na lista de compras. Ele tinha sete ou oito dos modelos que eu queria. Eu esperava que esse número fosse suficiente. (A quantidade exata que eu necessitava para me "qualificar" ainda estava, obviamente, em uma zona nebulosa.)

— Ótimo, perfeito... vou levar todos eles... [e como quem não espera nada]... e você tem alguma Birkin?

— Senhor, preciso verificar. Um momento, por favor.

Surpresa, surpresa — de novo. Esses sujeitos trabalham seguindo um roteiro preestabelecido ou o quê? Eu só esperava que não acontecesse uma reviravolta no final. Tudo o que eu queria era uma continuação da história de Madri. Quando ele voltou, trazendo uma grande caixa laranja, eu soube que todas as minhas esperanças haviam sido atendidas. E fórmula ou não, eu estava adorando aquele filme. Ele encenou todo o grande espetáculo que eu tinha assistido quase uma semana antes (embora, sem luvas brancas — elas só eram usadas para as crocos). Dessa vez, a minha bolsa era uma Birkin de couro, de 30 centímetros, na cor *blue jean*. Eu não me importaria nem que fosse uma imitação de Birkin, de plástico e nas cores do arco-íris — só queria comprá-la e sair logo de lá antes que alguma espécie de alarme contra vendas duplicadas soasse dentro da loja. E foi exatamente isso o que fiz.

A salvo e de volta ao quarto do hotel, coloquei a bolsa na mesinha de cabeceira e esperei para ver se ela tomava alguma iniciativa. Com certeza, essas bolsas têm algum tipo de poder mágico. Agora sabia que *eu* era capaz — naquele dia, fui o Harry Potter das bolsas. Possuía

a habilidade de executar um truque que era muito melhor do que tirar coelhos da cartola — eu sabia como tirar Birkins da Hermès. (Quero dizer, todo mundo conhece bem os coelhos — nunca temos de esperar dois anos para conseguir mais coelhos. Talvez dois minutos.) Era como qualquer outro truque com as mãos — assim que a gente ficava sabendo como ele era executado, não entendia por que se deixara iludir na primeira vez em que o vira. E, apesar de "a fórmula" ser tão simples, havia certamente muita gente na "lista de espera", sofrendo quietamente devido ao desejo, torturada pela sua busca inútil por bolsas de couro caríssimas. Bom, sem mais sofrimento, pessoal — a ajuda estava a caminho. Eu não aguentava esperar para iniciar a minha nova vida como o mágico Houdini da Hermès — eu ia fazer aparecer Birkins de tudo quanto era lugar.

***

15
Caindo na Estrada Outra Vez

DECIDI REPETIR O MEU ROTEIRO PELO SUL DA FRANÇA. Esperava que, pelo menos nessa segunda vez, o encantamento fosse funcionar. Ainda estava nervoso sobre se eu seria capaz de conduzir com sucesso aquela história de compras de Birkins. Na verdade, era tudo tão absurdo — estar preocupado se ia poder ou não comprar uma bolsa. Mas preciso confessar, eu não estava ansioso só por causa do dinheiro... gostava muito da ideia de derrotar a Hermès no seu próprio jogo. Talvez fosse doentio, mas eu achava excitante pensar que tinha conhecimento de um truque que iludia até mesmo as pessoas mais ricas do mundo. Eu nunca tinha equiparado diretamente o dinheiro ao poder, mas, quando você tem mais de dez anos de idade, consegue perceber que há uma ligação entre eles. E qualquer ser humano que podia pagar 20.000 dólares por uma bolsa estava no topo da pirâmide no que se referia a rendas, sem dúvida. Um comprador de Hermès, pelo menos o persistente, era alguém que raramente olhava a etiqueta de preço ou que se preocupava com o valor da conta ou que sequer pensava em dinheiro. Mas, apesar disso, a Hermès ainda mantinha a sua "lista de espera". A gente tinha de ter certo respeito pela empresa por sua audácia: o grosso da sua clientela não era uma parcela da população que estivesse acostumada a esperar. Mas ela esperava as Birkins. Só que eu não — ou essa era a minha esperança.

Vasculhei uma gaveta do armário e tirei de lá o roteiro do MapQuest da minha última viagem. Juntei às pressas algumas roupas e guardei-as na mala. Agora, que eu possuía finalmente um *notebook*, ia acompanhar de perto os meus leilões do eBay... aquela viagem seria puramente a negócios (exceto, talvez, pela cozinha). Três horas depois, eu entrava na loja Hermès de Montpellier. Trinta minutos depois, saía com uma Birkin ($7.500). Uma hora depois, eu entrava na Hermès de Aix-en-Provence. Trinta minutos depois, saía com uma Birkin ($7.500). Uma hora depois *disso*, eu entrava na Hermès de Avignon. Trinta minutos depois, saía com uma Birkin ($7.500). Na saída dessa terceira loja, não pude deixar de fazer algumas poucas e alegres operações aritméticas. Se a maioria das pessoas espera dois anos por uma Birkin, e eu consigo uma em meia hora, isso significa que reduzi o tempo de espera em 17.519 horas (e meia). Mas então a minha mente, sem um pingo de alegria, despejou algumas outras cifras inquestionáveis. Somando os créditos ainda disponíveis dos meus três cartões de crédito, cada um com um limite total de 10.000 dólares, só me restavam uns 5.000 dólares. Em um dia, eu havia atingido o limite de dois cartões de crédito (e metade do terceiro).

Eu estava quase sem crédito e quase sem luz do dia (e completamente sem energia). Procurei um hotel. Assim que fiquei sozinho no quarto, apenas eu e as Birkins, liguei o computador. Eu tinha a oferta, agora só necessitava criar a demanda. Mandei um e-mail para todos que tinham listas de desejos Hermès na minha agenda:

De: Armoire_Auctions@yahoo.com
Para: "everyone"@my-yahoo-address-book.com
Assunto: BIRKINS DISPONÍVEIS

Oi para todos, DISPONÍVEL HOJE
BIRKIN 35CM, COURO TOGO, PRETA COM FERRAGEM DOURADA. BIRKIN 30CM, COURO TOGO, VERDE ANIS, FERRAGEM "PALLADIUM" PRATEADA. BIRKIN 35CM, COURO TOGO, VERMELHO VIVO COM FERRAGEM DOURADA.
TODAS AS TRÊS BOLSAS SÃO TOTALMENTE NOVAS, SEM USO E ACABADAS DE SAIR DA LOJA. AUTENTICIDADE GARANTIDA. DISPONÍVEL NA BASE DO "QUEM CHEGAR PRIMEIRO LEVA".

TELEFONE PARA MIM OU MANDE UM E-MAIL.

Tudo de bom,

michael

Olhei para o trio de Birkins para lhes transmitir a emocionante notícia de suas iminentes adoções, mas elas não estavam demonstrando muito entusiasmo, então, liguei para mamãe para lhe dar as boas novas.

— Oi, mamãe, sou eu. Só queria que você soubesse que solucionei o mistério da compra das bolsas.

— Ah, que bom, eu sabia que você ia conseguir. Está em casa agora?

— Hum, na verdade estou na Provence, mas sentado aqui e olhando para as três Birkins que acabei de comprar hoje. Confirmado, se eu gastar um monte de dinheiro antes, fica bem mais fácil conseguir as bolsas.

— Que bom, isso é ótimo, querido... mas não posso falar agora, seu pai e eu vamos começar a partida de golfe daqui a uns seis minutos. Ligo mais tarde e daí você me conta a história inteira. Te amo... tchau.

Tentei telefonar para Juan e *lhe* contar tudo, mas ele não estava em casa. Fiquei ali sentado, murcho. O caso das bolsas solucionado, e eu sem ninguém para ouvir-me. Imagino que não seria muito divertido ser um Houdini, a menos que a gente tivesse uma assistente adorável ao nosso lado ou, no mínimo, um coelho com quem conversar. Mas, realisticamente falando, eu sabia que deveria estar concentrado em transações bancárias, e não em contar vantagem. Depois de dez minutos segurando o telefone, tinha transferido 10.000 dólares da minha conta bancária para pagar o MasterCard. Agora dava para conseguir mais um par de Birkins — a crise estava contornada. No entanto, essa questão do limite de crédito seria um problema, sem dúvida alguma. Bom, eu inventaria uma solução. Por agora, era finalmente hora de celebrar, e não de refletir sobre limites de crédito. Mas, assim que me dirigi para a porta em busca de um drinque e de algo para comer, chegaram dois e-mails. Uma Birkin vendida! O segundo e-mail era de Grace.

De: "GraceoftheGarden" <graceofthegarden@yahoo.com>
Para: "Michael" <armoire_auctions@yahoo.com>

Oi Michael, uau! Você está realmente no meio de uma onda de sucessos. Qual é o seu segredo, com quem você está dormindo? Ha-ha. Mais importante, por onde tem andado (exceto pela Hermès, quero dizer)? Grace

De: "Michael" <armoire_auctions@yahoo.com>
Para: "GraceoftheGarden" <graceofthegarden@yahoo.com>

grace, me desculpe, tenho sido um pouco negligente em manter você informada. estive numa orgia de compras de birkins. inventei um novo método de compra, que chamo de "a fórmula" (e não envolve dormir com alguém) e até agora foram 3 em 3 dias. (3 lojas Hermès, 3 birkins). descobri que se eu empilhar antes uns mil dólares em mercadoria, e depois levantar a questão da Birkin, eles ficam felizes de me venderem uma. tenho

MUITO mais coisas para contar depois. estou faminto e estava pronto para sair para jantar.

michael

p.s. estou em aix-en-provence, a caminho de cannes amanhã... depois vou para st. tropez e monte carlo, escrevo mais para você de lá. mt

Naquela noite, quando retornei de um jantar delicioso no Le Clos de la Violette (cordeiro com creme de alho e uma meia garrafa de Saint-Emilion), eu estava pronto para uma boa noite de sono. Adorava deixar as janelas completamente abertas quando estava na Provence, de modo que aquele ar com perfume de lavanda pudesse soprar através do meu quarto — e dos meus sonhos — durante toda a noite. Mas não consegui resistir e chequei os e-mails pela última vez. Bingo — a Birkin nº 2 tinha um comprador. Eu me aconcheguei debaixo do edredom. Doces sonhos, certamente, e um deles se tornou realidade. Quando chequei os e-mails na manhã seguinte, a última bolsa tinha sido vendida.

Havia seis pequenas Birkins, todas enfileiradas e aninhadas no porta-malas do carro, no meu retorno a Barcelona alguns dias mais tarde. Havia também apenas 5 dólares disponíveis no limite de cada um dos meus cartões de crédito. Se eu usasse direito os cartões, teria dinheiro em abundância para comida e combustível na viagem de volta. Falando sério, isso ia acabar se tornando um problema. Já estava mais do que na hora de começar a fazer fluir os meus humores orgânicos criativos para esse quebra-cabeça de despesas *versus* limite de crédito. Como as Birkins não eram nada baratas, eu sabia que havia somente uma solução: mais crédito para *moi*. E gostaria de saber — será que dava para pegar um empréstimo hipotecando uma bolsa Hermès?

❋ ❋ ❋

16

Como as Comprei? Deixe-me Contar!

Certo, levei realmente pouco tempo para conseguir as Birkins, pelo menos quando comparado ao tempo médio de espera, mas levei um tempo menor ainda para vendê-las. Dei um adeuzinho a todas as seis Birkin em questão de horas, vendidas para vários clientes particulares, e obtive um lucro líquido de 20.000 dólares nesse processo. Nem sequer precisei de leilão, já que enviar aquela pilha de e-mails aos compradores anteriores dos produtos Hermès no eBay funcionou como um talismã. Essa aventura ia tornar-se, sem dúvida, a minha fonte de rendas. Como eu já havia dado um jeito no meu crédito, muitas luas atrás e graças às minhas estrelas da sorte, comecei imediatamente a aumentar as aplicações de cartão de crédito, como passatempo. Também tentei pensar em alguma maneira de conseguir Birkins sem abandonar o conforto do lar. Eu amava Barcelona e o meu apê aconchegante, mas aquilo se tratava de negócios, principalmente. Quanto menos dinheiro eu gastasse com as Birkins, melhor seria o meu resultado financeiro. Esse tipo de trabalho tinha muito a ver com controle de despesas e, como eu *era* 90% das despesas, fazia sentido buscar outras formas de comprar. Uma coisa, eu recebi de bandeja: tinha absoluta certeza de que não precisava reservar uma verba para publicidade. Obrigado, Hermès, vocês realmente facilitaram as coisas para mim.

Eu sabia que as lojas não faziam transações com cartão de crédito por telefone, mas um dos vendedores havia mencionado a possibilidade de se fazer uma transferência bancária eletrônica. Permitir as transferências bancárias no lugar de pagamentos com cartão de crédito servia a dois propósitos. Além de evitar que algum batedor de carteiras fizesse compras com cartões roubados de um pobre tolo qualquer, também eliminava a chance de alguém cancelar a transação depois de receber milhares de dólares em mercadorias. Era uma proteção contra fraudes bastante lógica por parte deles, tendo em vista os altos valores envolvidos. Isso era bom para mim, pois não tinha intenção alguma de cometer qualquer tipo de fraude. Eu só necessitava de mais mercadoria para vender — pagaria em fatias de queijo se essa fosse a moeda preferida deles.

Peguei *Le Monde d'Hermès* e procurei primeiro as lojas francesas, tentando achar uma que eu não tivesse visitado nas últimas duas semanas. Deauville se destacou por um par de razões. Primeira, eu sabia que essa era uma cidade rica à beira mar, semelhante a Newport, em Rhode Island, ou a Carmel, na Califórnia, portanto, a proporção de Birkins *per capita* devia ser grande. Segunda, como era fora de mão — cerca de duas horas distante de Paris —, a possibilidade de eu ir até lá em carne e osso era bem pequena, assim não tinha nada a perder. A minha principal preocupação no momento era como usar a fórmula pelo telefone. Eu não estava bem certo de como lidar com essa situação, em especial, porque o meu francês ficara só no curso básico da Berlitz. Mas quando liguei e solicitei um vendedor que falasse inglês, fui informado pela mulher que atendera ao telefone que ela sabia um "*poucô* de inglês se o senhor falar devagar, por favor". A minha lista de compras era absurdamente desencorajadora, em vista da barreira da língua, então, ela pediu que eu a enviasse por fax. Apesar de não ter uma máquina de fax, concordei rapidamente. Que diabos, eu não precisava de verba para publicidade, então que gastasse em melhorias tecnológicas. Saí correndo porta afora, comprei uma bela máquina, que mal consegui desempacotar e instalar com a velocidade necessária. Ei, se o método por fax funcionasse, eu passaria a me telecomunicar o tempo inteiro. A metade eremita do meu coração martelou forte no peito com a simples ideia de ficar mais em casa. Enviei por fax a lista, que incluía o costumeiro lote de lenços, um caderno de anotações Ulysse (adicionado por pura precaução) e, bem no final, uma Birkin. Esperava que a lista não demonstrasse nenhum interesse especial pela Birkin.

A máquina de fax mal tinha acabado de fazer seus ruídos quando o telefone tocou. Era a minha vendedora. Dedos cruzados.

— *Senhorr* Tonello, aqui é Dominique, da Hermès. Temos todos os artigos que o senhor deseja. A Birkin é um modelo de 35 cm, na cor *blue jean*, com ferragem *palladium*. Tudo *bien*? — O ligeiro sotaque permanecia, mas o seu inglês tinha ficado consideravelmente melhor, agora que eu estava gastando uma fortuna.

— Sim, sim, está ótimo, muito obrigado por sua atenção. — Eu estava exultante. A fórmula funcionava por fax: isso era para lá de extraordinário.

— De nada, senhor... nós que agradecemos. E quando o *senhorr* espera vir até a loja, *senhorr* Tonello?

Oh-oh. Esse era o único obstáculo colocado no caminho do supremo paraíso das bolsas.

— Bem, na verdade, Dominique, não vai ser possível eu ir até a loja para retirar a mercadoria. Eu gostaria que vocês a enviassem para a minha casa, aqui em Barcelona. — Autoridade com a medida exata de afabilidade, ou assim eu esperava.

— Senhor, a Hermès não envia mercadorias por reembolso postal, sinto muito. — Dominique parecia ter ficado ligeiramente horrorizada pelo simples fato de eu perguntar.

— Não, não, desculpe-me, claro que não... Eu quis dizer, posso providenciar uma transferência bancária eletrônica... Vocês aceitam esse tipo de pagamento? — Improvisar à medida que as coisas prosseguiam.

— Bem, sim. É perfeitamente aceitável. — O tom da voz dela foi do gélido ao caloroso e acolhedor num tempo que estabeleceu um novo recorde mundial. Passamos à negociação e selamos um acordo que satisfazia ambas as partes. Outra Birkin viria ao meu encontro e, beleza, alguns lenços e um Ulysse: itens que eu estava começando a considerar como iscas para as Birkins.

Portanto, era fácil. Caro, obviamente, mas fácil. Eu estava *muito* contente por ter comprado a máquina de fax e, em vista dos resultados, foi um sábio investimento, sem dúvida. Porque Dominique e eu acabamos tendo um longo e glorioso relacionamento por conta das bolsas. Durante os dois anos seguintes, a Hermès — via Deauville, via Dominique — viria a me fornecer mais de vinte Birkins, todas compradas pelo telefone. Até hoje eu nunca cruzei a porta de entrada da loja, mas viajei até lá, via linha telefônica, com tanta frequência, que ela continua a ser a minha loja Hermès preferida.

Quando a Birkin *blue jean* chegou, refleti sobre o que fazer com ela. Eu tinha certeza de que podia mandar um e-mail, com os deliciosos detalhes, para todos os integrantes do meu círculo íntimo Hermès e observar enquanto eles disputavam a bolsa entre si, como damas de honra atrás do buquê da noiva. O método de vendas que eu vinha usando funcionava *mesmo*, sem qualquer falha. Mas um empreendedor precisa se expor ao risco e aceitar as mudanças, ou, pelo menos, foi isso que li num livro de negócios para principiantes no assunto. Portanto, em vez de mandar e-mails, decidi colocar à venda no eBay, com a opção "Comprar agora" e por um preço consideravelmente maior do que eu havia pago. Hesitei sobre qual seria a duração do leilão, mas depois de muitas incertezas, cheguei a um total de sete dias. Todo esse drama interno foi um grande desperdício de tempo e energia, pois cinco minutos depois de postar a lista, alguém com o nome de usuário de "DeluxeDiva" arrebatou a Birkin através do ciberespaço, usando a opção "Comprar agora" do leilão. Recebi um e-mail, pouco depois, quase alarmante em sua intensidade.

De: DeluxeDivaMe@yahoo.com
Para: Armoire_Auctions@yahoo.com
Assunto: Leilão do eBay

Michael — Estou eufórica com a minha aquisição. Farei uma transferência bancária eletrônica para você assim que receber os seus dados. E, indo mais além, eu compraria com prazer todas as Birkins que você conseguisse, a um preço justo para nós dois. Acho que ambos poderiam se beneficiar com esse relacionamento. Gostaria de saber sua opinião a esse respeito.

Cordialmente, Sarah.

Essa mulher significava negócios. Eu me perguntava se ela percebia no que estava querendo entrar. Se eu continuasse com o mesmo furor da última semana, como estava determinado a continuar, ela iria comprar duas ou três bolsas por semana, no mínimo. A fábrica da Califórnia Closets teria de contratar uma equipe inteira de designers para atender as necessidades de estoque dessa senhora, em particular, se o ritmo dela fosse acompanhar o meu. Portanto, eu precisava esclarecer as coisas, mas de modo amável.

De: Armoire_Auctions@yahoo.com
Para: DeluxeDivaMe@yahoo.com

sarah, sim, transferência bancária está perfeito. (se é bom o suficiente para a Hermès, é bom o suficiente para mim.) mas quanto à segunda parte do seu e-mail: como eu nunca tinha listado birkins no eBay, talvez você não saiba o que está me pedindo. tenho comprado e vendido várias birkins por semana para clientes particulares, portanto, não estou certo se você realmente quer todas as bolsas que eu conseguir obter. me informe se é isso mesmo... michael

Menos de dois minutos mais tarde:

De: DeluxeDivaMe@yahoo.com
Para: Armoire_Auctions@yahoo.com

Michael, eu tenho um amor insaciável por essas bolsas, e seria ótimo se eu tivesse a prioridade na compra de cada uma que você conseguisse. Garanto que serei uma ótima cliente. (E adoraria saber qual o seu segredo para conseguir tantas bolsas!) Mas, falando sério, tenho a impressão de que nos daremos bastante bem. Muito obrigada e vamos manter contato. Sarah

Bom, bom, bom, que interessante! O que será que ela fazia com todas essas bolsas? Na realidade, pouco me importava. Ela podia usá-las como vaso de plantas, para mim não fazia a menor diferença. Não havia problema algum em lhe dar a prioridade na compra — além do mais, ela *pagara* o preço mais alto.

Decidi não lhe responder enquanto não tivesse outra Birkin para apregoar, e, então, veríamos o que aconteceria. Eu já tinha encontrado pessoas obcecadas por Birkins, mas a obsessão de Sarah chegava ao ponto de ser surreal. E se, na realidade, ela não fosse uma *socialite* extremamente rica, porém, alguém mais insidioso? Tive uma rápida visão de Sarah batendo à minha porta, usando bota militar e sobretudo de couro, e atrás dela todo o Esquadrão da Morte da Hermès. Pendendo do seu braço estendido estaria uma pele polida de crocodilo e brilhantes ferragens *palladium* — uma clara evidência das minhas travessuras. Tudo bem, eu estava agora em pleno Parque de

Diversões da Hermès, onde a realidade pessoal de todo mundo (inclusive a minha) se tornava tão distorcida quanto o reflexo em um espelho curvo. Eu precisava voltar a pôr os pés na terra, onde as bolsas obedeciam a duas ou três variedades de formas; portanto, liguei para mamãe.

— Oi, querido, eu ia ligar para você se não tivesse logo notícias suas. Acredito que as coisas vão indo bem aí na Espanha. — A voz dela, como sempre, me confortava.

— Sim, está tudo bem, realmente bem. Estou fazendo um bom trabalho com as Birkins, mas penso que vou precisar mudar-me para mais perto da agência dos correios.

Ela riu. Achar graça nas minhas piadas tolas era uma das suas qualidades mais excepcionais. Então, me lembrei de repente — eu não tinha telefonado para fazê-la rir, mas sim porque precisava lhe dizer algo bastante sério. Não havia percebido isso antes de discar para ela, mas sabia agora, com toda a certeza — era hora de abrir o jogo.

— Mamãe, você lembra que eu tenho falado bastante no Juan, de como ele é gente boa e tudo o mais, não é? — Não lhe dei tempo de responder à minha pergunta retórica. Recentemente, eu tinha falado tanto de Juan, que a única explicação para mamãe ter se esquecido dele era ela ter passado por uma lobotomia frontal radical desde a última vez que havíamos conversado. — Por isso eu queria lhe dizer uma coisa, porque sei que já pensei que fui feliz com outras pessoas... mas queria dizer primeiro para você... e, bom, acho que ele é a minha alma gêmea.

Parei, surpreso com o que dissera. Juan e eu tínhamos começado a dizer "eu te amo" algumas semanas antes, portanto, eu sabia que sentíamos pelo menos as mesmas coisas ou coisas parecidas, mas eu nunca tinha usado antes a expressão "alma gêmea" ao falar dele ou de qualquer outra pessoa. As palavras tinham saltado da minha boca por conta própria.

— Oh, Michael, estou tão feliz por você. Isso é maravilhoso. — A voz dela expressava uma emoção verdadeira. E, sem saber por qual razão, eu estava à beira das lágrimas. Bem, à beira da beira, na verdade.

— Sim, mamãe, eu também estou muito feliz. Muito, muito feliz. Demorou, não é? — E me dei conta de que eu também *estava* realmente feliz, até mesmo eufórico, embora poucos segundos antes estivesse lutando para controlar os meus dutos lacrimais. E quanto mais eu pensava nas palavras "alma gêmea", em relação a mim mesmo, mais correta elas me pareciam.

Ouvi só em parte o que mamãe dizia durante mais uns poucos minutos, simplesmente desfrutando o som da sua voz e contente por saber como ela e o meu pai gostavam da vida de aposentados. Depois de desligar o telefone, e enquanto me aprontava para jantar com o Sr. Alma Gêmea mais tarde, naquela noite, não consegui parar de pensar na revelação do meu subconsciente. Perguntei-me o que *mais* eu iria dizer inesperadamente. Era melhor não beber muito naquela noite, por via das dúvidas. Provavelmente, começaria a recitar Elizabeth Barrett Browning ou sei lá o quê — Jesus! Precisava me controlar. Precisava me recompor. Precisava... bom, de alguma coisa. Ou, quem sabe, era de alguém que eu precisava dessa vez.

Juan foi, como de costume, uma excelente companhia naquela noite. Eu estava mais quieto que o meu normal. Começava a me perguntar o que reservava o nosso futuro. "Nosso" futuro... será que pensei mesmo nisso? Esse era um pensamento pesado. E eu estava querendo manter as coisas leves esta noite, lembra-se, cérebro? Por hoje, chega dessa história fora de moda de alma gêmea. Consegui me distrair de mim mesmo ao admirar o restaurante que havíamos escolhido para jantar, um lugar chamado Botafumeiro. Exemplificava a Espanha do Velho Mundo, com fotos autografadas enfeitando as paredes, um interior com detalhes em bronze e uma equipe de garçons elegantemente vestida. Eles se espremiam entre as mesas, braços estendidos sob os deliciosos pratos de frutos do mar da cozinha galega, alguns destes parecendo ser o que havia de melhor em

Barcelona (o que não era pouca coisa). O lugar tinha um ar aconchegante, mas Juan mencionara que a sua capacidade de assentos era muito maior do que parecia à primeira vista, com cada sala se abrindo para a seguinte, o que criava um labirinto de mesas de jantar. Estiquei o pescoço, tentando dar uma boa olhada através da cavernosa entrada da sala seguinte, mas logo desisti. Poderia explorá-las mais tarde, na minha ida ao toalete masculino.

Acomodado em meu assento junto ao enorme bar de mogno em forma de ferradura, percebi ser aquele um lugar que Juan sabia que eu iria gostar, e que ele tomara todas as providências para assegurar uma noite perfeita. Eu não tinha dúvidas de que ele reservara esses assentos em especial, de modo que pudéssemos sentar lado a lado, e até mesmo se lembrara de que eu não gostava de *cava*, o vinho espumante local. Eu bebia apenas champanhe francês e sempre o pedia, apesar do sentimento predominante de que o "champanhe" local era superior. (Eu tinha finalmente aprendido a enfrentar estoicamente o olhar de desagrado dos garçons espanhóis.) Eu também contara a Juan tudo sobre os meus dias passados em Ptown, onde costumava pedir uma caixa de champanhe Bollinger para comemorar o início do verão. A garrafa verde pousada sobre o gelo moído dentro do grande balde diante de nós era, nada mais nada menos, do que da mesma marca. Ele deve ter telefonado antes para garantir que o champanhe já estivesse gelado quando chegássemos — eles jamais mantinham no gelo outra bebida que não fosse a *cava*. Sorri para ele, de novo com pensamentos floridos passeando pela mente, e dei um esplêndido golinho francês. Alguns segundos mais tarde, eu percebi Juan olhando atentamente para mim por sobre a sua delgada taça de champanhe.

— Sim? Em que posso ajudá-lo? — Perguntei alegremente. Eu sempre buscava refúgio no humor.

— Não, em nada. Está tudo bem. — Ele sorriu de volta.

Juan era mais literal do que eu. Eu atribuía essa idiossincrasia ao seu trabalho como professor de inglês em uma escola secundária.

Nessa atividade, a melhor coisa a fazer é dizer exatamente o que se quer. Ele também falava razoavelmente bem meia dúzia de línguas, o que tinha algo a ver com a sua maneira de abordar uma conversa usando "apenas a definição do dicionário". Eu conseguia conviver com isso. O que fazia com que eu me perguntasse... ia conseguir conviver com ele? Começava a pensar que gostaria de dividir com ele um lar, mas não sabia com certeza qual a posição dele sobre o assunto. Essa, imagino, é uma questão eterna. Provavelmente, Adão se sentiu sem jeito para puxar o assunto de coabitar o jardim com sua mulher Eva, ou, no nosso caso, com seu homem. De qualquer maneira, eu não tinha a mínima intenção de tocar no assunto naquela noite.

— Juan... estive pensando... bom, eu queria saber se você gostaria de talvez morar junto comigo.

O quê!?! O que foi que eu disse? A minha intenção era mencionar que eu tinha conversado sobre nós com a minha mãe, ou dizer que gostava realmente dele, ou enfatizar qual era o meu sentimento quando dizia "eu te amo". Eu, certamente, não tinha pretendido perguntar se ele queria morar comigo; perguntar exatamente ali, no restaurante, antes mesmo de chegarem o pão e as azeitonas. Encarei acusadoramente a minha taça de champanhe. De novo, passei uma rasteira em mim mesmo.

— Michael, eu... você pensou bem nisso? — Os seus olhos castanhos procuraram os meus. A minha esperança era que ele não percebesse que eu estava em pânico, mas então, de repente, eu não estava mais em pânico.

— Sim, Juan... pensei bem. — A minha voz estava confiante. Que importância tinha uma pequena mentira entre almas gêmeas?

— Então, sim... eu adoraria, de verdade. — Ele sorriu.

— Com isso, você vai economizar as viagens de ida e vinda, e você vai mesmo para a minha casa todas as noites, e a nossas contas de telefone estão absurdamente altas, e... — Eu não fazia ideia por que continuava a falar. Nem Juan. Ele pousou a sua mão sobre a minha, e de um modo tão gentil, que eu parei no meio da frase.

— Eu disse "sim", Michael, está bem? Você não precisa me convencer. Está tudo certo entre nós... você não acha? — A sua voz estava suave, mas carregada. Ela carregava mais coisas do que qualquer bolsa caríssima faria. A voz de Juan estava carregada de amor, e esse amor foi direto ao meu coração.

17
Cavaleiro em seu Croco Reluzente

JUAN E EU PASSAMOS AS DUAS SEMANAS seguintes nos instalando em nossa nova vida em comum, o que consistiu principalmente em acrobacias na arrumação de armários — felizmente, o seu guarda-roupa tinha um tamanho bem mais razoável do que o meu, portanto, conseguimos obter sucesso. Era então a hora de atacar o quarto de hóspedes, pois os meus pais iam finalmente cumprir a promessa de me visitar. Eu estava realmente animado, não somente por eles visitarem Barcelona, mas também por eles conhecerem Juan. Ele parecia um pouco nervoso em relação a isso, no entanto, teria muito mais tempo para se preparar para a visita dos meus pais do que o aviso em cima da hora que eu tinha recebido antes daquele primeiro almoço domingueiro na casa dos pais dele (embora eu tenha de admitir que o banquete nas tardes de domingo era agora o ponto alto da minha semana). Eu sabia, em todo caso, que logo que os três estivessem juntos em uma mesma sala, tudo iria correr bem. Mas tinha desistido de tentar tranquilizar Juan sobre isso — definitivamente, o que eu dizia caía em ouvidos surdos.

Quando eles tocaram a campainha no andar térreo naquela tarde tão aguardada, anunciando a sua chegada, eu estava tão excitado quanto uma criança na véspera de Natal. Juan e eu descemos até o saguão para ajudá-los com as bagagens, e eu dei um abraço apertado em ambos; então os apresentei para Juan, que esperava um pouco distante e meio desajeitado. Papai apertou a mão dele, formal nessa ocasião, e então mamãe agarrou o meu namorado e lhe deu um grande abraço. Eles cochicharam alguma coisa entre si durante o abraço, e ambos se separaram meio acanhados e com os olhos úmidos; mas, depois disso, a gente mal conseguia fazer com que um ficasse longe do outro. Permaneciam sentados lado a lado no sofá durante a tarde inteira, rindo e papeando, e Juan conquistou-a ainda mais por sempre se lembrar de lhe servir a cerveja em uma caneca geladíssima (também era preciso servir uma nova caneca a cada nova cerveja... era todo um processo, e eu estava feliz porque Juan se encarregava dele). E, desse modo, ela foi obviamente cativada. O meu pai costumava acompanhar a liderança dela e, nesse dia, não foi exceção; e quando ele logo começou a conversar com Juan sobre o seu time de beisebol favorito, o Red Sox, e por que Juan e eu deveríamos visitar os Estados Unidos no verão seguinte para que todos nós pudéssemos assistir a um jogo juntos, eu soube que Juan já fazia parte da família. Mais tarde, naquela noite, depois do jantar no apartamento, os meus pais despencaram cedo na cama, cansados da viagem, e eu perguntei a Juan o que ele e minha mãe haviam cochichado, um para o outro, no saguão do prédio. Ele tentou dar uma de inocente, mas eu não caí nessa.

— Fale a verdade, eu sei que vocês disseram alguma coisa... eu vi tudo, vocês disseram algo, vamos, me conte. — Eu tinha de saber.

— Está bem, está bem... eu digo. Primeiro, ela me agradeceu por eu fazer você tão feliz...

— Ah, que linda... e o que *você* disse?

— Está bem, você vai acabar sabendo mesmo, Mikey... porque você sempre acaba sabendo de tudo. — Ele rolou um pouco os olhos, mas também sorriu. — Então eu agradeci a *ela* por fazer você, bom, por ter feito você. — Ele baixou o olhar até seus pés enquanto dizia essa frase, e fiquei contente por ele ter feito isso, pois naquele momento eu era o único que precisava esconder os olhos úmidos.

Passei os dez dias seguintes desempenhando o papel de guia turístico, com a ajuda das informações privilegiadas de Juan. Com sua familiaridade com o local, ele traçava para nós itinerários diários em que havia uma boa combinação de descanso e passeios. Em vez de estarmos cansados e com os pés doloridos no final de cada dia, como ficam muitos turistas, os meus pais e eu éramos realmente capazes de *desfrutar* da cidade. Por exemplo, uma extenuante caminhada no final da manhã no Parque Güell (a obra-prima de Gaudí para espaços públicos, no alto de uma colina) terminava com nós três sentados durante duas horas em volta de uma mesa na lanchonete no alto da colina, saboreando o nosso almoço, enquanto observávamos a cidade. À noite, íamos a um ou outro dos refúgios favoritos meus e de Juan, ou eu cozinhava para nós em casa. O domingo, é claro, fez com que fôssemos todos para a casa dos pais de Juan e, na hora de irmos embora, os dois casais mais velhos já estavam começando a planejar uma viagem para Sevilha no inverno seguinte. (Era maravilhoso como pessoas que nem sequer falavam a mesma língua podiam chegar tão longe em uma única tarde. Por isso, imagino que *existe* realmente uma língua internacional — que se chama *cava sangria*.) Além de tudo, eu estava satisfeito por ver como eles gostaram da "minha" cidade, e eu adorei lhes mostrar o que de melhor havia nela. Fizemos também uma excursão de um dia para Sitges, uma cidade costeira a 30 minutos de Barcelona, por trem. Passamos o dia preguiçosamente na praia, fizemos algumas compras e recebemos um atendimento personalizado no Al Fresco, um restaurante extraordinariamente bom onde eu era bastante conhecido pelos proprietários, uma equipe composta por marido e esposa. A minha mãe deu um verdadeiro pulo de alegria quando a esposa/*chef* abandonou um instante a cozinha para conversar conosco, e ficou ainda mais feliz ao descobrir que elas duas tinham o mesmo nome — Marilyn. Depois que o restaurante fechou, Marilyn e o marido, Xavi, puderam deixar seus postos (enquanto ela cozinhava, ele exercia as funções tanto de *sommelier* como de *maître*) e se juntaram a nós para tomar um vinho e conversar. Quando os meus pais e eu estávamos finalmente prontos para ir embora, umas duas garrafas de vinho tinto mais tarde, as duas mulheres estavam tão amigas que não paravam de dizer "Adeus, Marilyn!" e "Prazer em conhecê-la, Marilyn", divertindo-se — e o meu pai — *ad infinitum*. Enquanto arrastava os meus pais para fora do restaurante, cheguei à conclusão que Sitges, e o Al Fresco, tinham sido um absoluto sucesso.

Claro que os dez dias passaram muito rápido, e eu me sentia um tanto desolado quando chegou a hora de dizer adeus. Com as malas prontas e a pele bronzeada, os dois se sentavam na sala pela última vez naquela semana, esperando o táxi chegar para que iniciassem a viagem de volta para casa. Ambos já tinham me pedido mais de uma dúzia de vezes para agradecer a Juan em nome deles, quando Juan chegou do trabalho, e então ficamos sentados em silêncio por um momento, todos perdidos em pensamentos.

— Bem, Mike, foi certamente uma ótima estadia. Um lugar agradável para se viver; você tem toda a razão. — O meu pai se inclinou para a frente enquanto falava e, sorrindo, deu um tapinha no meu joelho. Eu podia dizer que ele estava feliz por mim.

— Eu diria que é mais do que agradável, John, realmente. *Muito* mais do que agradável. É *maravilhoso*, isso é que é. Que vida você e o Juan têm! — Ela sorriu enquanto falava, mas a sua voz estava emocionada. Eu sabia como às vezes era difícil para ela o fato de eu morar tão longe, no entanto, sabia que ela também estava feliz por minha causa. Comecei a dizer algo, provavelmente algo sentimental, mas naquele momento o taxista tocou a campainha no andar térreo. Acompanhei-os até o saguão onde deixei que o meu abraço caloroso falasse por mim. Talvez, pensando bem, houvesse *várias* línguas internacionais.

Durante o final de semana andei meio abatido pelo apartamento, sentindo saudade da família pela primeira vez em anos, mas assim que a segunda-feira chegou, tive de me recompor. A visita dos meus pais, apesar de ótima, era agora apenas uma lembrança muito carinhosa. Era hora de voltar ao trabalho árduo e pôr no mar a canoa (presumivelmente, folheada a ouro) da Hermès. Enfim, o trabalho estava indo muito bem, tão bem que pude tirar quase duas semanas de folga, sem problemas. Portanto, graças ao meu estado de espírito excessivamente confiante, decidi que era hora de atacar a Hermès em sua jugular — eu ia abrir uma brecha nos muros da fortaleza principal, na Faubourg.

Se havia em algum lugar um *bunker* secreto para as Birkins, ele estaria nessa *flagship*. Ela era enorme, ocupava um edifício imponente de calcário, com vários pavimentos. (Na minha última viagem, eu tinha tentado descobrir o que havia em cada andar, enquanto olhava discretamente da calçada, sentindo-me como um adolescente de 15 anos ao espreitar furtivamente um cinema de filmes pornôs.) Eu sabia que nem todos os andares eram destinados aos artigos à venda (e assumia que houvesse pelo menos um andar dedicado a abrigar os Oompa-Loompas, isto é, o pessoal encarregado do trabalho braçal).

Bom, logo eu descobriria, pelo menos assim esperava. Reservei uma passagem de avião para o final de semana seguinte e enviei um e-mail para Grace, talvez na esperança de algum conselho de última hora.

De: "Michael" <armoire_auctions@yahoo.com>
Para: "GraceoftheGarden" <graceofthegarden@yahoo.com>

oi grace, vou estar em paris no próximo domingo para testar "a fórmula" na Hermès da faubourg (e em duas outras lojas também!) minha opinião é que se as lojas menores tiverem birkins, então a da faubourg deve ser o "banco central" das birkins. você tem alguma ideia ou sugestão, ou o nome de algum vendedor de lá? michael

De: "GraceoftheGarden" <GraceoftheGarden@yahoo.com>
Para: "Michael" <Armoire_Auctions@yahoo.com>

Michael, em dias que já se foram (tantos que nem dá para lembrar) eu tinha uma vendedora maravilhosa na loja da Faubourg, mas não tenho certeza se ela ainda trabalha lá nem me lembro do seu nome. Parece que você tem um alto nível de acertos, por isso ponho fé na sua fórmula. Algum plano de comparecer ao leilão vintage da Hermès enquanto estiver em Paris? Posso assumir que você planejou essa viagem por causa do leilão? Seria bom que você também considerasse fazer uma visita a algum dépôt-ventes (as lojas francesas de consignação) em busca de modelos mais antigos de lenços. Apenas uma ideia aleatória. Grace

Dane-se a Heloise (aquela dos livros de dicas sobre cuidados domésticos), eu ia era pegar dicas com a Grace todos os dias da semana. Veja bem, qualquer um pode lhe dizer como tirar uma mancha de um lenço Hermès, mas é rara a mulher que pode lhe dizer onde esse lenço foi fabricado, quando ele foi fabricado e quanto ele vale.

Ela nunca parava de me espantar com a sua competência nesse assunto. Na maioria das vezes, as lojas da Hermès se pareciam com uma dessas caixas das Birkins, só que gigantescas e com camadas intermináveis de tecido que a gente precisava examinar minuciosamente para poder encontrar a mercadoria. Eu estava muito contente por ter Grace à mão para me ajudar a escavar.

De: "Michael" <armoire_auctions@yahoo.com>
Para: "GraceoftheGarden" <graceofthegarden@yahoo.com>

grace, antes de tudo, qual leilão vintage da Hermès? mais informações, s'il vous plaît. conheço SIM os depot-ventes, mas nunca pensei a sério neles como uma fonte de lenços Hermès... você acha que eles realmente valem a pena? mt

De: "GraceoftheGarden" <GraceoftheGarden@yahoo.com>
Para: "Michael" <Armoire_Auctions@yahoo.com>

Michael, a Artcurial — uma das maiores casas de leilão de Paris — faz um leilão de dois dias de artigos vintage da Hermès, e é nesta semana. O leilão (com mais de 600 lotes) atrai centenas de colecionadores e revendedores do mundo todo. Posso assegurar que haverá lá inúmeros itens raros e incomuns — é exatamente por isso que o curador do museu Hermès comparece com frequência (por estranho que pareça, o leilão é famoso pelos preços baixos).

A disputa dos lances costuma ser feroz entre os colecionadores sérios, e no último ano os preços de vários dos lenços mais procurados ultrapassaram os 700 dólares. Se não servir para mais nada, pelo menos será um bom aprendizado (faça anotações!). Você teve sorte de escolher o momento exato!

> Quanto aos depot-ventes, sim, eles sempre têm uma seleção de lenços Hermès, embora você tenha que ter muito cuidado com o estado dos lenços (manchas de batom, rasgões, etc) mas tenha em mente que sempre pode pechinchar em um depot-vente. Grace

Parecia que eu ia ter mais do que o meu peixe da Faubourg para fritar nessa viagem à França: uma pesca de artigos Hermès em um leilão, cortesia da minha escolha acidental do momento certo para viajar, e mais os *dépôts-ventes*, que davam a impressão de ser o paraíso dos lenços. Graças a Deus, eu estava em plena forma na arrumação de malas para enfrentar os desafios em Paris. Com toda a experiência dos últimos meses arrumando roupas, eu estava confiante de que poderia dobrar tão bem um lenço (ou qualquer outra coisa), até deixá-lo bem pequeno, do mesmo jeito que um funcionário da Hermès faria. Eu esperava que essa habilidade peculiar — e a minha já formidável aptidão na arte de encher malas — provariam ser muito convenientes no voo de volta para casa. Eu queria trazer no retorno para Barcelona uma mala jumbo tão pesada e cheia de mercadorias Hermès, que os funcionários da empresa aérea não resistiriam a fazer piadinhas sobre o "defunto" dentro dela.

O domingo seguinte era um dia de início de primavera, mas com garoa e frio, e não o exemplar dia com ventos suaves do "Abril em Paris" que eu esperava; mesmo assim, estava contente por estar lá, olhando distraidamente através da janela do táxi. Eu amo Paris. Amo cada cilada turística que a cidade tem a oferecer. Amo os monumentos que inspiram os *souvenirs*: a Torre Eiffel, o Arco do Triunfo, a catedral de Notre Dame. Amo as experiências que seguem o clichê "somente em Paris" — beber vinho nos cafés dos bulevares, passear nos *bateaux mouches* que navegam pelo Sena, comprar crepe em vez de cachorro-quente nos vendedores de rua. Finjo ser cosmopolita algumas vezes, e frequentemente sou bem-sucedido, porém, algo em Paris me faz querer comprar camisetas de má qualidade com estampa da Mona Lisa e chaveiros com a forma da lápide do túmulo de Jim Morrison. Em resumo, Paris me faz ficar estupidamente feliz.

    Eu esperava poder superar logo essa minha insensatez, a tempo de ter uma aparência tão indiferente quanto a do típico milionário comprador de Birkins. Talvez devesse ter colocado uma venda sobre os olhos ainda no aeroporto Charles de Gaulle, logo que entrei no táxi, e me dirigido diretamente para a loja. Deus sabia que eu sempre estava entediado quando descia de um avião, e irritado, e insaciável, o que me tornava o protótipo do cliente Hermès. Mas, pensando bem, provavelmente não ia conseguir entrar na loja carregando uma mala. Um tanto quanto brega. Era melhor pedir ao taxista para me levar diretamente ao Hotel Mansart.

    Registrei-me na portaria e me preparei para a minha missão. Eu sempre me vestia formalmente para essas incursões, por motivos óbvios, e estava agoniado acerca da escolha para esse dia, desejando que fosse perfeita. Enfim, tirei da mala a calça cinza chumbo Jil Sander e um *cashmere* verde-limão escuro, de gola *roulé*, e um par de sapatos de crocodilo Bottega Veneta, na cor tabaco fosco. Também havia decidido, recentemente, que devia sempre usar um toque de Hermès. A escolha típica para o homem seria uma gravata, mas eu não era muito chegado a gravatas. E não estava a fim de usar um lenço. Então resolvi que, em vez disso, usaria uma das iscas para Birkins — um bracelete *chaîne d'ancre* para homens, fabricado em prata de lei, no *très grand modele*, o que significava que a corrente possuía elos do maior tamanho possível. Tinha de admitir que gostava do peso dele em volta do pulso, dos elos ovais divididos ao meio e do grande e artístico fecho em forma de pino, embora não conseguisse entender porque cobravam 1.000 dólares por ele. Sim, eu comprara um bracelete, porém, tendo em mente algo mais que a sua elegância. Para mim, era uma despesa de trabalho, portanto, acabei gastando uma verba com publicidade, afinal de contas. Porque, considerando dessa maneira, eu era tanto o autor do anúncio publicitário quanto o próprio anúncio. Estava me vendendo, de modo que eles vendessem *para* mim. Mas, veja bem, desde que eu não precisasse dormir com ninguém.

    O que eu gostaria era de estar passeando pela rua, confiantemente, mas, em vez disso, andava tremendo de frio pela calçada. Assim, quando virei a esquina, em vez de ir para a esquerda, na direção da Hermès, fui para a direita, na direção das Galeries Lafayette. Lá poderia comprar o meu chá, para tomar mais tarde, assim que a hipotermia se instalasse. Meu chá era o Mariage Frères Earl Grey French Blue, portanto, não se tratava exatamente de um da marca Lipton, e eu sabia que ali era um dos únicos dois lugares em Paris em que podia comprá-lo. As Galeries Lafayette são uma espécie de Bloomingdale francesa, de um tamanho fora do comum, espalhadas por três prédios separados, sendo que um dos prédios, a Lafayette Maison, é dedicado inteiramente aos artigos para o lar. A cave da Maison é devotada aos chás, temperos e cafés, e a todos os acessórios afins imagináveis. Uma vez lá, tentei justificar a compra de um presente para mim — ei, quem *não* adoraria ter uma bola para chá de infusão, banhada a ouro 24 quilates? —, mas, em seu lugar, acabei comprando 300 gramas do chá. Para celebrar esse meu autocontrole, bem pouco característico, atravessei imediatamente a rua, na direção do prédio que abrigava o departamento masculino. O terceiro andar era ocupado por minibutiques de vários estilistas de quem eu gostava. Bem, eu podia comprar uma jaqueta...

    Achei uma da grife Dsquared2, de couro marrom chocolate, ajustada ao corpo, com bolsos bem grandes, mangas com reforços nos cotovelos e cinto apenas nas costas. O comprimento ia até o meio das coxas e o modelo era bem *fashion*. Decidido: a jaqueta ia para casa comigo! Saí de lá meia hora mais tarde, andando a ritmo de passeio, abrigado dentro da minha nova aquisição contra o tempo chuvisquento, de alguma maneira me sentindo mais rico, embora estivesse definitivamente mais pobre. (Eu sempre imaginei que o dinheiro não é criado nem destruído quando a gente compra coisas de altíssima qualidade — sempre havia o eBay, caso a situação ficasse desesperadora.) Ela era a armadura que combinava com o meu bracelete encantado, e eu estava a caminho de resgatar uma Birkin cruelmente aprisionada na masmorra. E *eu* era alguém que assistiu ao filme *A Princesa Prometida* dezenas de vezes... Em todo caso, sem mais demoras, era hora de ir trabalhar.

Entrei na loja Hermès da Faubourg, com o máximo de confiança, pelo menos no que dizia respeito à minha aparência. Agora, precisava observar como iria agir. Atraí imediatamente alguma atenção de um vendedor que circulava sem destino entre as bolsas, ou, mais provavelmente, a minha jaqueta atraiu. Ele se aproximou com certa rapidez do lugar onde eu estava, mas eu o ignorei por um instante, para dar um tempo antes de notá-lo abertamente, permanecendo um pouco além da distância natural para um "olá". Examinei-o brevemente — cabelo castanho claro, magro, bem vestido em seu uniforme da Hermès, mais ou menos da minha altura. Inspecionei as bolsas e, finalmente, deixei-o chegar perto o suficiente para me cumprimentar.

— Boa tarde... O senhor está procurando algo especial, talvez? — O seu inglês quase perfeito saiu com um sotaque francês tão carregado, que parecia uma caricatura. Imediatamente pensei em Pepe, o gambá, dos desenhos animados, só que na voz desse homem faltava aquela suavidade enganadora; por causa do tom agudo, soava quase como um guincho. Ao voltar a falar com ele, percebi a sua olhadela casual para os meus sapatos de crocodilo. Um dinheiro bem gasto, a julgar pela expressão favorável que surgiu rapidamente nos olhos dele.

— E não é isso que todos procuramos? — Eu respondi, sorrindo. Ainda era cedo para pôr todas as minhas cartas na mesa.

Ele me fitou, quase ridiculamente sério.

— Tenho algo muito especial para mostrar ao senhor... Por favor, aguarde um instante, vou buscá-lo. — Ao dizer isso, girou sobre os calcanhares, mas então parou. Virou-se de novo para mim e disse: — O meu nome é Serge. — Daí me deixou sozinho com o mostruário de bolsas. Nenhuma Birkin, naturalmente.

Xeretei por toda parte, depois circulei por toda parte, depois perambulei por toda parte, e ele ainda não tinha voltado. Eu já estava começando a me apoiar em toda parte quando vi uma reuniãozinha informal de vendedoras, perto de um balcão de vidro, com Serge no centro do grupo. Ele fez um gesto na minha direção. As três vendedoras ao seu redor pareciam confusas, como se tivessem sido arrancadas à força do seu turno de fazer picadinho da lista de espera da Birkin, na sala dos fundos. Tudo mudou assim que ele puxou uma bolsa preta para fora do tecido que a envolvia.

Eu tinha absoluta certeza de que não era uma Birkin. Na verdade, parecia-se com um experimento genético em que uma bolsa e uma pasta de documentos foram cruzadas, com um resultado extraordinário. Ela era oblonga, com 40 centímetros de largura e três bolsos laterais com zíper, uma alça de mão situada na parte superior e uma correia que se fechava com uma fivela parecida com a da Kelly. O material da parte superior, da base e dos lados era couro preto; os bolsos eram de lona; as ferragens, *palladium*; e a aparência geral, maravilhosa. E ela parecia ser realmente prática, ao contrário da incômoda Birkin, que era principalmente pouco utilitária.

Eu não fazia ideia de que bolsa era aquela, mas percebi que as vendedoras sabiam muito bem, pois a observavam como crianças na véspera de Natal. Eu não disse uma única palavra, mas ouvi vagamente o francês delas, que estava entremeado com *"Quelle surprise"* ["Que surpresa!"] e *"C'est très beau"* ["É muito bonita!"]. Serge, obviamente, atraía a atenção delas, e a minha. E ele sabia disso — ofereceu um grande espetáculo ao puxar para fora a alça a tiracolo de couro e lona, com 5 centímetros de largura, e prendê-la nas argolas brilhantes. Esse novo acessório consolidou a aparência neutra da bolsa, nem feminina, nem masculina.

— O senhor precisa experimentá-la. — Ele insistiu, já pondo a bolsa no alto do meu ombro. Manteve-se ocupado, ajustando o tiracolo, de modo que pendesse do meu ombro e a bolsa ficasse confortavelmente instalada na parte de trás da cintura, com sua forma triangular se adaptando perfeitamente à curva das minhas costas. Virei a cabeça sobre os ombros para dar uma espiada nela, então Serge sorriu e, em silêncio, me conduziu até um espelho. Lá, virei de frente e de costas, olhando o meu reflexo, até me dar conta de que estava um bocado satisfeito.

— Eu nunca tinha visto esse tipo de bolsa. — Eu sabia qual a coisa certa a dizer: o meu francês rudimentar já me ajudara a descobrir, até certo ponto.

— Não, o senhor nunca a viu. Essa é uma bolsa incrivelmente rara.

Serge disse isso sem um pingo de vaidade na voz. Quando ele fez uma pausa dramática, notei que nós — ou, mais especificamente, a bolsa — havia atraído uma multidão. Os espectadores eram os outros clientes, e pude ver em seus olhos o apetite voraz, típico dos aficionados da Hermès, pelo artigo que estava nas minhas costas. Também percebi que, se eu não comprasse a bolsa, a atmosfera dessa loja iria degenerar-se em algo parecido com a liquidação anual de vestidos de noiva em uma loja de saldos. Eu teria de arremessar a bolsa para os espectadores, ao estilo buquê de noiva, e correr para a porta. A frase seguinte de Serge reforçou isso.

— Esta é uma bolsa Kelly Lakis, criada para a Hermès por um homem chamado Lakis Gavalas, um designer grego altamente respeitado. Ela pode ser usada tanto por homens quanto por mulheres e, como você pode ver, ela combina muito bem com o senhor. — As suas últimas palavras foram acompanhadas de um sorriso.

Sorri de volta, um pouco envergonhado por ele ter notado a minha vaidade. Rapaz esperto. Ele prosseguiu calmamente.

— Esta é a segunda bolsa fabricada pela oficina. A primeira bolsa, deste mesmo modelo, mas vermelha, foi adquirida por Jean-Louis Dumas-Hermès para presentear sua esposa no Natal. — A voz de Serge estava ao mesmo tempo objetiva e conspiradora. Ele fez o possível para transmitir a confiança que tinha em mim, em minha capacidade de perceber que seria de bom senso comprar essa bolsa, e a tolice que seria ir embora sem ela. O perfeito vendedor, em outras palavras. Dei uma olhada nos ouvintes ao nosso redor, e na dupla de mulheres que estava quase ofegante. Serge tinha o dom da palavra, sem dúvida. Mas ele poderia ter parado de falar bem antes. Havia apenas uma palavra necessária para me convencer completamente a comprar a Kelly Lakis, e ele a tinha proferido já no início. Desde que eu entrara nessa canoa da Hermès, esta era certamente a minha palavra favorita de quatro letras — R-A-R-A. Para mim, assim como a carne tinha de ser a mais mal passada possível, as bolsas Hermès tinham de ser as mais raras possíveis.

18
Pingue-Pongue, Tudo Bem, mas uma Penélope Enrugada? Jamais!

FIQUEI MUITO SATISFEITO com a minha primeira invasão à Faubourg, durante uns vinte minutos após deixar a loja, até me lembrar de que a bolsa a tiracolo que havia dentro da minha sacola de compras não era uma Birkin. Parecia uma daquelas vezes em que a gente vai até a padaria comprar pão e volta para casa com um pote de sorvete com gotas de chocolate, mas sem o pão. Oh, não! Teria de voltar no dia seguinte. Tinha certeza de que o meu novo amigo Serge ficaria feliz de me ver, e esperançosamente feliz por vender para mim. Mas, no momento, eu tinha um compromisso urgente — aquele era o dia do leilão.

Eu já estivera em dois leilões de arte, portanto não era exatamente um novato no assunto, mas eles não aconteceram na França, em uma sala nos Champs-Élysées. E o meu comparecimento a esse leilão seria bem menos casual do que a minha presença sonolenta e sem compromisso nos dois anteriores — agora, companheiro, tinha tudo a ver com dinheiro. Eu estava ali, precisamente, para conseguir algumas bugigangas que fizessem o coração dos meus clientes do eBay bater mais rápido. Mas *seria* uma mentira se eu dissesse que não estava morrendo de curiosidade de dar uma olhada nos lotes daquela noite. Apostava uma Birkin como haveria alguns artigos caros de grife em exposição, e um monte de quinquilharias de luxo. E, naturalmente, quantidades copiosas de artigos Hermès, como gravatas, lenços... e bolsas. Essa era uma oportunidade preciosa de ver os diferentes tipos de pessoas que colecionavam Hermès. E mais, eu mal podia *esperar* para testemunhar a divertida guerra de lances que Grace mencionara em seu e-mail. Nada mais engraçado do que observar um colecionador obsessivo ir à luta. Eu assistira isso no eBay, mas tinha a sensação de que ao vivo seria bem melhor, como acontece com concertos de rock, passeatas, queima de fogos de artifício e eventos esportivos.

Uma das minhas preocupações era se encontraria o prédio da Artcurial, o que provou não ser nenhum problema. Era um edifício *beaux-arts* que ocupava uma esquina inteira, resplandecente em toda a sua glória neoclássica, com águas-furtadas ornamentadas e largos frisos. Não restava dúvida de que era bastante visível, mesmo para os Champs-Élysées. Parecia-se com alguns dos antigos minipalácios franceses que foram cuidadosamente restaurados, o que fazia sentido, pois, como descobri, ele era exatamente isso. (Fiquei sabendo depois que o termo apropriado era *petit palais*.) Reparei imediatamente duas coisas a respeito do vestíbulo. Número 1: Havia à minha direita um sujeito mal-encarado e com um terno barato, também conhecido como guarda de segurança, que estava tentando passar despercebido, sem nenhum sucesso. (Divertido.) Número 2: Havia à minha esquerda um balcão de informações, no qual eu descobriria, possivelmente, para onde me dirigir neste gigantesco edifício. (Útil.) Caminhei diretamente até o balcão e, que bela surpresa, consegui a informação que precisava. A verdade é difícil de ser obtida ao seguirmos as placas de sinalização, portanto devemos agradecer quando encontramos um balcão de informações que realmente fornece informações — eles são especialmente raros nos aeroportos. Agora equipado com conhecimentos e o catálogo do leilão da Hermès, eu estava pronto para detonar. Ou, sendo mais preciso, fazer lances para produtos *vintage* de luxo. Fingi ignorar o guarda de segurança — ele piscou os olhos, confuso — e caminhei a passo lento para o saguão de entrada.

Francamente, não vi nada que fosse *petit ou* mini naquele lugar; na verdade, me senti um anão. Havia quadros e esculturas por toda parte, e centenas de portas que davam para o saguão principal, algumas abertas, outras fechadas. Para além de cada porta aberta estava uma sala montada como uma galeria, para promover um futuro leilão e expor os itens à venda. Por trás das portas fechadas ocorriam os leilões naquele momento — dava para ouvir vagamente a fala rápida do leiloeiro à medida que se passava diante da porta. Para ajudar na localização, cada sala era sinalizada com um desses quadros de avisos que a gente vê em velórios. (Você sabe, aqueles quadros magnéticos pretos com letras brancas destacáveis; aqueles que inspiram um vandalismo inofensivo do tipo "poesia magnética na geladeira de um amigo".) Andei à toa por algum tempo, e então me dirigi ao andar superior a fim de conseguir um bom assento.

Enfim localizei o quadro magnético onde se lia LEILÃO VINTAGE HERMÈS. Fui momentaneamente dominado pelo amplo espectro de possibilidades poéticas contidas naquelas letras brancas magnéticas, caso me permitissem ficar apenas alguns minutos sozinho com elas. (Para os iniciantes, elas podiam se embaralhar e se transformar em: *Olha aí, vinte germes.* Ou: *Ela, ele... e mais vinho!* Ou: *Largo e sem vela.* Eu ficaria a tarde inteira lá, compondo anagramas meia-boca.) Entrei rapidamente pela porta. O lugar estava salpicado de pequenos grupos amigáveis de participantes, talvez umas vinte pessoas, no total. Já que esse número ocuparia apenas uns 10% das cadeiras dobráveis, eu tinha realmente chegado cedo.

Havia as indispensáveis portadoras de bolsas Hermès, com os seus saltos altos, e acompanhadas de seus entediados namorados ou maridos. (Provavelmente, nem todas aquelas bolsas Kelly e Birkin carregavam carteiras em seu interior; os homens se encarregavam disso.) Também havia as típicas matronas, com os seus lenços mais-raros-que-a-média amarrados em torno do pescoço para ajudar a esconder a idade da dona. Com papada ou não, eu sabia por instinto que *cada* uma daquelas mulheres era uma cliente em potencial — se eu tivesse um item que estivesse faltando em sua coleção, elas não hesitariam em comprar de mim. Eu mal podia esperar para ver uma dupla dessas senhoras brigando ao vivo por alguma peça rara da história da Hermès.

Preciso admitir que eu estava me sentindo bastante confiante no meu raciocínio dedutivo sobre os típicos compradores de Hermès. Sem sequer ter posto os olhos na maioria das minhas clientes, eu havia formado uma imagem mental dessas mulheres, e agora recebia a confirmação de que acertara em cheio. A amostragem da cultura da alta-costura Hermès naquele leilão era eclética no estilo e na idade, mas não havia nada na aparência delas que me surpreendesse. Tinha esperado tudo aquilo — os trajes de alfaiataria, as pérolas discretas, o comprimento conservador das saias, os cabelos recém-saídos do salão de beleza, o Chanel nº 5. Então, à medida que os meus olhos passeavam pela sala, vi um tipo de gente que eu não esperava; gente que só podia ser descrita como o típico "fazendeiro francês antiquado". Lá estava, em toda a sua honestidade, uma espécie de fã da Hermès que eu não previra; na verdade, *jamais teria* previsto. Mas lá estavam eles. Desleixados e mal vestidos, três ou quatro casais permaneciam juntos, conversando em voz alta com uma linguagem híbrida de dialeto Hermès e francês rústico — escutei muitos nomes de modelos de lenços, um debate sobre as condições dos vários lotes do leilão e uma acalorada discussão sobre a fragilidade da saúde de Monsieur Hermès. Dava até para imaginar que os dois homens envolvidos na discussão fossem os irmãos daquele homem doente que havia muito tempo não o viam, ou, quem sabe, os seus ex-amantes. Tal era o nível emocional e a intimidade implícita. Ao vê-los com o rosto cada vez mais vermelho, conforme discutiam, fiquei agradecido por eles terem deixado em casa os seus cães caçadores de trufas — a coisa podia *realmente* ficar feia.

Eu já havia visto esse tipo de gente nas lojas, mas não sabia se eles realmente compravam alguma coisa — imaginei que estavam só admirando de queixo caído, ou talvez a Hermès os contratasse para dar a impressão de que as lojas estivessem mais cheias. E bendita seja a terra, ali estavam eles, naquele leilão — uma espécie colecionadora de objetos de luxo que vivia (e se vestia) modestamente. Por que eles não *vestiam* essas coisas de luxo, pelo menos? Mas, espere, ao inspecionar mais de perto, eles *vestiam* sim, ou pelo menos as esposas vestiam. Cada mulher usava um lenço Hermès, uma peça que custava bem mais que o restante do seu traje. Eu deixara escapar esse detalhe no início, momentaneamente cegado pela má condição dos seus conjuntos puídos de *cashmere* e suas velhas saias de *tweed*. Oh, e veja só... avistei no pescoço dos homens gravatas Hermès encardidas, enfiadas dentro dos seus paletós gastos e roídos pelas traças. Excêntricos, muito excêntricos. Fiquei me perguntando o que um sociólogo faria com isso. E me perguntando o que *eu* tinha feito para merecer isso. Oh, Grace, onde estavas tu? Ela, melhor do que ninguém, devia saber qual era o caso daquele grupo. Por que não mencionara aquele pessoal? (Depois percebi que ela já tinha mencionado — de um modo indireto. Acontece que aqueles "fazendeiros franceses" faziam parte do pessoal que percorria os *dépôts-ventes*.) Contudo, abandonei por ora as minhas digressões filosóficas porque era hora de encontrar um assento. Apesar de a sala ainda estar meio vazia, eu queria demarcar o meu terreno. Na verdade, essa figura de linguagem acabou se mostrando bastante adequada porque, dez minutos depois, a versão francesa da Corrida do Ouro de 1849 invadiu o local, com mais de duzentos garimpeiros de artigos Hermès fluindo através da porta. Literalmente, em dois ou três minutos, todos os assentos foram ocupados e metade daquela multidão ficou em pé. Acomodei-me um pouco melhor na minha cadeira e me aprontei para o espetáculo.

O leiloeiro foi até a frente, e nós aguardamos. Ôô, esse cara está falando em francês mais depressa do que eu esperava... Ei, isso já foi vendido e eu nem consegui ver o que era. Peguei o catálogo e tentei acompanhar o que viria a seguir, mas era como um teste de álgebra em que caía uma parte da matéria que eu não tinha estudado, portanto, sem esperanças... Decidi aceitar as coisas do jeito que viessem. *Oh, gostei desse relógio de bolso, oh, uau, esse é um relógio mecânico, eles são tão chiques, e superincomuns, e com o logo da Hermès, eu venderia este por um monte de dinheiro, ei, a minha mão se levantou sozinha, então estou fazendo um lance, imagino, certo... Não, eu quero esse, Sr. Três-fileiras-adiante, abaixe já essa mão e, vejam só, o seu terno marrom é TÃO do ano anterior... Está bem, vou pagar mais do que você, certo, você fez outro lance, mas eu quero o relógio, diabos, estou levantando a minha mão de novo. Dane-se, sujeito do terno marrom, abaixe essa mão. A minha está erguida, viu, Sr. Leiloeiro, estou aqui, estou aqui... E olha, que pena, a mão do terno marrom está temporariamente paralisada, mas agora ela está descendo lentamente... Ei, o Sr. Leiloeiro está apontando para mim...*

Oh, meu Deus, eu tinha arrematado o meu primeiro item. Um relógio mecânico Hermès pela pechincha de 1.700 dólares. Parecia um preço justo — e era quase certo que o venderia por um preço mais alto, mas pouco me interessava naquele momento. Eu havia vencido o Sr. Terno Marrom e era só isso que importava. Toma essa, amigo. Ufa! Eu já estava cansado, e era apenas o primeiro item. Imagino que foi por isso que o sistema de escambo caiu em desgraça — era emocionalmente exaustivo demais.

Um homem com aparência de funcionário se aproximou, recolheu o meu cartão de crédito (com o propósito de identificação) e me entregou uma espécie de raquete — e o meu nível de adrenalina subiu de novo. Agora, quando fizesse os lances, eu agiria como um superagressivo jogador de pingue-pongue, não mais como um garotinho que precisa pedir licença à professora para ir ao banheiro. Definitivamente, *muito* melhor. Encaixei a raquete entre os joelhos e fiquei esperando a próxima partida — ops, o próximo lote do leilão. O resto da tarde passou como uma névoa. Fiz lances, lances e mais lances; e arrematei, arrematei e arrematei. Certo, fiquei tão absorto quanto um menino jogando pingue-pongue, mas, se algum dia o lançamento em leilões fizer parte das Olimpíadas, vou ganhar a medalha de ouro. Eu me enganei apenas em uma ocasião — em vez de pegar a raquete ao fazer o lance, peguei o guarda-chuva. A disputa de lances estava acirrada, sem tempo de fazer a troca, então balancei aquele guarda-chuva até que os outros seguradores de raquete desistiram, confusos. O leiloeiro bateu o martelo e anunciou que o lote iria para o homem com o *parapluie*. Isso provocou uma gargalhada geral e, naturalmente, todo mundo esticou o pescoço para dar uma olhada em mim. Saudei-os com o guarda-chuva e, muito timidamente, segurei a raquete. Pelo menos havia ganhado.

No final, estava com três relógios — o acima mencionado relógio de bolso, um relógio de viagem e um relógio de bolso, revestido de pele de crocodilo — e mais uma manta de *cashmere*, um estojo de couro para maço de cigarros e uma luminária de mesa. De volta ao vestíbulo, esperei no final da fila dos compradores, para fazer o pagamento, e fiquei ouvindo partes das conversas ao meu redor. Por acaso, o Sr. Terno Marrom estava exatamente na minha frente. Mas logo percebi que Sr. Popularidade seria um apelido muito mais adequado para ele, a julgar pela quantidade de pessoas que o cumprimentava com uma voz obsequiosa. Enquanto um casal se afastava, ouvi o marido cochichar para a sua esposa algo sobre o *"conservateur de musée Hermès*". Então o Sr. Terno Marrom era o curador que Grace havia mencionado — o sujeito que comprava peças para o museu Hermès, no prédio da Faubourg, mas que não gostava de pagar os preços inflacionados dos leilões. Imagine, uma empresa com a grana da Hermès economizando centavos em prejuízo da preservação da sua história. Não era de admirar que eu tivesse conseguido aquele relógio — fiz lances contra uma das únicas criaturas frugais no mundo *fashion* francês.

Quando chegou finalmente a minha vez, ficou provado que eu não era tão frugal quanto o meu colega vestido de marrom. Eu havia torrado dinheiro em um ritmo alarmante — mais de 12.000 dólares em cinco horas —, tanto quanto em uma despedida de solteiro em Las Vegas, só que não conseguira muito mais do que assistir ao *strip-tease* de uma "coelhinha". A conta a pagar foi algo chocante para mim (eu tinha sido uma rolinha capturada pelas circunstâncias, como você pode ver), mas me lembrei de que escolhera exatamente o tipo de bricabraque da Hermès que seria fácil de vender no eBay, e com um bom lucro. Não havia outra coisa a fazer, a não ser suspirar e pegar o cartão de crédito. Precisava de um drinque. Bom, o Ritz *estava* a poucos metros dali...

Cheguei ao Bar Hemingway, alguns minutos depois, e escondi as sacolas da Artcurial debaixo da mesa, com um suspiro de alívio. Decidi que uma taça de champanhe era a escolha mais lógica para encerrar aquele dia de trabalho (afinal de contas, é a bebida favorita nas despedidas de solteiro no mundo todo). Estava tentando tomar a dolorosa decisão sobre qual champanhe queria, quando reparei que alguém sentado no banco junto ao bar se virava a toda hora e me fitava ostensivamente. Era alguém com uma boa aparência, *muito* boa mesmo, percebi isso assim que me senti incomodado o suficiente para também olhá-lo fixamente. Ele era jovem, um Adônis de pele morena, com cabelo preto-azeviche, vestindo uma camisa Christian Dior muito cara e sem qualquer defeito físico visível. Sempre detestei ouvir alguém dizer que um homem é "bonito", mas ele era muito bonito, de tirar o fôlego, um espécime masculino saído diretamente de um anúncio da Calvin Klein. Eu me senti lisonjeado pela sua atenção tão óbvia, mas isto era típico na minha vida — por que *sempre* surgia do nada um homem deslumbrante assim que eu começava um relacionamento sério com outro? Embora fosse estranho que ele estivesse tão apaixonado, sem nem mesmo ter conversado comigo antes (em geral era o meu humor afiado que cativava os rapazes). Mas o seu interesse evidente não permaneceria um mistério por muito tempo porque, logo após surgir na mesa a minha taça de Billecart-Salmon Rosé, ele também surgiu. Fiz um gesto casual na direção da cadeira à minha frente. Ele se sentou, estendeu a mão para que eu a apertasse, deu um sorriso rápido, mas devastador, e se apresentou com um sotaque francês sempre-tão-leve.

— Oi... meu nome é Luc. — E assim, com essas cinco palavras aparentemente inócuas, teve início a parceria mais incomum, lucrativa e tumultuosa de toda a minha aventura com a Hermès. Mas eu ainda não sabia disso.

Embora fosse certamente gay, Luc estava atrás de negócios, e não de prazeres. Não queria saber de romance comigo; uma realidade que acionou sentimentos tanto de alívio quanto de orgulho ferido. Na maior parte, de alívio – eu nunca mais queria repetir aquela arrumação de armários e, ah, sim, também *havia* aquele garoto Juan, que eu amava. Em todo caso, Luc estivera no leilão da Hermès e tinha se virado e olhado para mim, simplesmente porque queria estar certo de que eu era mesmo *eu* antes de se aproximar e cumprimentar. Por que eu não tinha reparado *nele* no leilão, não fazia a menor ideia; talvez estivesse vestido como um fazendeiro francês. Ou sentado atrás de mim, o que era mais provável, imagino. De qualquer modo, ele tinha uma história interessante para contar — embora fosse uma história cansativa e autoelogiosa. (A conclusão é que, assim como outras pessoas antes dele, que eram absurdamente bonitas, Luc era bem mais atraente antes de abrir a boca para falar.)

    Luc morava em Paris e, recentemente, havia se infiltrado até certo ponto na conexão Hermès. Um dos vendedores da loja da Faubourg estava, segundo Luc, "tão enamorrraaado... que faria qualquer coisa por mim, Michael. Philippe me venderá bolsas sempre que eu quiser... ele está simplesmente enamorrraaado". Senti uma pontada de pena do pobre Philippe. Como Luc não tinha dinheiro para comprar as bolsas diretamente, ele precisava comparecer aos leilões da Hermès em busca de alguém que financiasse a compra das Birkins — e, naturalmente, lhe pagasse uma gorda comissão por cada uma que ele conseguisse extrair do seu namoradinho. Ao observar todos os meus lances no leilão, ele acreditou piamente que eu era um revendedor. O que eu realmente era, caso você tenha esquecido. Luc abrira as suas cartas sobre a mesa, de mármore, e ficava a meu critério entrar ou não no jogo. Muito tentador, já que eu adoraria ter uma conexão em Paris e economizar nas passagens de avião; mas muito alarmante, já que eu mal conhecia esse homem. Uma coisa era certa — de jeito nenhum eu poria 7.000 dólares nas mãos de um quase estranho, para depois ficar esperando no quarto do hotel, como uma Penélope enrugada, rezando para não ser enganada. Eu estava habituado a representar o papel de Ulisses nessa minha odisseia da Hermès. Depois de deixar isso bem claro para Luc, ficamos um tempo articulando possíveis planos. Por fim, chegamos a um acordo, com o qual dava para os dois conviverem. Luc ainda estava um pouco chateado pela minha absoluta falta de confiança nele, que era compreensível, já que a gente se conhecia a menos de uma hora... Que figurinha difícil era esse cara!

    O nosso Roteiro Ultrassecreto do Comprador de Birkins estabelecia o seguinte: Às nove da manhã, eu encontraria Luc em um café chamado Ladurée, a poucos metros da loja da Faubourg. Iríamos juntos até perto da porta da Hermès e então eu lhe entregaria o dinheiro. Depois veríamos o que ele traria nas mãos quando saísse. Se realmente conseguisse uma Birkin, ganharia 500 euros — mais ou menos 10% de comissão por 10 minutos de compras. Eu conseguiria uma Birkin. E todos ficariam felizes.

Com as nossas negociações encerradas, demos um aperto de mão. Luc marcou um encontro ardente para aquela noite e saiu, atraindo olhares de agrado de quase todas as mesas pelas quais passou em seu caminho para a porta de saída do Hemingway. A minha vontade era fazer um anúncio de utilidade pública para toda Paris, informando à população em geral que, a exemplo de um grande gato-do-mato, era melhor manter certa distância de Luc. Ah, bom, não dá para querer salvar o mundo. E, pensando bem, eu não estava em condições de salvar *nada* nesse dia; somente manter a salvo o meu dinheiro. Havia gastado quase 20.000 dólares antes do jantar — e ainda estava sem uma Birkin. Seria certamente muito bom ter a posse de uma Birkin do Serge, de uma Birkin do Philippe, da bolsa Kelly Lakis e das mercadorias do leilão. Contudo, as bolsas eram a coisa mais importante... pena que *essas* eu não pude arrematar com uma raquete de pingue-pongue. Nem com um guarda-chuva.

※ ※ ※

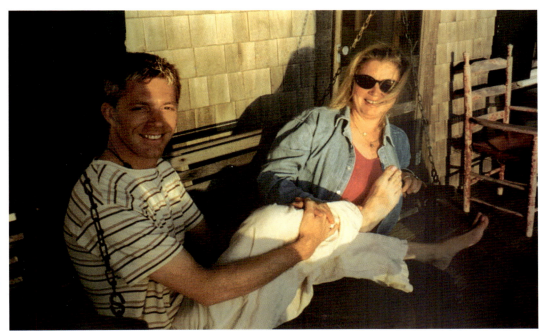

Com minha amiga Kate, na casa de Corn Hill, perto de Provincetown, Massachusetts. Costumávamos oferecer lá grandes e elaborados jantares festivos. As lagostas eram grelhadas, enquanto observávamos o pôr do sol, bebericando os famosos drinques margarita de Kate.

Com amigos, em frente ao meu chalé. O primeiro verão, depois que mudei para Provincetown, foi um período que lembro com carinho ou, mais precisamente, do qual gostaria de poder me lembrar.

Eu usava o icônico bracelete *chaîne d'ancre* da Hermès sempre que ia à compra de Birkins... Ele era o meu talismã da sorte. Com o tempo, comprei dúzias desses braceletes, enquanto usava a "Fórmula", e eu os vendia no eBay como se fossem água no deserto.

Uma página do meu caderno de anotações Ulysse da Hermès, com uma lista das Birkins que comprei em outubro de 2005. Dou risada quando leio artigos declarando que a Hermès produz "cerca de 100 Birkins por ano". Se fosse verdade, isso significaria que eu comprei toda a produção anual nesse ano — e algumas bolsas a mais!

Outro dos meus cadernos Ulysse, no qual eu anotava o endereço e o telefone de cada uma das lojas existentes da Hermès (bem como o nome e o telefone dos vendedores).

Meu uniforme de comprar Birkins: terno Prada, camisa Hermès, colete Hermès, gravata Jil Sander, meias de cashmere Hermès, sapato Giorgio Armani, bracelete *chaîne d'ancre* Hermès, relógio de bolso de prata de lei Ralph Lauren (preso à casa do botão da lapela), caneta-tinteiro "Médici" da S.T. Dupont (presa no bolsinho do paletó), agenda de crocodilo (dentro do bolsinho do paletó), caderno de anotações Ulysse cor de laranja da Hermès.

Birkin fúcsia, 35 cm, de crocodilo. Como é uma cor rara, encontrar uma bolsa dessas equivale a ganhar em Las Vegas... as chances estão contra, mas é sensacional quando se ganha! Victoria Beckham (ex-*Spice*) tem uma Birkin de avestruz nessa cor.

Esta Kelly Lakis foi a minha primeira compra na matriz da Hermès, na Faubourg Saint-Honoré, em Paris. Adoro pensar que foi minha compra qualificatória: ela abriu as portas para muitas Birkins no futuro.

Pouchette Kelly Hermès (criada por Jean Paul Gaultier), uma das quatro (cada uma de uma cor) que uma cliente comprou por 3.500 dólares cada.

Uma Birkin básica de couro, 35 cm. Os aficionados consideram-na a "Birkin inicial". Custando cerca de 8.000 dólares, há pessoas que a acham barata (se comparada ao mesmo modelo em crocodilo, que custa 30.000 dólares).

Esta Birkin azul de crocodilo foi "refém" em um caso internacional e objeto de uma briga com um dos meus "compradores". Fico feliz em dizer que ela está agora em segurança e num bom lar.

As Birkins são tão colecionáveis quanto os selos raros e as moedas antigas. Comprei, vendi e revendi esta Birkin várias vezes.

Pime é uma amiga, de Santigo, Chile, que treinei na arte de comprar Birkins. Depois de um ou dois fracassos iniciais, ela aprendeu como levar Birkins para casa.

Depois de me mudar para Barcelona, a quase 8 mil km de distância, encontrei minha alma gêmea, Juan. Aqui, com flores na lapela, em uma fazenda de orquídeas e borboletas, em Chiang Mai, Tailândia.

Uma foto polaroide de mamãe, com um retrato meu ao fundo, da época da formatura no curso secundário.

Juan e eu nos conhecemos no Hotel Arts, da rede Ritz-Carlton, em Barcelona. Foi coisa do destino, por isso achamos apropriado que nossos pais se conhecessem lá. Aqui, no sentido horário, mamãe, Juan sênior, Carmen, Juan, eu e papai.

Com minha família, em um cruzeiro pelo Caribe: minha irmã, Dorothy; Juan; minha sobrinha, Riane; mamãe; e papai. (Meu cunhado, Edward, não pôde ir.)

Tenho boas lembranças de Capri: as escadas espetaculares do Hotel Villa Brunella e a empolgante Via Camerelle, com talvez a menor loja da Hermès do planeta. Espero voltar para lá algum dia...

19
Oleoduto Parisiense de Bolsas

Cheguei ao Ladurée alguns minutos antes das nove horas na manhã seguinte, ainda sonolento e um pouco incerto se devia ter tido o incômodo de vir ao encontro. Eu me questionei a sério se a encenação pirotécnica do Luc no Hemingway fora exatamente isto — uma encenação. Sentei-me com o meu fiel Earl Grey, me preparando para esperar em vão. O relógio marcou nove horas, depois nove e quinze, depois nove e meia, e pareceu então que as minhas suspeitas estavam bem fundadas. Passei os olhos pelo *International Herald Tribune,* procurando algo interessante que tivesse deixado escapar nas outras três vezes que já passara os olhos por ele, quando ouvi murmúrios de agrado vindos de um trio de jovens francesas sentadas à minha direita. Hummm... fiquei curioso... Levantei os olhos e lá estava Luc, vestido para arrasar, recostado na soleira da porta e sondando o ambiente languidamente. Ele agia como se não tivesse notado como a sua pose estudada chamava a atenção, mas eu conhecia bem esse caso — o tipo de gente que necessita de atenção como o viciado em heroína necessita da sua dose diária. No entanto, eu tinha de admitir que ele estava *mesmo* estupendo. Quanto à roupa e aos óculos escuros, desde o nosso encontro na noite anterior, Luc fora promovido de modelo da Calvin Klein para o rapaz dos *outdoors* da Prada. Quase acenei para ele, mas decidi o contrário — não havia maneira de ele já não ter me visto naquele pequeno café. Ele estava desfrutando o momento, mas quem era eu para privar daquela visão as suas espectadoras? Finalmente, ele "me viu", do alto da sua insignificância, e começou a caminhada até mim.

— Michael, oi... Você tem o dinheiro? — Não se deu ao trabalho de ser cortês.

— Bom dia... Sim, tenho, tenho o que você precisa para a Birkin. — Eu disse, dando um tapinha sobre o bolso da camisa.

— E o dinheiro para mim? — Ele sorriu sedutoramente enquanto falava, mas pude perceber a pobreza espreitando por trás do seu tom "casual". Fiquei irritado por ele demonstrar tamanha falta de tato ao perguntar imediatamente pelo dinheiro, ainda mais por vir logo após o seu atraso e o cumprimento rude. Porém mordi a língua, principalmente porque não valia a pena lhe mostrar que eu estava aborrecido. Tudo o que eu não queria dele era que tivesse um ataque de birra infantil e precisasse de uma reprimenda, ou sumisse completamente. A parte engraçada é: eu tinha a nítida impressão de que ele pensava que eu o achava absolutamente fascinante.

— Sim, claro. Também tenho, está aqui. — Eu disse, dando um tapinha sobre o outro bolso da camisa. Uma coisa eu era, organizado. — Vou pegar o avião de volta para casa hoje, por isso precisamos ir logo.

Isso não era verdade, mas eu queria fazer outras coisas naquele dia que ocorreriam fora do Café Ladurée, e a minha impressão era que Luc podia pedir o cardápio se eu lhe desse uma chance. Possivelmente, eu estava certo, a julgar pelo bico de desagrado que ele fez. Mas nem tudo estava perdido para ele, o parasita — ainda conseguiu fazer com que nos aproximássemos do balcão a caminho da nossa saída, o suficiente para pedir um *macaron*. Mastigando alegremente, em nosso trajeto até a Hermès, Luc caminhava calado, o que era pouco característico nele, mas bom para mim. Enquanto isso, eu alternava entre as minhas dúvidas persistentes sobre o caráter de Luc e a minha agitação crescente ante a perspectiva de ter um "comprador" que conseguisse bolsas para mim sempre que eu quisesse. Olhei para ele, procurando alguma pista visível de que planejava um assalto contra mim, porém, como uma criança adormecida, Luc parecia particularmente angélico enquanto comia. E agora, andando um ao lado do outro, pude ver que ele não era muito maior que eu — eu daria conta dele, caso fosse necessário. Isso encerrava aquela questão. A uma distância "segura" da entrada da loja da Hermès, eu parei e lhe entreguei o envelope com o "dinheiro da Birkin".

— Certo, Luc, boa sorte. — Sorri e reprimi as minhas preocupações.

— Eu não preciso de sorte. Como já disse, o Philippe está enamorrraaado. Não vamos ter problemas.

Ele abriu bem o paletó, apontou a etiqueta Valentino, para garantir que eu a visse, e enfiou o envelope no bolso interno. Tentei não parecer nauseado com essa exibição infantil. Afinal, aquele era o seu grande momento. Ele sorriu de novo e atravessou a rua. Observei-o até desaparecer através das enormes portas de vidro, mas então fiquei sem ter o que fazer, a não ser esperar. Sabe Deus quanto tempo duraria a paquera de Luc e Philippe, pensei com um sentimento de apreensão. Eu ainda queria ir mais tarde, naquele dia, visitar os *dépôts-ventes*, e já estávamos no meio da manhã. O meu queixo caiu quando Luc saiu da loja, uns rápidos 15 minutos depois, praticamente acenando com o seu prêmio cor de laranja. Cruzou a rua com uma corridinha, já abrindo a boca para dizer algo, mas, antes que pudesse pedir, o seu dinheiro já estava em suas mãos.

— Michael, obrigado... e ela é preta, 35 centímetros, com dourado... Tudo bem, não é? É uma das que você disse que queria? — Ele começou a me entregar a sacola, mas sacudi a cabeça. Não desejava que alguém tivesse a chance de ver a sacola trocando de mãos. Luc pareceu entender e fez um gesto para que eu o seguisse, murmurando algo sobre o seu carro estar em uma ruela ali perto. Eu simplesmente segui a cor laranja; ela não ficaria fora da minha vista nem por um segundo.

Paramos diante do seu malconservado VW Golf — pelo jeito, o apurado senso de estilo de Luc não se estendia às suas escolhas automotivas. Ele se apoiou no capô amassado, enquanto procurava algo nos bolsos, e depois de um bom tempo tirou uma nota fiscal toda dobrada. Dei uma olhada rápida nela; a data era daquele dia e a compra da Birkin estava lá, em preto e branco. Agora, se o item na sacola conferisse com a nota fiscal, eu estaria pronto para ir embora. Quando espiei dentro da sacola, vi que a caixa parecia autêntica e a fita estava amarrada perfeitamente. Luc me entregou a sacola e eu levantei-a um pouco pelas alças para testar o peso. Senti que estava correto. Bom, em algum momento vou ter de acreditar que não fui enganado. Mas Luc não era tão ingênuo e fingia contar as suas cédulas. Decidi ter uma última conversa com ele, como um esforço final na detecção de fraude, antes que ele saísse depressa em seu lastimável carro. (Por falar nisso, quem dirige em Paris?!)

— Luc, foi ótimo! A gente podia repetir... que tal você me dar o número do seu telefone? — Medi a expressão no seu rosto ao fazer essa sugestão, mas não vi nada que se parecesse com pânico. Agora eu podia ficar relativamente certo de que não estava sendo enganado, a não ser que ele fosse um ator comparável a Sidney Poitier.

— Dou, sim... Posso conseguir as bolsas sempre que você quiser, o que é bom para nós dois, não é? — E já estava remexendo com entusiasmo na mochila à cata do seu celular. Depois da troca de informações, permanecemos parados, um pouco sem jeito.

— Isso é realmente bom para nós dois, como você disse. Portanto, nos falamos assim que eu voltar para a Espanha. Enquanto isso, continue nas boas graças do Philippe! — De bom humor, fiz um sinal de advertência com o dedo indicador, mas eu não estava brincando, na verdade. Aquele seria um bom "empurrão" nos negócios se Luc não estragasse as coisas com o vendedor.

— Não, não, Michael, ele está enamorrraaado...

Oh, Jesus, de novo, não. Para impedir que ele recitasse mais uma vez esse discurso, fingi estar recebendo uma importante mensagem de texto no celular, que ainda permanecia na minha mão. Fixei o olhar na minha agenda de endereços, fazendo tudo para demonstrar um rosto ansioso.

— Ah, me desculpe, Luc, preciso resolver isso... Mas tudo certo, nós ficaremos em contato! — Com isso, girei nos calcanhares e me afastei, sem virar a cabeça nenhuma vez. Fiz uma saída enérgica, esperando que aparentasse mais firmeza do que realmente sentia. Talvez Luc aprendesse que ele não era o único a comandar o espetáculo.

Corri de volta para o Hotel Mansart a fim de largar a volumosa sacola de compras e, naturalmente, aproveitar para dar uma espiada na minha nova Birkin. Tudo estava em ordem com ela, e eu estava pronto para a segunda fase. Parei diante do balcão do recepcionista para me informar onde conseguir as novas mercadorias. Em resposta à minha pergunta sobre os *dépôts-ventes*, ele se aproximou do seu minitel, esse terminal de consulta realmente prático que todos os recepcionistas/*concierges* parisienses que prezam o seu trabalho têm em sua mesa. O minitel se parece com uma televisão portátil, com um teclado embutido, mas ele acessa números de telefone, endereços e informações sobre serviços; os recepcionistas usam-no para consultar horários de ônibus, comprar passagens de avião e fazer reservas em geral. É uma invenção pré-internet, mas faz basicamente o mesmo trabalho que o Google faria, só que dando mais ênfase às informações locais. De imediato, o recepcionista obteve os nomes e endereços de mais *dépôts-ventes* do que eu conseguiria visitar nas tardes de uma semana inteira. Escreveu depressa uma lista com dez lojas ou mais, e eu tomei o meu rumo.

Os *dépôts-ventes* eram, em essência, brechós, mas eu sabia que muitos deles se dedicavam exclusivamente aos designers, representando apenas uma ou duas das grifes mais caras. Podiam ser especializados em Chanel, Goyard, Louis Vuitton, Gucci... Hermès. Esses *dépôts-ventes* sofisticados eram os que eu queria encontrar, mas, infelizmente, a lista que tinha nas mãos não dava pistas sobre quais seriam eles. Eu teria de procurá-los pessoalmente. Decidi obedecer a uma ordem geográfica, e comecei pelo mais próximo. Rápidos cinco minutos depois, eu estava parado diante da vitrine da loja. Não era um mostruário caprichado, mas continha uma grande variedade de lenços, bolsas, cintos e outras coisas, com etiquetas escritas à mão indicando o nome da marca. Avistei um par de lenços etiquetados como Hermès, então entrei na loja — ela parecia ter visto dias melhores, como a maioria das lojas de artigos de segunda mão. Depois de perambular um pouco pelo andar das vendas, não encontrei nenhum outro artigo Hermès além dos que estavam na vitrine. Na verdade, pouca coisa dentro da loja era do mesmo calibre dos itens que eles tinham exposto na vitrine, e ponto final. Bom marketing, mas desapontador. Pedi a um vendedor que pegasse os lenços expostos e inspecionei-os cuidadosamente. Estavam em boas condições, sem qualquer das marcas de batom que Grace havia mencionado. Não poderia vender os lenços como novos, claro, mas ambos os modelos eram raros e eu tinha certeza de que estavam na lista de desejos de algum dos meus compradores. Sucesso até certo ponto, supus.

Fui a mais cinco ou seis lojas naquele dia, no entanto, em algumas delas não encontrei nada que interessasse. Uma delas era muito ruim — um amontoado de carrinhos de bebê enferrujados, brinquedos quebrados, roupas manchadas e velhos romances franceses. Mesmo que tivessem uma Birkin escondida em algum lugar, acho que eu não teria aguentado ficar lá o tempo suficiente para que a encontrassem. Finalmente, naquela que acabou sendo a minha última parada, descobri um *dépôt-vente* que validou a minha tarde de caça a itens Hermès. Era exatamente o tipo de loja que eu vinha procurando — 90% de artigos de luxo. Havia grandes quantidades de lenços Hermès e pelo menos uma meia dúzia de bolsas Hermès, bem como muitas joias Hermès e artigos variados de couro. Ganhei o grande prêmio da loteria! Gastei depressa outros 10.000 dólares (eu estava realmente no ponto alto da minha carreira naquela semana — Juan nunca mais me deixaria voltar a Paris). Mais sacolas de compras para carregar através da cidade.

Eu havia planejado ir até a verdadeira loja da Hermès para ver Serge, porém todas as caminhadas e viagens de táxi me deixaram não tão bem-disposto (e quando vou à caça de Birkins, sempre vou o mais bem-disposto possível). Portanto, decidi não ir à loja e jantar mais tarde em algum lugar próximo ao hotel (e também aproveitar para tirar uma soneca antes). No táxi, de volta ao Mansart, decidi que os *dépôts-ventes* não valiam a pena, com exceção do último que eu tinha visitado. Muito tempo gasto em idas e vindas — um tempo que seria mais bem gasto conquistando um vendedor da Hermès em troca de uma bolsa sofisticada. E era totalmente incerto se eles teriam os artigos que eu queria, portanto eu poderia desperdiçar um dia inteiro e voltar de mãos vazias. Os *dépôts-ventes* talvez fossem bons para os colecionadores, como Grace, mas não eram um uso inteligente de recursos para alguém como eu, que enxergava tudo aquilo como um negócio. No todo, porém, eu estava para lá de satisfeito com a minha viagem até o momento. Tinha uma grande quantidade de boas surpresas para pôr no eBay, e também havia encontrado miraculosamente um "oleoduto" parisiense para bolsas. Se Luc sustentasse a sua parte na barganha, a minha insaciável cliente Sarah não ia precisar de um novo closet para guardar todas as Birkins que estavam a caminho — ia precisar de uma nova casa.

✻ ✻ ✻

20
Calça Prada Infernal e Cozinha Celestial

Entrei na Hermès na manhã seguinte, pronto para encerrar bem a minha viagem com uma última Birkinzinha... agora que não precisava mais comprar antes tantas coisas, não é? Serge estava ocupado, atendendo uma japonesa que parecia a compradora típica (carregava uma bolsa Kelly de crocodilo, na cor índigo), portanto fiquei ali circulando pela sua periferia. Eu queria me manter nas boas graças dele, e interromper uma boa venda não era a melhor maneira de fazer isso. Depois de uns 20 minutos, ele deu um jeito de trocar umas poucas palavras comigo em seu caminho para a "caixa-forte das bolsas", no andar inferior. Até então, eu ficara sentado junto a uma das duas pequenas escrivaninhas de madeira que a loja oferecia — normalmente, os clientes as usavam para preencher a documentação para liberação de impostos ou o CITES (o famoso "passaporte" para os artigos de crocodilo). Eu estava contente por observar o movimento da loja, mas Serge parecia preocupado por minha causa.

— Michael, sinto muito por fazer você esperar. A senhora que estou atendendo tem muitos pedidos e muitas dúvidas, e também uma das minhas clientes mais antigas telefonou e logo estará aqui.

O que você acha de eu atendê-lo mais tarde, hoje? — Como a voz soou esperançosa, deduzi que ele tinha assumido que eu estava lá para comprar, e não para passear.

— Sem problemas. Posso voltar mais tarde. Preciso planejar o meu jantar de hoje à noite e acabar de arrumar as malas. Vou embora amanhã. Alguma recomendação para o jantar? Estou pensando em ir ao L'Ambroisie. — Valia a pena tentar porque eu apostava que Serge conhecia a reputação de cada restaurante três estrelas de Paris. Eu adquirira o hábito de usar os vendedores da Hermès como um guia de restaurantes quando estava em minhas "viagens de negócios". Nenhum deles tinha me desapontado até o momento.

— Você já esteve no Pierre Gagnaire?

Balancei a cabeça, negativamente.

— Em minha opinião, é o melhor restaurante da cidade. Penso que você vai achá-lo muito interessante. — Ele fez uma pausa, com a expressão um pouco preocupada. — No entanto, nesses restaurantes renomados, é impossível entrar... Bom, deixe-me ver o que posso fazer por você, Michael. Conheço alguém que trabalha lá; se eu jantar junto com você, pode ser que a gente consiga uma mesa? — Essa última frase foi claramente uma pergunta, e de modo algum eu daria a resposta errada.

— Claro, eu adoraria ter companhia e, se esse restaurante for mesmo tudo isso que você está dizendo, eu não gostaria de perder essa oportunidade por nada.

Além do lado prático dos negócios ao estabelecer uma amizade com Serge, ele era uma pessoa bastante agradável. Também, com todas as minhas viagens recentes, muitas vezes eu me sentia como se fosse o mais solitário dos frequentadores de jantares em restaurantes da Europa.

— Ótimo, ótimo, então vou dar um telefonema para Jacques e ver o que ele pode fazer por nós. Talvez ele nos consiga uma mesa; eu já jantei lá com clientes em diversas ocasiões. E também, é lá que o meu companheiro e eu sempre comemoramos com um jantar os nossos aniversários de namoro, portanto é garantido que eles me vejam pelo menos uma vez por ano. — Ele sorriu ao dizer isso, e eu fiquei aliviado ao ouvir que ele tinha alguém. Parafraseando o ator e cantor Meat Loaf, eu faria tudo por uma Birkin, menos "aquilo".

Passei a tarde dando uma olhada nas vitrines e desfrutando de um almoço tardio no Ladurée (sem Luc à vista, graças a Deus). Se aquele restaurante fosse tão bom quanto Serge prometera, valeria a pena matar a tarde à espera dele. Não voltei antes das cinco horas, mas cheguei no momento certo — Serge estava livre quando entrei na loja, e me cumprimentou imediatamente.

— Michael, consegui uma mesa para nós, às oito e meia. Você quer mesmo ir, não é? — Ele estava visivelmente satisfeito consigo mesmo.

— Sim, claro... Mas, espere, vou precisar de paletó para poder entrar nesse lugar, não vou? — Pânico. Eu não tinha um. Imbecil, imbecil. A jaqueta Dsquared2 era fabulosa, mas não exatamente uma peça para um jantar elegante. Em Paris, as pessoas ainda se vestiam de modo adequado para jantar. Certo, eu tinha capacidade para resolver isso, então sairia e compraria algo. Superada a crise. Respiração profunda.

— Sim, vai precisar de paletó. Você não trouxe um? — Serge levantou as sobrancelhas.

— Tudo bem, tudo bem. Vou comprar um, sempre surge a oportunidade de se usar outro paletó. — Pelo jeito, eu esperava que acontecesse um milagre. — Mas, Serge, isso significa que não terei tempo para fazer compras aqui... — Isso era uma pena, mas lembrei que eu tinha a manhã seguinte livre. O meu voo só sairia às quatro da tarde, por isso não chegava a ser um desastre ir embora naquele momento.

— Você pode voltar amanhã de manhã, não? Eu estarei aqui. — Ele disse, fazendo eco aos meus pensamentos.

— Sim, está bem. Você pode me dar o endereço do restaurante para nos encontrarmos lá às oito e meia... de paletó. — Serge tinha à mão o cartão do restaurante; puxa, que eficiência. Saí rapidamente, determinado a encontrar a minha muda de roupa para a noite. Não deveria ser tão difícil: eu estava em Paris, onde não havia nenhuma falta de roupas bonitas. E então, como uma resposta vinda do além, eu avistei uma loja da Prada no outro lado da rua. Eu gosto da Prada, quer seja ou não a grife do diabo.

A Prada me reservou uma série de boas e más notícias. Eles não tinham um paletó avulso que fosse do meu gosto (má notícia). Eles tinham um terno que eu amei (boa notícia). O paletó do terno serviu em mim perfeitamente (boa notícia). Mas a calça era longa demais (má notícia). Ao me olhar de cima a baixo no espelho de corpo inteiro, decidi que podia prender com alfinetes a bainha da calça, apenas para aquela noite, e deixar para ser costurada depois — agora não dava tempo, isso era certo. Raciocinei que, se eu desfilasse com um terno Prada de microfibra, com abotoamento simples e de cor creme, ninguém ia olhar para os meus tornozelos. Assim que saquei o cartão de crédito, tão novo que a superfície ainda estava com a cola da tarja de segurança, tive a premonição de que Juan, definitivamente, não me deixaria voltar a Paris — nunca mais. (Embora soubesse que ele ia *adorar* o terno, e você também.)

Eu voltava para o hotel, com a embalagem da Prada dobrada sobre o braço, quando me ocorreu que também precisaria de sapatos. Não queria que Serge pensasse que eu tinha apenas aquele par — e não estava convencido de que o sapato de crocodilo modelo Oxford ficaria bem com o terno. Pelo menos, essas eram as justificativas que passavam pela minha cabeça, mas a loja da Armani Black Label que vi do outro lado da rua é que deve ter provocado inicialmente todos os pensamentos sobre sapatos. A mente é uma paisagem complicada.

Mais notícias boas e más. A Armani tinha um lindo par de mocassins, de couro preto trançado, macio e de linhas sóbrias, e havia no meu tamanho (boa notícia). Então me ocorreu que eu precisava de um cinto preto para combinar com o sapato, mas aquele era um acessório que eu não trouxera (má notícia). Claro que vendiam cintos na Armani (boa notícia). Mas nenhum deles coube na minha delgada cintura (má notícia). Comprei os sapatos e fiz o caminho de volta para a Prada. Eu havia visto lá alguns cintos que me agradaram, mas não estava pensando naquela hora que ia comprar sapatos novos... que comédia de erros! E só restavam, deixe-me ver, duas horas até o encontro com Serge. Menos de duas horas. Eu estava praticamente correndo, desesperado para alcançar a loja antes que ela fechasse, às sete horas. Felizmente, nessa segunda visita à Prada, apenas boas notícias me aguardavam. Estava aberta (quase fechando; fiquei contente por ter me apressado) e tinha o cinto mais fantástico que eu poderia ter imaginado para completar o meu traje. O couro era preto, com borda creme, o tom creme exatamente igual ao do terno, *e* não estava muito folgado na cintura. Percebi que, se juntasse a ele a blusa de *cashmere* preto de gola *roulé* que estava no hotel (e o meu fiel bracelete *chaîne d'ancre*, claro), eu estaria mais que pronto para entrar no Pierre Gagnaire — assim que acertasse a bainha das calças, para ser mais específico. Em que enrascada eu tinha me metido? Tudo que queria era um paletó, e veja só — mais despesas de trabalho.

De volta ao Mansart, banhado e penteado, depois de lutar com o terno durante 20 minutos, resolvi recrutar o pessoal do hotel para me ajudar. Você já tentou colocar alfinetes na bainha da calça, com ela vestida? Eu não recomendo, a menos que você esteja praticando ginástica rítmica. Desci até o saguão, dirigi-me à recepção e expliquei o meu caso à agradável senhora que estava a postos. Talvez nem fosse necessário, pois as barras da calça se arrastavam pelo chão de uma maneira bem pouco sutil conforme eu andava e tentava suspendê-las (outro possível exercício para aqueles dentre nós que são fãs da ginástica rítmica). Eu disse que tinha menos de uma hora para chegar ao Pierre Gagnaire, e a recepcionista imediatamente se interessou pelo assunto. Ela chamou o *concierge* e ele também ficou entusiasmado com a minha iminente experiência gastronômica. Eu esperava que Serge não estivesse brincando quando fez a escolha do restaurante; todos agiam como se eu fosse participar da festa do Oscar. O *concierge* me conduziu aos andares inferiores, até às catacumbas do hotel, uma espécie de oficina das camareiras ou algo parecido, e me fez ficar de pé em cima de um banco, enquanto alfinetava as bainhas da calça. Sua técnica era primorosa — ele manipulou meticulosamente dez ou mais alfinetes de segurança minúsculos para prender a bainha de cada perna da calça e, como resultado final, não dava para perceber nenhum deles. Então ele me fez ficar só de cuecas... e daí... bom, daí ele passou a calça a ferro. Depois de uma última corrida até o meu quarto, para um exame rápido final, eu estava pronto para o baile, sem um segundo a perder. Três ou quatro funcionários, inclusive o *concierge*/alfaiate, me acompanharam pelo saguão, sorrindo como pais orgulhosos pela formatura do filho. Agradeci a todos mais uma vez, gratifiquei a todos de acordo com os seus serviços e, silenciosamente, resolvi que me hospedaria no Mansart sempre que viesse a Paris. (E, desde aquele dia, sempre fiquei lá.)

O restaurante estava localizado na Rue Balzac — na vizinhança da antiga mansão do próprio Balzac, bem como a poucos passos do Arco do Triunfo. Bem acompanhado, em outras palavras. Ele ficava no interior de um hotel (chamado Hotel Balzac, o que não era nenhuma surpresa), mas a entrada dava diretamente para a rua. Serge ainda não havia chegado — apesar das minhas aventuras da tarde, consegui chegar alguns minutos antes da hora marcada. O lugar era muito chique, muito *feng shui*, com as mesas de madeira clara contrastando com as paredes e destaques na cor cinza chumbo, tudo em linhas retas e puras. Havia uma pequena sala de espera, e foi nela que me sentei, aguardando a chegada de Serge, e imediatamente pedi uma garrafa de Bollinger RD 1990. Eu já tinha estourado a verba para a viagem ao gastar uns 30.000 dólares, portanto não ia ser a economia no preço do champanhe que salvaria as minhas finanças naquele momento. Serge apareceu pouco depois, e transferimos nossas pessoas e o champanhe para o salão de jantar, e nos instalamos à mesa para a noitada (e quando digo "nos instalamos", é isso mesmo... permanecemos lá durante quase cinco horas). A nossa localização no salão era ótima — estávamos em um mezanino, em uma das duas mesas de onde se podia contemplar o restaurante inteiro. Não havia dúvidas — Serge era um VIP naquele lugar.

 O Pierre Gagnaire servia cozinha *fusion* de vanguarda e pratos *gourmet* franceses, com um toque contemporâneo — ou, pelo menos, foi isso que Serge me disse. Tudo o que *eu* sabia é que a minha primeira olhada ao menu me fez ficar preocupado com o meu enferrujado francês. Mas, mesmo depois que o garçom providenciou um menu em inglês, eu continuei perplexo. Torrada com perdiz e sardinha; *carpaccio* de funcho e pássaro canoro; "sorvete" de *bouillabaisse*, com pimentão verde; pequeno *escargot étouffé*; aipo dourado, com ovelha aveludada; e uma grande variedade de outras, hum, escolhas. E nenhuma pista a respeito das sobremesas — abaixo da palavra SOBREMESAS apareciam apenas as palavras PIERRE GAGNAIRE. A minha esperança era de que aquilo não tivesse nada a ver com algum tipo estranho de canibalismo. Felizmente, fui salvo da preocupação com o menu pelo meu companheiro de jantar. Serge não admitia que escolhêssemos outra coisa que não fosse o menu de degustação gastronômica, pois aquela era a minha primeira visita ao lugar. Vieram pratos após pratos, e a comida era bizarra, sim, mas também sublime. Tudo estava delicioso; as combinações únicas eram um verdadeiro deleite para o paladar. Aconteceu de Jacques, o contato de Serge, ser o *sommelier*, e ele nos brindou com as suas recomendações pessoais sobre os vinhos. Naturalmente, precisávamos de uma garrafa de vinho branco e outra de tinto, pois havia carne branca e vermelha. Pareceu que o vinho nos deixou mais à vontade, considerando que éramos praticamente estranhos um ao outro.

Serge falou bastante sobre os seus clientes e sobre a sua vida em geral. Eu fui mais reticente, claro — "Ah, na verdade, Serge, eu vendo os produtos Hermès no eBay e tenho uma fórmula para conseguir Birkins... e vou usá-la com você amanhã, se for necessário..." Não dava nem para pensar numa coisa dessas. Por favor. No entanto, não menti; afinal, eu *estava* no negócio de importação e exportação. E não era muito difícil ser relativamente vago porque Serge, além de não ser de modo algum enfadonho, tinha bastante coisa para dizer. Contou-me tudo sobre alguns dos seus clientes famosos; um deles, a Sra. Fisher, era da Gap Fishers. Fiz uma cara de: oh, *aquela* Sra. Fisher, certo... eu a vi em Capri na última semana. Oh, espere, não, eu não a vi; eu estava muito ocupado percorrendo o sul da França e comprando bolsas. Serge também falou longamente sobre Lakis Gavalas, o designer da minha nova bolsa, o qual, como eu descobri, era seu amigo. Serge e seu companheiro costumavam passar as férias com Lakis nas ilhas gregas, e Lakis usava Serge como um meio de divulgação dos seus novos modelos. Lakis era um designer e fabricante grego, que estava se tornando cada vez mais importante, e também varejista e distribuidor de outras grifes sofisticadas de moda na área do Mediterrâneo. Ele era bastante conhecido no mundo da moda europeu por causa de sua vida social, seu estilo excêntrico e as festas devassas que dava no final do verão em sua casa em Mikonos. E possuía aquilo que devia ser a maior coleção particular de bolsas Hermès do mundo: duas centenas, contadas uma a uma. Eu tentava imaginar por que um homem, mesmo sendo gay, necessitaria de tantas bolsas, e não achei resposta para a pergunta. Eu nunca tive bolsas (ao menos, para uso pessoal), e não sentia nenhum vazio na alma ou qualquer coisa do gênero. Perguntei-me o que Serge pensaria, lá no fundo, sobre a coleção de Lakis, mas eu sabia que não devia perguntar — ele jamais cometeria a indiscrição de fazer algum comentário. Refleti que a discrição era provavelmente o seu estilo de vida agora; mesmo aqui, ele se encontrava a toda hora com os seus clientes. A primeira foi uma francesa, que se aproximou para uma rápida conversa, e depois foi a vez de uma norte-americana. Essas mulheres aparentavam não ser apenas ricas — elas transpiravam dinheiro, com suas joias Van Cleef, bolsas carteiras de crocodilo e trajes de alta-costura. Ao ver a óbvia afeição que sentiam por Serge, eu pude apreciar plenamente a posição única que ele ocupava dentro do círculo das elites. Aquele homem via mais cartões American Express Black em uma semana do que a maioria das pessoas via durante toda a vida. Ele era especialista em bolsas na loja matriz da Hermès; portanto, já tinha encontrado centenas das pessoas mais ricas do planeta, muitas das quais ele podia agora chamar de amigas.

Quando a conta chegou, eu me apressei em tirá-la da mesa e não quis ouvir falar de contribuições por parte de Serge. Ele conseguira a reserva da mesa, afinal. E, para ser honesto, eu queria continuar fingindo ser um consumidor devotado da Hermès, e os consumidores devotados da Hermès costumavam torrar dinheiro. E também eu nunca me incomodei por pagar 800 dólares quando a comida e a bebida eram do calibre da que havíamos acabado de saborear. O vinho, provavelmente, também tornou tudo mais fácil. Era um vinho realmente bom.

Serge e eu nos despedimos, e nos afastamos em direções opostas. Eu não conseguia acreditar que ele tinha de abrir a loja na manhã seguinte. Claro que eu precisava trabalhar também, mas não a partir das oito. Imaginei que às onze horas estaria perfeito. Sem dúvida, era bom determinar os próprios horários, especialmente na manhã seguinte a uma noitada em que duas pessoas dividiram três garrafas de uma bebida alcoólica de alta qualidade. Pobre Serge.

Eu não estava tão bem-disposto quanto o meu normal quando me dirigi para a Hermès no dia seguinte, no entanto, tinha absoluta certeza de que Serge não notaria a minha ressaca através da nuvem da sua própria ressaca. Quando cheguei, ele estava de novo com uma compradora, parecendo um tanto desanimado, mas tentando bravamente esconder o seu estado. Assim que me viu, ele pediu licença à cliente para se afastar por um momento (penso que a minha cotação como consumidor havia melhorado após a noite no restaurante).

— Michael, eu preciso terminar de atendê-la; a compra está quase fechada. Vou pedir para uma das moças lhe servir algo enquanto você espera. Café, ou talvez chá?

Tentei recusar, mas acabei por sucumbir quando ele me revelou que tinham Earl Grey. Voltei para o meu novo assento favorito, junto à escrivaninha, e esperei o chá, como qualquer outro bom comprador de Birkins. Ele chegou rapidamente, sobre uma bandeja de prata e servido em um bule Hermès, da linha Tucano, com uma chávena combinando. Estava ótimo. Decidi que todas as próximas vezes que viesse à loja chegaria em uma hora inconveniente. Antes que eu pudesse ficar entediado, Serge apareceu, me cumprimentando calorosamente. Eu estava num dilema. Precisaria usar a fórmula? Ou poderia meter as caras e começar logo pela Birkin? Resolvi seguir o provérbio: quem não arrisca não petisca. (E, graças a Luc, eu já tinha uma Birkin.)

— Serge, eu preciso de um presente de aniversário para a minha mãe. Na verdade, a minha intenção era comprá-lo no outro dia, quando você me distraiu com aquela bolsa, e também ontem, quando você me distraiu com aquele jantar. — Nessa hora, nós dois caímos na risada. — Eu gostaria muito de dar a ela uma Birkin.

Aguardei com a respiração suspensa (e os dedos cruzados para anular a mentira, pois a minha mãe preferia levar um tiro a gastar uma pequena fortuna em uma bolsa, mas eu não podia dizer que a Birkin era para mim — eu não era um Lakis Cavalas, e Serge sabia disso).

— Deixe-me ir até o depósito para ver se há alguma disponível. Voltarei logo. — Ele disse isso já se dirigindo ao porão das Birkin. Surgiu de volta com uma pilha contendo três caixas, fazendo com que o peru de Natal caminhasse de volta à mesa da ceia. Comprei somente uma; achei que mais de uma seria ganância (e a que levei era uma beleza — uma Birkin de pele de avestruz, 35 cm, na cor *étrusque*, muito cobiçada).

 Serge me deu um beijo em cada bochecha, fizemos as nossas despedidas, e isso foi tudo. Agora, eu tinha duas Birkins e não precisei comprar um único lenço para consegui-las. Nessa viagem, eu havia encontrado não só um "comprador" eficiente como um efusivo vendedor — o que mais um rapaz podia querer? Eu tinha um pressentimento de que, nos meus futuros negócios na Faubourg, a única coisa pela qual precisaria esperar seria o meu chá.

❋ ❋ ❋

21
Charadas Chilenas e *Buenas Birkins*

De volta a Barcelona, a minha primeira providência foi colocar dinheiro na conta bancária, e sem demora — em parte para assegurar que Juan não percebesse toda a extensão dos meus gastos. Eu não sabia se ia conseguir explicar em profundidade a ideologia do "gastar dinheiro para ganhar dinheiro" a um catalão. A cultura dele tendia a ser... hum... frugal. E mais, eu tinha certeza de que Juan ficaria chocado com as enormes quantias com as quais eu lidava. De fato, *era* um tanto assustador ver pela primeira vez uma fatura do AmEx de 50.000 dólares, mas no final a gente acabava se acostumando (especialmente depois que eu soube que recuperaria todo o dinheiro, com lucro). No entanto, eu achava melhor fazer com que Juan se acostumasse aos poucos com essa realidade. Assim, para economizar tempo, ofereci imediatamente ambas as Birkins para Sarah. Ela respondeu dali a uma hora.

De: "Sarah" <DeluxeDivaMe@yahoo.com>
Para: "Michael" <Armoire_Auctions@yahoo.com>

Michael — Fantástico, fico com as duas. Vou fazer a transferência bancária amanhã.
E também, recentemente, consegui uma informação muito interessante que eu gostaria de dividir com você. A minha amiga Shannon é comissária de bordo e uma grande fã da Hermès, e recentemente ela descobriu que é possível comprar Birkins de um modo muito mais fácil na América do Sul. A duas lojas em que ela deu sorte foram as de Buenos Aires e de Santiago. Pode ser uma boa ideia para você.

De: "michael" <armoire_auctions@yahoo.com>
Para: "Sarah" <DeluxeDivaMe@yahoo.com>

Sarah — agradeça a Shannon pela dica. estou navegando agora por sites de empresas aéreas enquanto digito este e-mail. ficamos em contato. mt

Consegui um voo para Buenos Aires, e descobri que, com todas as compras recentes com cartão de crédito, eu ia pagar uma ninharia pelas passagens — as minhas milhagens estavam batendo no teto. Precisava contar a Juan — tudo que ele mais amava era conseguir algo de graça. Reservei uma passagem para dali a duas semanas. Estava ansioso, mas não ansioso o suficiente para deixar de vadiar pelo apartamento durante alguns dias antes de embarcar em um voo transatlântico de quatorze horas. Também não queria perder a oportunidade de ver que tipo de guerra de lances as mercadorias compradas na Artcurial iriam provocar — planejava sentar-me confortavelmente com uma tigela de pipoca no colo e assistir a *esse* espetáculo. Também pensei que poderia fazer uma rápida viagem a Andorra (ainda em operação naquele momento; o machado ainda estava suspenso) e talvez visitar uma das lojas de Barcelona.

Havia menos leilões do que eu esperava se encerrando naquele domingo — mas isso porque as pessoas rapidamente aproveitaram a chance do "Compre agora", que eu considerava mais ambiciosa quanto ao preço. O que foi ótimo. E fiz as minhas pequenas viagens secundárias, obtendo alguns balangandãs Hermès para listar no eBay e mais uma Birkin em Barcelona (a fórmula em ação, de novo). Como planejado, também descansei bastante, e tomando Earl Grey. Assim, quando chegou o dia da viagem, estava relaxado e ansioso para partir. E também entusiasmado para conhecer a América do Sul, já que nunca havia ido além de Cancún na direção sul.

Santiago era o meu primeiro destino. Jamais pensara em visitar o Chile, mas quando cheguei lá me perguntei por que tinha cometido tal omissão. A cidade era animada, maior do que eu esperava e fazia lembrar muito Barcelona. Com menos arranha-céus, claro, mas o mesmo tipo de sensação de "uma cidade pequena disfarçada de metrópole". A Hermès ficava bem perto do hotel Hyatt em que me hospedei; eu estava me tornando um especialista na escolha de hotéis, tendo em vista a sua localização. A loja era de bom tamanho, com enormes vitrines, a exemplo da loja da Faubourg. Porém, mais importante, a fórmula funcionou como um talismã, e eles me trouxeram duas Birkins para que eu escolhesse. Enquanto estava na dúvida sobre qual das duas levaria, tive um momento de inspiração. Uma espécie de nova fórmula.

— Você se importa se eu fizer um telefonema rápido? Só quero perguntar para a minha mãe o que devo fazer, já que na família ela é a grande fã da Hermès.

Então peguei o celular e liguei para a minha própria caixa postal: "Oi, mamãe, estou aqui na loja da Hermès em Santiago... a viagem foi tranquila... sim, já estou aqui... é ótima, eles têm tudo o que você quer, e agora estou olhando para duas Birkins. Sim, eles têm uma *blue jean*, 35 centímetros, e têm uma em dourado. Ah, tudo bem." Nesse momento fiz uma pausa mais longa. "Sim, certo, posso perguntar, espere um pouco." Eu me virei e me dirigi para a vendedora, com a mão sobre o bocal do celular (que estava repetindo *ad infinitum* as minhas mensagens salvas).

— Será que eu podia levar as duas? A minha mãe quer a *blue jean*, mas também gostaria de comprar a dourada para dar de presente para a minha irmã. — Diante dessa minha proposta, a vendedora ficou um pouco hesitante.

— Bem, senhor, Paris realmente não gosta que as lojas vendam duas bolsas para uma mesma pessoa. — Ela fez uma pausa nesse momento, olhando para a minha pilha de mercadorias ao lado da caixa registradora. — Mas penso que, se o senhor pagar uma com cartão de crédito hoje, pode comprar a outra talvez amanhã, em dinheiro vivo. Desse modo, nós não teremos nenhum problema.

— Oh, tudo bem! Entendi perfeitamente. Deixe-me contar para mamãe. Ela ficará feliz. — Encerrei a minha conversa fingida, e final da história. Uma Birkin nas mãos e outra para ser pega na tarde seguinte. *Perfecto*.

Ironicamente, o meu celular tocou logo que saí da loja, e eu estava quase certo de que era a minha mãe; às vezes, ela tinha essas mediunidades assustadoras. Mas, não, era outra das importantes mulheres na minha vida.

— Alô, Michael falando. — Atendi de maneira ríspida, pois me concentrava em evitar a multidão de pedestres que lotava as calçadas escaldantes.

— Oi, estrangeiro. — A voz baixa de Kate respondeu, em um tom muito mais jovial que o meu. Olhei imediatamente em volta, procurando um lugar onde pudesse sentar, então avistei um banco e desabei sobre ele, a salvo e fora do caminho da multidão enlouquecida.

— Kate, oh, meu Deus, é tão bom ouvir a sua voz. Você não vai acreditar quando eu lhe disser onde estou agora. — Eu disse isso olhando para o alvoroço do centro comercial de Santiago, com os carros zunindo pela rua e o som da língua espanhola preenchendo o ar. E, nostalgicamente, visualizei Kate em nossa velha mesa de cozinha, em Ptown, sorvendo o seu café e olhando através da janela os barcos que flutuavam na baía.

— Você sabe que, em relação a você, nada me surpreende, Michael. Então, onde está? Assumo que não esteja em Barcelona! — A voz de Kate estava seca, mas dava para perceber o seu sorriso através da ligação telefônica.

— Não. Estou na América do Sul, em Santiago, no Chile, para ser mais exato. Comprando Birkins.

— Uau, é um voo bem longo para comprar uma bolsa. Não dá para acreditar que você esteja ganhando a vida com essas tralhas da Hermès. É muito engraçado.

Kate e eu falávamos pelo telefone quase todos os meses, e nessas ocasiões a conversa costumava durar pelo menos uma hora. Mas, como ela nunca comprou um computador, ficava difícil explicar-lhe como eram os meus negócios no eBay — especialmente, a parte que esclarecia como aquilo havia se transformado numa bola de neve e se tornado a minha profissão. Embora tivesse lhe contado sobre o meu sucesso com as Birkins, eu achava que ela ainda assumia que era algum tipo de diversão. E, secretamente, eu tinha uma suspeita de que ela achava um tédio tudo aquilo. Ela jamais comprou uma bolsa na vida, preferindo carregar o dinheiro e os documentos diretamente no bolso do casaco. Portanto, papeávamos sobre outras coisas: Juan, algumas das minhas recentes viagens, o novo trabalho de Kate em uma floricultura, as últimas façanhas da antiga turma de Ptown. Já estávamos quase encerrando a conversa quando ela se lembrou da principal razão do telefonema.

— Oh, agora me lembrei, Michael... Na verdade, eu lhe telefonei para dizer que Ward ligou para mim ontem, pedindo o novo número do seu celular. Eu passei para ele o número, espero que não haja nenhum problema. — Aquela notícia foi como uma rajada de vento vinda do passado, pois Ward quase tinha sido o meu parceiro de negócios, quem havia planejado fazer com que eu me estabelecesse como o intermediário das joias em Barcelona, e depois desistido da ideia. Não restaram maus sentimentos entre nós e tínhamos trocado e-mails algumas poucas vezes, mas não nos falávamos havia séculos.

— Claro que não tem nenhum problema. Foi bom ouvir falar dele. Bom, isso está lhe custando uma fortuna... nos falamos logo?

Kate e eu nos despedimos, mas nem bem desliguei o telefone e ele já estava tocando de novo. E, numa incrível coincidência, não era outro senão Ward. No entanto, essa não foi a parte mais estranha do caso, porque aconteceu de Ward ter uma ótima amiga que morava em Santiago, a alguns poucos quarteirões de distância de onde eu estava naquele momento. Era uma jovem chamada Pime, e ele insistiu em ligar para ela para que nos encontrássemos.

Naquela noite fui inesperadamente presenteado com um banquete de comida caseira chilena, cortesia da adorável e hospitaleira Pime, que ficou imediatamente fascinada pelas minhas aventuras com a Hermès. Ela também propôs que nos associássemos no negócio das Birkin: um arranjo semelhante ao que fiz com Luc. Ela disse que poderia comprá-las para mim não só em Santiago, mas também em Buenos Aires, desde que eu me encarregasse dos gastos iniciais com viagens e lhe pagasse uma comissão adequada. Oh, rapaz, uma conexão sul-americana com o "tráfico" de bolsas. O que poderia ser melhor que isso? Apesar de ter sido por acaso, Ward acabou arranjando negócios para mim.

Direto para Buenos Aires, com duas bolsas a reboque. (Eu apanhara a outra naquela manhã, como planejado.) Mas por causa dos malabarismos que tive de fazer com elas ao longo do corredor do avião, resolvi que precisava encontrar um método melhor. Como estava pretendendo atingir a marca de três Birkins, não pretendia me arriscar a provocar a fúria dos comissários de bordo no próximo voo, nem passar pelo check-in com bolsas de mais de 7.000 dólares. Devia haver uma solução. Eu podia despachá-las para o meu apartamento em Barcelona, claro, mas daí elas acabariam atravessando duas vezes o oceano (pois a maioria dos compradores de Birkins era dos Estados Unidos). Também não queria arriscar a possibilidade de não ter ninguém em casa quando elas fossem entregues no meu endereço — afinal, Juan não ficava circulando pela cozinha e tomando chá o dia inteiro, como eu. Assim que sentei no táxi, a caminho do Caesar Park, o meu hotel em Buenos Aires, os critérios para encontrar alguém que servisse como intermediário já estavam bem definidos, apesar de ser um tanto peculiar. Quem eu conhecia que não estava preso a horários de trabalho, que morava nos Estados Unidos, que tinha a minha total confiança para receber milhares de dólares em mercadoria e que fosse amável o suficiente para fazer inúmeras viagens ao escritório da transportadora, com pouca ou nenhuma remuneração em troca de todo esse incômodo?

— Oi, mamãe, é Michael... eu queria lhe pedir um favor... — Comecei.

Felizmente, a minha mãe concordou em me ajudar. Eu pensava que ela acharia tudo aquilo excitante, embora eu não soubesse dizer por quê. A parte das viagens era razoavelmente excitante, sim, mas as bolsas em si tornaram-se uma chateação para mim, tão excitantes quanto devia ser um Big Mac para um franqueado da McDonald's. E mais, tudo o que fizesse mamãe feliz estaria bom para mim, e aquele acerto ia deixar a minha vida toneladas mais leve. As Birkins eram bem mais pesadas do que pareciam, e a cor laranja era chamativa demais para o meu gosto. Claro que o logo da Hermès provocava muitos e inocentes olhos arregalados no balcão do *check-in*, e olhares invejosos nos portões de embarque, no entanto, também atraía alguns olhares especulativos, e eu não estava em condições de contratar os serviços de um guarda-costas. Ainda não.

Buenos Aires era muito maior do que eu havia imaginado, fazendo com que Santiago parecesse uma cidade provinciana. Ela não se parecia com nada que eu pudesse esperar, mas, ao mesmo tempo, era exatamente do jeito que uma cidade sul-americana devia parecer. Possuía uma vibração chique e contemporânea, como Paris, entretanto com o ritmo quente e a personalidade apaixonada da cultura latina. Também adorei a loja da Hermès, tendo em vista que fui capaz de usar a "fórmula" para comprar três bolsas em dois dias. Semelhante à loja de Santiago, eles me fizeram distribuir as compras ao longo dos dias, por causa de uma possível "detecção" por parte da matriz da Hermès. Eu ainda achava muito estranho que uma loja não pudesse vender livremente a mercadoria, do jeito que quisesse e para compradores que desejavam pagar por ela. Eu não entendia por que um escritório central não ficaria feliz pelo fato de as filiais venderem uma mercadoria tão extravagantemente cara, e ponto final. Eu não estava querendo pechinchar no preço, de modo algum.

Era hora de deixar a América do Sul, apesar de eu não estar bem certo se já havia bebido a minha cota de Malbec (o Malbec é um maravilhoso vinho tinto local, que se assemelha ao cruzamento de um excelente *cabernet sauvignon* com os meus amados vinhos catalães da província de Rioja). Eu achava que mesmo que pudesse encontrar o Malbec fora da sua região natal, ele não seria de uma safra *vintage*. Assim como na Espanha, os sul-americanos reservavam todas as suas melhores bebidas para a população nativa. Maldito nacionalismo hedonista. Mas eles pouco se incomodavam com o que eu pensava, por isso, ali estava eu limitado a comprar uma caixa, como todos os turistas. Também liguei para a minha mãe, pedindo que ficasse alerta quanto à chegada das bolsas e, com um adeus, despachei as cinco Birkins pela FedEx. O meu voo de volta para Barcelona foi via Paris, com uma escala de seis horas. Descobri que eles nem sempre nos reservavam os melhores voos quando a nossa passagem era de graça, um fato do qual eu me lembraria repetidamente nos anos seguintes. Mas decidi tirar proveito da situação. Voltar tão cedo à loja da Faubourg estava fora de questão, porém havia as da George-V e do Hilton, então pensei que não custava nada fazer uma tentativa.

No final, acabei tendo de fazer malabarismos com as duas Birkins, ao longo do corredor do avião, além de carregar a sacola com os "ingredientes" que eu usara para *enfeitiçar* as duas bolsas. Eu alcançara um novo recorde — sete Birkins em cinco dias. Não pretendia obter uma menção no *Guinness Book*, mas certamente tinha sido um longo caminho desde o início até ali. O que me fez lembrar de uma coisa: e todas aquelas listas de espera no sul da França — por que ainda não tinha recebido nenhuma resposta? Ah, que tolo, esqueci — levava dois anos para se conseguir uma Birkin, e o meu nome estava naquelas listas havia somente um ano. Enquanto bebericava o meu champanhe francês na primeira classe (pois decidira que sete bolsas = *upgrade*), pensei que afinal aquilo era bom. Quero dizer, todo mundo necessita esperar por algo na vida...

22
Blueberries e Blackberries

Enviei um e-mail arrasador para Sarah no dia seguinte, curioso para saber o que ela diria de uma lista de sete bolsas, detalhadas item por item. Certamente, ela não ia querer as sete. *Ninguém* compra sete Birkins de uma só vez. A sua resposta ao meu e-mail foi curta e meiga.

>De: "Sarah" <DeluxeDivaMe@yahoo.com>
>Para: "Michael" <Armoire_Auctions@yahoo.com>
>
>Michael,
>Penso que a gente devia conversar pelo telefone... Você prefere ligar para mim ou me enviar o seu número para eu ligar para você? Você decide.

>De: "Michael" <armoire_auctions@yahoo.com>
>Para: "Sarah" <DeluxeDivaMe@yahoo.com>
>
>Sarah,
>tudo bem, vou dar o meu número para você, se não se incomoda.

como a espanha tem um monopólio telefônico, custa um absurdo ligar daqui. meu número é xxx-xxx-xxxx. nos falamos logo. mt

Imaginei, então, que os sentimentos de Sarah em relação aos telefonemas eram diferentes dos de Grace. Essa não era a única diferença entre elas, como eu ia descobrir logo. O telefone tocou menos de cinco minutos depois de eu ter mandado o número.

— Alô, aqui é o Michael. — Eu queria deixar Sarah à vontade. As pessoas se comportam de maneira estranha diante de ligações internacionais; sempre acham que se atrapalharam com o número de alguma maneira.

— Michael, oi, é Sarah.

— Oi, Sarah, é ótimo ouvir finalmente a sua voz. — Mal as palavras tinham saído da minha boca e ela já disparava um jato contínuo.

— Sim, é ótimo falar com você... Michael; que merda você fez para conseguir essas sete Birkins? Eu sabia que você foi para a América do Sul, mas sete? Essa é uma puta de uma façanha. Me desculpe, eu sei que sou a maior boca suja, mas não dá para acreditar que você conseguiu sete bolsas, porra!

A voz dela soava rouca, porém jovem, e com um toque de alta classe espreitando por baixo da casca grossa. Imaginei uma bonita trintona, sentada languidamente ao lado de uma piscina, fumando um cigarro e esperando impacientemente que o entardecer chegasse para poder tomar o seu primeiro Martini. O efeito era atraente, e gostei dela de imediato.

— Bom, estive também em Paris... — Disse isso me sentindo estranhamente lisonjeado pela reação dela. Mas não entendi por que alguém sentiria orgulho pela sua habilidade de entrar numa loja e comprar uma bolsa; bem, penso que essa era outra história, para ser contada outro dia.

— Sim, claro... mas sete bolsas é uma puta façanha, isso sem contar que duas delas são de croco! Isso é um exagero. Por onde você andou, que ainda não tinha aparecido na minha vida?

— Bom, hum, obrigado. Qual, ou quais, você quer?

Duas das bolsas de couro eram repetidas, isto é, por duas vezes eu tinha comprado bolsas iguais às que já conseguira, portanto, o máximo que ela ia *possivelmente* querer era de cinco bolsas.

— Quero cinco. Uma de cada das bolsas diferentes. — Em parte, ela agiu como eu tinha assumido que ia agir. Estava certa, suponho. Mas imagino que eu tenha pensado que gastar mais de 70.000 dólares em bolsas, numa só semana, estivesse fora de questão. Como eu era plebeu!

— Certo, está ótimo. Duas irão daqui e... — Mais uma vez fui apenas até o meio da frase.

— Por que todas elas não vêm daí? E você ainda não me contou como obtém essas bolsas... — Ela riu enquanto falava, mas havia um tom cortante ali, embora fosse amigável.

— Ah, porque a minha mãe está fazendo algumas das remessas em meu lugar, já que arrastar esses pacotes pelos aeroportos é um estorvo. Se eu despachar as bolsas para ela, na Flórida, a vida fica mais fácil. Sarah, eu tenho uma proposta para você... — Fiz então uma pausa dramática.

— Sim, qual? — Eu podia adivinhar pela voz de Sarah que ela não tinha a menor pista sobre o que eu ia dizer.

— Se você me disser o que faz com todas essas bolsas, eu conto como as consigo!

Pelo som da sua gargalhada — ela tinha uma dessas risadas ótimas, que saía com toda força, de quem não dava a mínima para o que os outros pensavam dela —, eu podia dizer que ela não se sentira ofendida.

— Tudo bem, tudo bem... Eu só estava curiosa... Vou deixar que você mantenha os seus negócios em segredo. Desde que você consiga as bolsas, eu não tenho por que reclamar, não é? — Ela continuou, sem esperar pela resposta. — Mas quero pedir um favor. Imagino que você conheça muito bem alguns desses vendedores, como os de Barcelona, certo?

— Sim, bem, os de Barcelona, sem dúvida... — Eu me perguntei aonde ela queria chegar com essa conversa.

— Eles gostam de você? Quero dizer, gostam mesmo? — A voz dela estava insistente de novo. Aquela não era uma mulher que pudesse ser enganada.

— Eu não penso desse modo sobre isso... mas, sim, eles gostam de mim. — Não que eu tivesse feito uma pesquisa sobre o tema, mas acho que eles gostavam. Especialmente depois que eu tinha levado para eles a minha cuca de banana feita em casa, segundo a receita da vovó, no último Natal, no auge da época dos lenços. Ela teve uma ótima aceitação. Eu tinha feito uma cuca de banana espetacular.

— Está bem, eu quero ardorosamente uma bolsa, mas o problema é que ela não existe.

— Isso vai ser difícil, mesmo que eles gostem muito de mim, Sarah. — Eu não estava entendendo qual era a dela. Mas, de novo, ouvi aquela sua gargalhada.

— Você é inacreditável, meu Deus, muito engraçado. Você tem razão, Michael, mas o que quero saber é quanto dinheiro você gastou lá? Uma montanha, imagino? — Essa era uma boa pergunta. Eu não fazia a menor ideia, mas devia chegar a algumas dezenas de milhares de dólares. Deduzi que isso equivalia provavelmente a uma montanha.

— Sim, um monte de dinheiro, acho.

— Está bem, então eles não vão querer dizer "não" para você? Certo? — Outra pergunta, mas essa eu sabia como responder.

— Não, acho que não.

Eu já tinha ouvido falar das encomendas de bolsas personalizadas, mas sem despertar em mim um grande interesse pelo assunto. Eu podia comprar uma bolsa amanhã, por que me preocuparia em encomendá-la? Isso também me parecia algo que chamaria desnecessariamente a atenção das "autoridades". A última coisa de que eu precisava era a exposição do meu nome no escritório central. Mas Sarah era, bom, Sarah era Sarah, e estava gastando aquela proverbial montanha junto comigo. Portanto, em vez de explicar como era impossível aquela ideia, decidi encarar o pedido dela como um passo em uma nova direção — compra personalizada. Não daria para fazer isso sempre, claro, mas valia a pena tentar e deixar Sarah feliz. (Com o tempo, acabei tomando mais coragem para fazer as encomendas — mas, no geral, a demora era tanta, que tornava o negócio pouco atraente.)

— *Acha* que não? Michael, eles não vão fazer uma cagada dessas com um dos seus melhores clientes. Eu acho realmente que você consegue fazer isso, e sei que só vou ter a bolsa se for por encomenda. E sei que não adianta eu querer encomendar na loja daqui porque eles têm que conhecer o cliente, e conhecer muito bem, e eu só compro as minhas bolsas de você... Por isso, a questão é: existe uma tonalidade *perfeita* de rosa e eu *preciso* ter uma Birkin nessa cor.

— Bem, eu já vi bolsas cor-de-rosa... — Não entendi por que eu disse isso.

— Michael, não fale merda, você viu, mas não nessa porra dessa cor rosa, acredite em mim, não na cor que eu quero. Acessei hoje a Wikipedia e encontrei na página "Rose (color)" a cor que eu quero, só que não sabia qual era o nome. Agora sei, e o nome é *French Rose*. Rosa francês, não é um puta de um nome perfeito? E é exatamente o rosa que eu quero, viu? E de crocodilo, como você já sabe, claro.

Isso era verdade. Eu sabia que ela sempre preferia as bolsas de crocodilo, embora acabasse "se conformando" com as de couro. Eu também preferia as de crocodilo, já que o meu lucro era geralmente proporcional ao valor da bolsa. Era a mesma grande diferença que existia entre vender lenços e vender Birkins — eu ganharia muito mais dinheiro em troca do meu esforço se conseguisse uma bolsa croco em vez de uma bolsa de couro comum. Por isso, naquele momento, eu estava tentando imaginar uma maneira de obter bolsas de crocodilo com mais frequência. Ei, se você não fizer o seu negócio prosperar, pode assumir que ele vai à falência!

— Certo, Sarah, vamos ver o que posso fazer. Vou pegar as informações sobre a cor e daí o caso é com o vendedor, imagino. Mas não custa nada perguntar. — Eu não estava fazendo nenhuma promessa.

— Por favor, por favor, por favor! Eu realmente quero a porra dessa bolsa, seria o máximo ter uma Birkin exclusiva. Eu tenho um vestido arrasador nessa tonalidade e posso usar com uma Birkin preta, mas fica tão comunzinho. Com uma bolsa da mesma cor, vai ficar incrível. Eu adoraria que você conseguisse essa bolsa para mim. Eu sei que pode demorar uma puta eternidade, um maldito ano ou mais, mas as coisas boas vêm para aqueles que sabem esperar, certo?

Sim, como a oportunidade que eu esperava para poder falar. Sarah era hilária. Eu ia dar o melhor de mim para obter a sua Birkin. Ver a reação dela ao receber a bolsa, já valeria a pena o esforço.

— Está bem, prometo dar o melhor de mim mesmo. — Enfim, tinha encontrado algo que podia prometer. — Então vou providenciar, mas você quer as outras, não é? Posso enviar? E o dinheiro, quando você estima mandar para que eu possa despachar as bolsas?

Coitada da minha mãe. Olha só como tudo isso é excitante, né, mamãe? Sim, os escritórios da FedEx são fascinantes, pode ter certeza.

— Claro, claro, vou cuidar do pagamento hoje mesmo, mais tarde. E me avise assim que você souber que pode encomendar a bolsa. E, Michael, mais uma última coisa!

— Sim? — Eu esperava que ela pudesse ouvir o sorriso na minha voz.

— Não importa como você consegue a porra dessas bolsas, desde que elas continuem chegando até mim! — E, com isso, ela desligou, ainda rindo.

Eu devia saber que a última palavra não seria minha. E eu tinha concordado com o quê? Encomendar uma bolsa em uma cor que a Hermès nunca havia fabricado? Hora de apelar novamente para a receita da vovó — talvez eu pudesse levar alguns *muffins* também. De *blueberry* — com *blueberries* frescos. Não dava para acreditar que eu usaria cucas e bolinhos a fim de subornar um vendedor da Hermès para que pudesse encomendar uma bolsa que custaria mais do que um carro. Decidi que a semana seguinte seria um bom momento para lidar com tudo aquilo. Eu tinha outros negócios para cuidar — além disso, as bananas precisavam de uma semana para amadurecer.

Enviei um e-mail para as minhas outras "clientes" que talvez estivessem interessadas nas duas bolsas restantes. Havia muitas delas que eu podia considerar o "pessoal das Birkins". Essas mulheres não compravam bolsas no mesmo ritmo da Sarah, mas já tinham comprado de mim uma Birkin (ou mais). Achei uma boa ideia começar a manter uma lista de quem queria qual cor, de modo que eu pudesse comprar a cor preferida pela clientela sempre que surgisse uma oportunidade nas lojas. Mas eu estava percebendo que essas bolsas não eram destinadas a ter uma longa vida nas prateleiras, não importava o "sabor" que tivessem. E, de novo, menos de dois dias depois, lá estava eu sem Birkins.

Como da última vez, perambulei pelo apartamento durante algum tempo, mas agora, quando estava em casa, eu me sentia como se estivesse na estrada. E, quando estava na estrada, a minha preocupação era monitorar os leilões e responder aos e-mails, isso sem mencionar Juan. (As contas do meu celular estavam batendo no teto novamente.) Eu ainda mantinha uma atividade suplementar bastante regular, com os lenços e as miscelâneas da Hermès, e qualquer e-mail que deixasse de responder poderia resultar imediatamente em *feedback* negativo (o pior pesadelo de um PowerSeller do eBay). Eu possuía um *notebook*, mas havia ocasiões em que não era possível sacar da mochila um computador: "Ei, você pode afastar por um segundo o saleiro e o pimenteiro? Fique também com o copo de vinho na mão; não quero que os fios se enrosquem nele..." Decidi que chegara a hora de subir para o próximo nível — decida-se e vá em frente — e comprar um BlackBerry. Eu havia declarado para todo mundo que eu odiava esses aparelhos ("Quem precisa estar *tão* disponível o tempo todo?"), mas era mentira. Eu queria um. Gostava de brinquedos novos. E, também, as bananas estavam maduras, por isso pensei que chegara o dia de me dirigir à loja da Hermès e testar a minha sorte ao encomendar aquela bolsa. Desde assar *muffins* até dominar a tecnologia de ponta — eu estava percebendo rapidamente que, se quisesse ser o "It-boy" da "It-bag", com certeza teria de ser infernalmente versátil.

❖ ❖ ❖

23
Um Catálogo de Reserva

Consegui encomendar aquela bolsa rosa para Sarah ("Sem problema, Sr. Tonello") e desfrutei o tempo necessário de inatividade em casa, assim sendo, estava pronto para pegar a estrada novamente. O meu trabalho era lucrativo, sim, mas também envolvia uma grande quantidade de despesas, e eu só veria novamente uma parte desse dinheiro quando já tivesse praticamente esquecido dele. Também era possível que eu fosse conhecido em certas ocasiões como um pouquinho autoindulgente em relação à comida/bebida/roupas/hospedagem... E por mais que Juan gostasse de me ver ao seu lado, ele sabia que eu não trabalhava de fato enquanto estivesse em casa. E mais, como ele não tinha aprovado a compra do BlackBerry, achei que era melhor começar a usá-lo o quanto antes.

Resolvi que queria desbravar novas terras em termos de lojas — sangue novo quanto a Birkins (por assim dizer). Decidi por um roteiro através da Alemanha, um lugar em que não estive mais desde a viagem que fiz com os meus pais no ano da queda do Muro de Berlim. E sem ter qualquer motivo em particular, decidi passar também por Luxemburgo e pela Bélgica. Sempre gostei de ver como

Luxemburgo era mostrado nos mapas — um país tão pequeno e com um nome tão grande me parecia algo ousado; e Bruxelas estava a uma distância tão ridiculamente pequena, que não custava nada ir até lá também. Se alugasse um carro e alcançasse uma nova loja da Hermès a cada dia, *à la* sul da França, o meu potencial seria de lançar a rede sobre seis Birkins. Portanto, Nuremberg primeiro, depois Frankfurt, depois Hamburgo e daí Colônia. Depois para a cidade de Luxemburgo (o mesmo nome do país, e não muito menor que o próprio) e Bruxelas. Caramba. A MTV podia fazer um *reality show* baseado na minha "Brigada Birkin" de um homem só, como o *Road Rules*, dos anos 90, com viagens/aventuras/prêmios.

Eu ainda comprava os lenços que constavam nas listas de desejos da minha clientela, embora fosse crescente a quantidade de lojas com os estoques vazios, graças a mim. Fazia um bom tempo que eu tinha comprado todos os lenços de valor nas lojas de Barcelona, e agora as lojas do sul da França também estavam ficando com seus depósitos um tanto deficitários. Para eu poder lucrar com um lenço, ele tinha de ser de um modelo antigo e raro, e esses lenços não costumavam se materializar magicamente nas lojas que já tinham sido limpas por mim. (A Hermès reservava *esse* tipo de truque para as suas bolsas.) Portanto, acabei ramificando os meus negócios. Agora vendia xales, Ulysses (os cadernos de anotações), joias, qualquer coisa que estivesse disponível, qualquer coisa que me fizesse atingir a marca mágica dos 1.000 dólares que necessitava para assegurar a tentativa de compra de uma Birkin. Eu não costumava lucrar com os outros bricabraques, mas geralmente dava para recuperar o investimento. Quanto aos Ulysses e aos braceletes *chaîne d'ancre* (como o que eu possuía), eu sempre conseguia vendê-los em questão de minutos, por isso eram os meus preferidos. No entanto, eu tinha esperanças de descobrir alguns baús de tesouros cheios de lenços de seda, pois as lojas que eu ia visitar ainda não haviam desempenhado o seu papel como "fontes de listas de desejos".

Nuremberg era um local muito atraente, com antigos castelos surgindo ao redor do perímetro fortificado do centro da cidade. Também havia a quantidade indispensável de igrejas góticas, com o acréscimo das charmosas ruas pavimentadas com pedras. E não tive qualquer problema em conseguir uma bolsa, o que sempre fazia com que eu enxergasse a cidade sob uma perspectiva favorável.

Frankfurt era mais uma cidade industrial, e menos um destino turístico, entretanto, só posso dar recomendações elogiosas sobre a loja de lá. Duas lojas, duas bolsas. Porém, ambas de couro, o que não era o ideal.

Por isso, quando me aproximei da entrada da terceira loja, agora em Hamburgo, fiquei encantado ao ver uma *Hermès rouge*: uma Birkin vermelha, 35 cm, de crocodilo. Mas, assim que cheguei mais perto, pude ver que ao lado da bolsa havia uma pequena placa de metal cor marfim, exibindo um aviso com uma palavra impressa em elegantes letras pretas — *RESERVIERT*. Mas agora, que diabos significava aquilo? Como eles podiam esperar que alguém acreditasse naquela história: havia uma lista de espera de dois anos por essas bolsas, e a lista estava sempre aumentando, mas, quando finalmente a bolsa chegava, o comprador simplesmente deixava-a em exposição durante um tempo, com um aviso ao lado que dizia RESERVADA. Isso era completamente sem sentido. E, em todo caso, por que a Hermès deixaria uma bolsa de 30.000 dólares empoeirando em sua vitrine? Não seria mais provável um cenário do tipo "veja essa bolsa: entre e compre-a agora"? Será que eles também tinham algum tipo de venda para entrega só depois do pagamento final, e eu não sabia disso? Dava até para imaginar a *seguinte* conversa: "Ah, sim, a Birkin de croco, certo, ótimo. Mas eu tenho somente metade do dinheiro agora — tive de fazer reparos no meu iate nesta semana, você sabe como é isso... mas não venda a bolsa, ponha-a simplesmente na vitrine, com um aviso de RESERVADA ou algo do tipo. Mandarei o meu chofer com a outra metade do pagamento no próximo domingo, o mais tardar...

Ótimo, ótimo. Vocês são o máximo." Que droga era aquela? Eu não acreditava naquilo nem por um segundo. Sabia que a Birkin estava à venda, só que para a pessoa certa — ou seja, eu. Quase dei um tapinha no vidro e murmurei para ela palavras carinhosas, como a um bichinho de estimação que eu fosse comprar em um *pet shop* — "Não se preocupe, queridinha, hoje você vai para casa comigo."

A vendedora da loja já era uma senhora, e isso ajudou ainda mais a encorajar a minha autoconfiança. Ter uma mulher mais velha e agradável dirigindo o espetáculo é o melhor dentre os possíveis mundos Birkinianos. Com esse tipo de vendedora, eu nem preciso pensar conscientemente em usar a fórmula — basta fazer um truque simples de mágica. Eu me aproximei da prateleira onde os lenços estavam caprichosamente arrumados, um em cima do outro, com apenas um pedaço da estampa e das cores aparecendo, e identifiquei vários deles pelo nome, de uma maneira bem casual. Bastava dizer "Ah, Brides de Gala, tenho certeza que ainda vende bem, como sempre" e "Oh, vocês têm um Pierres d'Orient, é um dos meus favoritos", e uma mulher como essa entraria em êxtase, tão orgulhosa dos meus conhecimentos sobre os lenços Hermès como devia se sentir sobre as pinturas a dedo feitas pelos seus netinhos. A única questão talvez fosse a barreira da língua, mas Hannah (esse era o seu nome) falava um inglês excelente; portanto, sem problemas. Separei uns poucos lenços e alguns Ulysses, e então decidi que precisava aumentar o valor da aposta para a bolsa croco com o aviso de RESERVADA. Selecionei um *chaîne d'ancre* também, de modo a completar quase 3.000 dólares em mercadorias. Então era chegada a hora.

— Hannah, está ótimo, minha mãe vai ficar muito feliz. E aquela maravilhosa bolsa vermelha na vitrine... é de crocodilo, não? É exatamente o que minha mãe estava procurando, portanto está perfeito e podemos fechar a compra.

— Senhor, aquela bolsa está reservada. O senhor não reparou na placa de aviso? — Hannah pareceu ter sido pega de surpresa.

— Não, não reparei... Oh, não... mas foi ela que chamou a minha atenção e me fez entrar na loja. Você sabe para quem está reservada? Ou por quanto tempo? — Eu me perguntei como funcionaria essa parte, já que essa história de reserva era novidade.

— Bom, deixe-me perguntar ao meu gerente, talvez ele tenha mais informações... — Ela correu até a sala dos fundos. Voltou quase imediatamente, parecendo desapontada. — Senhor, sinto muito, mas a bolsa está reservada, como diz o aviso. As minhas mãos estão atadas.

Não tive necessidade de pensar duas vezes sobre o que fazer; com certeza, não ia gastar 3.000 dólares e acabar ficando sem uma Birkin.

— Hannah, vou telefonar para minha mãe... ver o que ela quer que eu faça. Espere só um segundo. — Liguei para a minha caixa postal e me afastei, para que não precisasse simular demais uma conversa. Alguns minutos mais tarde, ao encerrar o "telefonema", voltei para perto dela.

— Bom, ela disse que quer mesmo uma Birkin. Como vou para Paris daqui a poucos dias, prefiro comprar tudo de uma só vez lá...
— Tentei fazer uma jogada de pôquer. Eu precisava arriscar que Hannah não ia querer perder essa venda por nada neste mundo.
— Portanto, muito obrigado, fui muito bem atendido. Você me ajudou bastante.

Comecei a me dirigir para a saída. Já ia abrindo a porta, com o coração afundado no peito, quando senti uma mão pousar gentilmente sobre o meu ombro.

— Espere, espere um segundo... Talvez haja uma solução... Deixe-me falar de novo com o meu gerente. — Ela suplicou.

— Bem, se a bolsa está reservada, não sei o que o seu gerente pode fazer... — Deixei que a minha voz fosse morrendo aos poucos. Calculei que se eu passasse devagar a bola para Hannah, ela se encarregaria de dar o chute a gol.

— Vou falar novamente com ele, talvez possamos telefonar para o comprador... — Acertei em cheio o passe!

— Certo, se você acha que existe uma chance, eu adoraria poder fazer todas as minhas compras aqui, especialmente depois de ter sido tão bem atendido. — Isso pelo menos era verdade. Hannah desapareceu e depois retornou com um largo sorriso estampado no rosto.

— Senhor, meu gerente ligou para a compradora, que disse ter mudado de ideia. O senhor a quer, então? — Ela estava obviamente feliz por ter salvado a sua venda.

— Sim, sim, isso é maravilhoso. — E era mesmo. Bola na rede.

Nos anos seguintes, ataquei os avisos de RESERVADA em um ritmo regular. Quando acabavam me vendendo a Birkin "reservada", como faziam em 90% das vezes, davam as mais variadas explicações. Havia a desculpa da "reserva cancelada", como em Hamburgo. Às vezes, declaravam que tentaram falar com o comprador, mas duas semanas já tinham se passado e nada de resposta, portanto, venderiam a bolsa para mim. Com frequência, o vendedor me mostrava a bolsa "reservada", agindo como se ela estivesse à venda e, quando eu mostrava que estava realmente interessado em comprá-la, ele entrava em pânico e se atrapalhava todo, correndo até o gerente para ver qual seria o próximo passo. Eu nunca acreditei que essas bolsas estivessem aguardando alguém vir retirá-las, mesmo nas raras ocasiões em que decidiam não vender para mim. Normalmente, quando isso acontecia, a explicação era que o gerente não estava na loja, por isso eu deveria voltar depois. Nessa parte eu acreditava, pois achava que, visando o seu próprio interesse, o vendedor jamais diria ao seu gerente que havia desistido de uma venda a.B. (antes da Birkin) no valor de 3.000 dólares, a fim de honrar um aviso de RESERVADA para um cliente imaginário. Isso porque, quando me recusavam vender uma bolsa, obviamente eu não comprava mais nada naquela loja. Era como na compra de um carro — a gente não pode ter medo de ir embora. Na maioria das vezes, o vendedor me parava antes que eu saísse da loja, como em Hamburgo; mas, em duas ocasiões memoráveis, fui "caçado" pelos meus vendedores no meio da rua para me dizerem que tinham conseguido dar um jeito de me ceder a bolsa. Por fim, percebi que os avisos de RESERVADA *eram* verdadeiros — as Birkins com a plaquinha ao lado estavam reservadas para a próxima pessoa que entrasse na loja e gastasse alguns milhares de dólares com outros artigos Hermès, que não fossem Birkins. Em outras palavras, um aviso de RESERVADA ao lado de uma bolsa croco em uma vitrine me dizia o seguinte: (a) eles tinham realmente uma Birkin e (b) eu precisava acrescentar mais uns milhares de dólares à fórmula para assegurar que eles iriam ceder e me vender a bolsa. Uma pista visual — muito conveniente quando a gente pensava seriamente sobre isso. Eliminava uma série de incertezas.

Colônia e Luxemburgo foram experiências "normais" com a Hermès; fiz a minha mágica e obtive uma Birkin de couro em cada cidade. Descobri por que Luxemburgo era tão pouco modesto em relação ao seu nome que não cabia no mapa — a capital, com o mesmo nome do país, era bem suprida de dinheiro. A quatro primeiras letras — *luxe* — também não eram mera coincidência. Para todos os lados que eu olhava havia gigantescos bancos de investimento atrás de portas de aço e butiques sofisticadas, e juro que, de cada cinco automóveis, pelo menos um era um Bentley ou um antigo Rolls-Royce.

Depois, direto para a Bélgica, onde descobri uma espécie de mina de ouro (apesar de não ser a mina de crocodilos de ouro que eu esperava). No início, as coisas não andaram tão bem na Hermès de Bruxelas. Isso porque a primeira pessoa que me atendeu foi uma jovem que ficou completamente confusa com o meu pedido de lenços. Ela chamou outra vendedora, uma criatura com uma aparência desagradável que só deixou de mostrar uma atitude sarcástica quando revelei os meus conhecimentos "especializados" sobre os lenços. Ela se tornou mais receptiva depois que perguntei sobre alguns modelos mais raros, e então me pediu para aguardar. Retornou do sótão, ou de onde quer que tenha ido, trazendo um baú de tesouro com grande poder de persuasão: antigos modelos que eu desistira de procurar, até mesmo uns que estavam nas listas de desejos, mas dos quais eu nunca tinha ido ao encalço. Separei dez deles, rapidamente entrando no território onde era merecedor de uma Birkin. E mais, esses lenços acrescentavam um pequeno extra aos meus resultados financeiros — essas belezuras renderiam um bom dinheiro nos leilões. Sucesso em todas as frentes.

Retornei ao hotel depois de um jantar mais cedo que o normal, confortavelmente satisfeito com a especialidade belga — mexilhões e *pommes frites* —, e feliz por começar a viagem de volta a Barcelona no dia seguinte. Cheguei o BlackBerry durante a subida de elevador e li um e-mail que me deixou um pouco desanimado. Era de Pime, que estava "a meu serviço" em Buenos Aires naquela semana. Ela tinha reservado também a quinta-feira, de modo que pudesse aproveitar ao máximo a sua estadia na cidade.

De: "Pime" <PimeX123@yahoo.com>
Para: "Michael" <Armoire_Auctions@yahoo.com>

Michael, não acho que eu possa conseguir Birkins como você. Fui até a Hermès de Buenos Aires na tarde de ontem e havia uma mulher que era tão mal-humorada, e feia também... que ódio, não, não é ódio, mas não gostei dela nem um pouco e ela disse que nada de Birkins, nem me deixou falar e tentar a fórmula. Voltei hoje de manhã e ela não estava lá, mas a moça que me atendeu não conhecia os lenços da lista de desejos e eu fiquei sem voz, como se tivesse fazendo tudo errado... e nada de birkins novamente. Por isso, vou devolver para você o valor da passagem e me desculpe. Pime

Oh, não. Isso não era nada bom. Segui pelo corredor até o meu quarto, com o BlackBerry pendendo frouxamente da mão. A América do Sul era um oceano de Birkins à espera de serem pescadas, por isso eu sabia que Pime ia consegui-las; ela precisava apenas de prática. No dia seguinte era sábado, a última oportunidade dela (e minha) na semana, já que as lojas da Hermès fechavam aos domingos. Eu precisava explicar-lhe as manhas do negócio; por exemplo, hoje aquela vendedora tinha me detestado no início, mas, no final, estava comendo na palma da minha mão. Porém, não seria nada fácil demonstrar exatamente qual era a minha técnica, estando Pime a milhares de quilômetros de distância. Eu gostaria de ter algum tipo de manual da Hermès para lhe enviar... Ei, espere um minuto, e se eu preparasse um? Eu não tinha nada para fazer naquela noite, a não ser descansar — já jantara. O manual ia encorajá-la — e eu não precisava me esforçar para deixar o material engraçado, ele já era engraçado por si mesmo. Pensei nos "tipos" com os quais tive de lidar nas lojas e decidi que podia oferecer a ela um resumo sobre eles, já que essa era a parte principal. Como todo bom vendedor sabe, é preciso adaptar a abordagem ao cliente, pois cada caso é um caso. Claro que, tecnicamente, nós estávamos comprando, e não vendendo, mas o princípio permanecia o mesmo.

Portanto, naquela noite, me sentei no meu quarto, bebericando vinho, e digitei aquilo que mais tarde chamei de "Catálogo de Empregados da Hermès". Cheguei até a formatá-lo para parecer mais real, com marcadores e tudo o mais. (E a partir de então, sempre que eu conseguia um novo comprador, o que aconteceu umas dez vezes, eu lhe enviava uma cópia do catálogo. Isso também servia para que eu me certificasse de que eles tinham senso de humor.) Um par de horas depois, enviei o e-mail para Pime:

De: "Michael" <armoire_auctions@yahoo.com>
Para: "Pime" <PimeX123@yahoo.com>

Pime, recebi sua mensagem e acho que posso ajudar se vc quiser fazer outra tentativa. alguns dos vendedores da Hermes foram péssimos para mim também (me lembre de contar sobre a loja de marselha). mas o que aprendi é que é preciso usar abordagens diferentes com os diferentes vendedores. mas o que torna as coisas mais fáceis é que existem "tipos" distintos e bem definidos que a gente sempre encontra trabalhando nas lojas. alguns deles são combinações de dois tipos, o que pode complicar um pouco, mas vc vai se virar bem, eu sei que vai. anexei um arquivo que preparei para vc, ele vai dar uma ideia geral dos tipos. e NÃO se preocupe com a passagem de avião, ela fica por minha conta; vc tentou, não importa o resultado!

mt

p.s. vc negociou com uma sitiante na quinta e depois com uma ingênua hoje... se voltar até a loja, procure uma avó ☺

veja anexo.

CATÁLOGO DOS EMPREGADOS DA HERMÈS
O Romântico Incurável

. **GÊNERO:** masculino

. **PREFERÊNCIA SEXUAL:** esquisita como uma cédula de três dólares

. **IDADE:** 21-60

. **CABELO:** estilo Vidal Sassoon

. **DENTES:** como faixas brancas reflexivas de uma autoestrada

. **LEMA:** "Aparência é tudo"

. **PORCENTAGEM NO CATIVEIRO DA HERMÈS:** 10-15%

. **PROBABILIDADE DE COMPRAR BIRKINS:** quase 100%

. **EMPREGO ANTERIOR:** Gucci

. **FATOS PERTINENTES:** externamente, esse funcionário finge gostar do seu emprego, mas na realidade está apenas esperando encontrar o Cara Certo (um cavaleiro vestindo uma jaqueta de aviador Hermès, de crocodilo) e ser salvo para sempre da servidão de ser um vendedor

. **ABORDAGEM MASCULINA:** paquere-o, mas sem beijinhos de longe, e crie a falsa impressão de um potencial encontro. Mostre agenda com capa brilhante de crocodilo (mais sutil que o brilhante cartão AmEx Black) logo que ele atender você, para ativar os seus instintos inatos para escavar ouro. Em caso de desespero extremo (seu, e não dele), seduza-o com a promessa de um Martini depois do trabalho no Grand Hotel local

. **ABORDAGEM FEMININA:** também paquere um pouco, mas procure elogiar o esmerado senso de estilo dele, e converse sobre algum gato que esteja na loja. Também insinue que você tem um primo rico e gay que pode apresentar para ele.

A Sitiante

. **GÊNERO:** feminino

. **PREFERÊNCIA SEXUAL:** o quê? Você está brincando?

. **IDADE:** 50-70 (mas age como alguém de 90 anos)

. **CABELO:** grisalho, com faixas amarelo-xixi-de-galinha

. **DENTES:** possivelmente

. **LEMA:** "Você nunca verá uma Birkin na vida"

. **PORCENTAGEM NO CATIVEIRO DA HERMÈS:** 5-10%

. **PROBABILIDADE DE COMPRAR BIRKINS:** *veja* o Lema

. **EMPREGO ANTERIOR:** capataz em fábrica de processamento de carne

. **FATOS PERTINENTES:** essa mulher nasceu numa família de sitiantes do interior, e foi criada com uma dieta de leite condensado e de produtos derivados do gado. Ela odeia dinheiro e qualquer pessoa que o tenha. A ideia de uma bolsa que custa mais do que o carro dela desperta em sua alma não só aversão como também confusão. Não dá para imaginar por que ela é inevitavelmente a gerente da loja; talvez por conta de algum estranho programa de liberdade vigiada dos anos 50

. **ABORDAGEM:** evite-a a qualquer preço, devido ao potencial de pegar várias doenças relacionadas às atividades agropecuárias. Se a interação for inevitável, elogie os botões de pérolas falsas da sua blusa. Previna-se contra a rejeição, que vem acompanhada de um bafo insuportável de mau hálito.

A Avó

. **GÊNERO:** feminino

. **PREFERÊNCIA SEXUAL:** não mais

. **IDADE:** mais de 60

. **CABELO:** fosco, grisalho ou branco, com coque

. **DENTES:** sim

. **LEMA:** "*Você é adorável!*"

. **PORCENTAGEM NO CATIVEIRO DA HERMÈS:** 15-20% (mas a tendência é de alta)

. **PROBABILIDADE DE COMPRAR BIRKINS:** muito alta

. **EMPREGO ANTERIOR:** mãe e avó, confeiteira, beijoqueira

. **FATOS PERTINENTES:** essa mulher não precisa do emprego. Como o seu marido morreu recentemente, ela gosta de sair de casa e ser paga para se divertir o dia todo com coisas bonitas. Odeia secretamente a Sitiante, embora nunca verbalize esses sentimentos, mesmo quando fala sozinha. Depois de muitos anos ainda não percebeu que o Romântico Incurável é gay e continua tentando arranjar um encontro entre ele e a sua neta e/ou sobrinha

. **ABORDAGEM:** aborde-a sem medo. Durante uma hora imagine que essa senhora é a sua avó. Acredite, é muito bom!

O(a) Fascista

. **GÊNERO:** ambos

. **PREFERÊNCIA SEXUAL:** sobrepujada pela ambição profissional

. **IDADE:** 25-60

. **CABELO:** severo

. **DENTES:** sempre rangendo

. **LEMA:** "Recorrer ao Manual do Funcionário"

. **PORCENTAGEM NO CATIVEIRO DA HERMÈS:** 30-45%

. **PROBABILIDADE DE COMPRAR BIRKINS:** extremamente alta se você seguir à risca "a fórmula"

. **EMPREGO ANTERIOR:** guarda de segurança em shopping center ou chefe de disciplina em escola

. **FATOS PERTINENTES:** determinado a se tornar gerente da loja. Implacável e segue inteiramente o manual. Detesta a Sitiante, mas almeja secretamente a posição dela. Intimida a Avó e ignora o Romântico Incurável. Mentiroso patológico, motivado pela ascensão profissional. Reconhecível pelo brilho de desespero em seus olhos

ABORDAGEM: tenha cautela... esse é o empregado que faz perpetuar a necessidade da "fórmula". Os dólares são importantes! Já que esse vendedor não conhece porcaria nenhuma sobre a história da Hermès ou dos artigos das coleções anteriores (lembre-se, ele só se importa com $$$), use o seu conhecimento para o impressionar/desarmar e parta para o ataque da Birkin de croco. Se algo der errado, mantenha-se calmo e ele vai desabar como os fascistas nos tribunais de Nuremberg.

A Ingênua

. **GÊNERO:** feminino

. **PREFERÊNCIA SEXUAL:** indiferente, desde que tenha dinheiro

. **IDADE:** 20-25

. **CABELO:** brilhante

. **DENTES:** perfeitos e emoldurados por lábios realçados com Botox

. **LEMA:** "Deixe-me perguntar"

. **PORCENTAGEM NO CATIVEIRO DA HERMÈS:** 15-20%

. **PROBABILIDADE DE COMPRAR BIRKINS:** o que é uma Birkin?

. **EMPREGO ANTERIOR:** baladeira

. **FATOS PERTINENTES:** apesar de querer, essa funcionária tem tudo, menos eficiência. Parece ter sido contratada ontem e ainda tem de passar por todo tipo de treinamento formal. Rápida em pedir ajuda tanto para o Romântico Incurável, como para a Sitiante, o(a) Fascista ou a Avó... mas reze para que não acabe sendo para a Sitiante!

. **ABORDAGEM:** pergunte imediatamente se a Avó está trabalhando hoje.

Recebi a resposta do e-mail na manhã seguinte, logo antes de pegar o avião de volta para casa.

De: "Pime" <PimeXl23@yahoo.com>
Para: "Michael" <Armoire_Auctions@yahoo.com>

Michael,

Chorei de tanto rir... preciso tentar de novo a compra de uma bolsa. Você é tão engraçado e gentil por tentar me ensinar e me encorajar... então vou de novo, e adivinhe?; vou pegar uma avó dessa vez, e uma Birkin. Me diga para onde mandá-la, e todo o resto. Pime

Não pude deixar de sentir orgulho de mim mesmo por conta desse e-mail. Depois do meu Curso Online de Birkins, Pime estava pronta para tudo que a Hermès pudesse atirar em cima dela. Bem, exceto talvez uma Sitiante ou um(a) Fascista com uma bolsa croco e um aviso de RESERVADA... a isso, ninguém conseguia sobreviver.

24
Ienes por uma Hermès

QUATRO OU CINCO MESES DE LOUCURA passaram voando — com muito chá, muitas espiadelas nos leilões do eBay, muitos carimbos no passaporte e muitos mapas de hotéis descansando no assento do passageiro do meu carro alugado. E, naturalmente, com todas as bolsas que tinha conseguido na minha viagem pela Alemanha. Aproveitei para fazer mais um percurso pelo sul da França, e também circulei umas poucas vezes pela Espanha e Portugal; dei um pulo até a Faubourg para visitar Serge e recebi as muitas bolsas obtidas através de Dominique (a minha conexão em Deauville), Pime e Luc. Durante o tempo todo tinha cinquenta ou mais leilões no eBay, com artigos que "financiavam" a compra das Birkins. Encerrava metade deles a cada final de semana, portanto a segunda-feira era agora o dia de despachar as mercadorias. Eu acessava a minha caixa de entrada o tempo todo, lendo/respondendo e enviando/recebendo e-mails sem parar. Apreciava as novidades de Sarah, amigáveis e cheias de obscenidades, e as mensagens de Grace, com informações quentes sobre a Hermès, que chegavam aninhadas no meio do fluxo monótono dos negócios com a minha clientela.

Eu lia montes de e-mails. Escrevia montes de e-mails. Mais e-mails do que acreditava serem possíveis para uma pessoa ler e escrever. Especialmente, se essa pessoa fosse eu. Em vez de ver o meu BlackBerry como um brinquedinho brilhante, eu o via agora como uma tornozeleira eletrônica conectada às lojas Hermès na Europa — eu precisava estar sempre próximo a uma delas ou então me arriscaria a perder uma Birkin de croco para alguma ricaça que realmente a desejasse. Eu tinha clientes adoráveis — e clientes que me faziam estremecer só de ver o seu endereço de e-mail. Evoluí para a formatação de e-mails, criando modelos padrão para responder as dez perguntas ofensivas que mais se repetiam. Não que os clientes fossem ofensivos o tempo todo, mas eu não podia esquecer que lidava com o público, embora fosse principalmente através de meios cibernéticos. E eu estava no ramo da prestação de serviços — e esse ramo tem seus bons e maus momentos, como qualquer garçom pode nos dizer. Eu comprava Birkins. Eu vendia Birkins. Eu me especializara em bolsas de crocodilo, e tudo progredia que era uma beleza. Negócios são negócios.

Podia dizer que eles estavam interferindo negativamente na minha vida doméstica, bem como em mim mesmo. Eu queria desfrutar o dinheiro que ganhava, não apenas gastá-lo em hotéis de cidades que mal tinha tempo de conhecer enquanto lá estava. E, apesar de Juan não desaprovar a minha vida de nômade, ele não chegava a adorar que eu o abandonasse em troca da Hermès. Além disso, o Natal estava se aproximando depressa, juntamente com as três semanas de férias escolares de Juan. E uma coisa era óbvia: nós precisávamos de férias. Tínhamos de ver qual lugar agradaria a ambos, embora a minha tendência fosse me sujeitar ao que Juan quisesse, já que eu estava sempre viajando. O engraçado era que, para qualquer lugar que a gente pensasse ir, eu sabia que lá existia uma loja Hermès, por isso, não dava para deixar de calcular quanto poderia deduzir dos custos da viagem se conseguisse comprar uma boa bolsa de croco. Mas realmente não me incomodei muito com todo esse processo de escolha

— na grande maioria dos locais mais desejados do mundo havia uma loja Hermès. Eu sempre poderia tentar acertar um tiro num crocodilo onde quer que estivéssemos, a não ser que fôssemos parar em Calcutá durante a nossa escapada romântica. Felizmente, decidimos por duas cidades importantes que nenhum de nós conhecia — um rápido final de semana em Moscou e depois dez dias em Tóquio.

Passei a primeira manhã em Moscou excursionando com Juan, sem que ambos estivessem preparados tanto para o frio cortante quanto para o inesperado abismo entre as classes sociais dos moscovitas. Depois de viver em uma cidade espanhola onde não apenas o termômetro, mas também a escala socioeconômica não apresentava tais extremos, o meu sistema sentiu um grande choque. Christian Dior, Dolce & Gabbana, Cartier e Louis Vuitton, todas essas grifes tinham várias de suas lojas em Moscou, porém localizadas nas mesmas ruas em que estavam estacionados carros com 50 anos de idade, corroídos pela ferrugem. E a paisagem era dominada pelo cinza — céu cinzento, ruas cinzentas, rostos cinzentos. Não foi o caso de eu achar tudo feio... não, tudo era bonito. A Praça Vermelha, o Kremlin, a Catedral de São Basílio — como eu podia deixar de me sentir maravilhado com os seus domos em forma de cebola? Além disso, Juan e eu ficamos em um quarto suntuoso no Park Hyatt, um hotel de luxo no centro da cidade. Moscou podia ser enquadrada perfeitamente na mesma categoria de Las Vegas — um ótimo lugar para visitar, mas onde a gente não queria morar.

Com a Hermès, pelo menos, não houve problemas. Foi relativamente fácil obter uma Birkin de couro da "Avó" bastante jovem que trabalhava lá, embora tenha havido um momento de pânico quando descobri que eles não aceitavam o American Express. Corri até um caixa eletrônico para retirar os rublos, e assim a crise foi contornada. (Nota esclarecedora: o gerente do meu banco, em Barcelona, tinha sido muito compreensivo, alguns meses antes disso, quando eu mencionara os problemas que podia ter pelo fato de existir um "limite máximo de saque" no meu cartão de débito. Como resultado da gentileza dele, agora eu tinha doze cartões de débito. Mas pobre de quem estivesse atrás de mim na fila do caixa eletrônico quando eu precisasse sacar dinheiro para uma Birkin — não seria nada agradável.) Com o Park Hyatt sendo pago pelos meus clientes Hermès, era hora de nos dirigirmos para o exótico Oriente.

Tóquio conseguia bagunçar por completo qualquer cabeça, mesmo a de um viajante experiente como eu. Antes de tudo, Juan e eu nos registramos no Hotel Okura, e ficamos deslumbrados. A nossa suíte possuía uma vista panorâmica não apenas para o tradicional jardim japonês, mas também para os arranha-céus que ocupavam cada metro quadrado do horizonte da cidade. No entanto, acho que Juan e eu ficamos mais atraídos pelo pequeno controle remoto que ficava ao lado da nossa cama, pois ele fazia tudo funcionar. Todas as luzes da suíte, a televisão, as cortinas, a mensagem eletrônica de "não perturbe" — dava para controlarmos tudo isso sem precisar abandonar a posição reclinada. Pelo jeito, isso não era algo de muito especial no Japão, mas, para nós, essa tecnologia estava no nível do seriado *Os Jetsons*. Talvez ainda mais sensacional fosse a silenciosa impressora/fax que nem sequer tínhamos notado até ligarmos para a recepção, pedindo que nos reservassem uma mesa para o jantar. Cinco minutos depois, um pedaço de papel foi expelido pela supracitada maquininha, contendo a confirmação da reserva, as informações sobre o restaurante e as indicações para o taxista escritas em japonês. Muito chique.

No dia seguinte à nossa chegada era a véspera de Natal, e acabamos ganhando inesperadamente um presente fantástico. A minha mãe havia telefonado e feito reservas para nós no La Belle Époque, um dos nove restaurantes do hotel. Ela também providenciara para que a conta ficasse ao seu encargo. Havia à escolha apenas alguns pratos de entrada, pois era um menu fixo para a ceia natalina. Escolhemos o bife de Kobe — um lombo bovino polvilhado com trufas, envolto em uma massa e finalizado com um rico molho de trufas. Na verdade, o garçom trouxe o lombo inteiro em um carrinho, acompanhado pelo *chef*, que então cortou as fatias da carne na nossa frente. Já que não havia lista de preços, Juan e eu não fazíamos ideia do preço do nosso prato; ficamos sabendo somente quando a minha mãe me contou, dois meses mais tarde, que uma conta de 1.000 dólares, proveniente de Tóquio, aparecera na fatura do seu Visa. Só então, ela percebeu onde tinha se metido — ops! (Ainda bem que os meus pais haviam herdado uma quantia razoável de dinheiro, por isso ela estava rindo, e não chorando, enquanto me contava o que tinha acontecido.) Contudo, naquela noite, abençoadamente ignorantes, comemos o bife de Kobe até que o braço do *chef* não aguentava mais de tanta exaustão. Ufa, pelo menos eles não estavam cobrando por quilo... porque daí, *sim*, estaríamos com um problemão.

A Hermès de Tóquio fazia a loja da Faubourg parecer um quiosque de shopping center. Renzo Piano projetou o edifício de doze andares, que foi construído inteiramente com blocos de vidro de 45 x 45 centímetros. Agora, isso até pode parecer lindo, mas ver, ao vivo, esse enorme prédio translúcido irradiando uma etérea luz branca não me pareceu tão lindo assim. O engraçado é que ele é frequentemente descrito como uma obra sem conotações arquitetônicas exageradas, o que podia ser verdade quando comparado com os outros templos de consumo do bairro comercial de Ginza. A Chanel, por exemplo, tinha um gigantesco painel de LED que mudava constantemente de "tecido", fazendo com que toda a fachada do prédio passasse do xadrez escocês para um padrão de bolinhas, depois para uma estampa colorida com formas curvas ou qualquer outro desenho com o qual eles sonhassem. As paredes externas do prédio da Dior tinham duas camadas, com pequenos furos no aço da camada mais externa, permitindo que a luz das fibras óticas abrigadas por trás da camada espreitasse através dos seus furos. (Imagine um Lite-Brite — aquele painel luminoso no qual as crianças encaixam pinos coloridos, formando desenhos —, só que grande, muito grande.) No edifício da Sony, vizinho ao da Hermès, havia um mural de cor viva que cobria oito andares, e mais o bônus de um PlayStation gratuito no sexto andar. A marca de cosméticos Shiseido construiu um prédio parecido com os seus típicos frascos de vidro de cor castanha; não sei se era isso ou um tubo de néon para o mais gigantesco aficionado por *raves* do mundo. Mas, por mais chamativas que fossem todas aquelas outras lojas, nenhuma delas vendia a minha mercadoria, portanto, comecei o meu dia pela loja da Hermès. No entanto, acabei não obtendo "o usual" naquele dia. Os preços na loja de Tóquio, inclusive os das Birkins (parecia mentira, mas eles as mantinham nas vitrines, onde podiam ser vistas), eram proibitivos mesmo se "a fórmula" fosse aplicada de modo realmente agressivo. Por isso, saí da loja com uma bolsa Kelly preta de crocodilo, que estava vistosamente exposta na loja, e depois pedi para Juan comprar a "sua Kelly", em marrom. Funcionou. Eu podia arcar com o sacrifício de algumas Birkins, pois havia um pequeno pedaço de pele de crocodilo que voltaria comigo para casa.

Juan e eu fizemos os típicos passeios turísticos: o teatro Kabuki, o Palácio Imperial e, o mais memorável de todos, a curta permanência de dois dias perto do Parque Nacional Hakone. Fomos até lá para aproveitar o *onsen*, a fonte termal revigorante que faz a fama da região. O nosso *senshin-tei*, ou quarto tradicional japonês, ficava em um *hanare* — uma construção completamente separada onde éramos atendidos por uma espécie de *personal* gueixa... sem maquiagem nem qualquer outro acessório exótico, é claro. Ela preparava os sushis das nossas refeições, arrumava as nossas camas, providenciava para nós os trajes tradicionais e, o mais importante, servia-nos copiosas quantidades de saquê. O nosso aposento era complementado com o seu *rotenburo* privado, uma jacuzzi com água natural da fonte instalada em uma cabana de bambu. A água, a 42°C, vinha diretamente das termas naturais e jamais era reciclada. Essa era uma das muitas fontes que nasciam perto do monte Fuji, cuja presença indistinta estava espelhada no vizinho lago Ashi. Acima de tudo, eu me sentia maravilhado, como Ralph Macchio no segundo filme da série *Karate Kid* (com exceção da penugem no rosto, tentando parecer uma barba, e de um sujeito que quisesse brigar comigo). Juan estava tão relaxado por conta dos dias passados no *spa*, que nem uma vez sequer chegou a mencionar o preço, algo que normalmente lhe teria provocado um desmaio e causado a sua morte por afogamento nas águas do *onsen*. Em outras palavras, a nossa estadia foi um sucesso estrondoso.

Ampliamos as nossas aventuras culinárias durante as férias em Tóquio com mais uma refeição memorável. Comemoramos o Ano Novo com uma ceia no mesmo prédio do Park Hyatt, em um lugar chamado New York Grill. O restaurante ficava no quinquagésimo segundo andar, mas o acesso a ele era feito através do quinquagésimo primeiro e de um curto trajeto em meio a uma enorme biblioteca, em cujas prateleiras se entremeavam livros e objetos de arte. A vista era obviamente surreal, como foi o tema daquela noite: fogo e gelo. Logo que nos sentamos, cada um de nós foi presenteado com um bloco de gelo de 2 m^2 (semelhantes aos blocos de vidro da loja da Hermès, só que perecíveis), com dois tubos projetando-se deles — um tubo cheio de caviar, o outro cheio de champanhe. Gelo. Durante toda a noite surgiram copiosos pratos flambados e dançarinos de flamenco empunhando bastões em chamas. Fogo. A refeição não tinha necessidade de um tema, estava muito além das expectativas, desde a lagosta até mais daquele bife de Kobe que havíamos devorado na semana anterior. Entre Lagosta & Bife e Fogo & Gelo, Juan & Eu estávamos deliciosamente Aturdidos & Confusos por tudo que nos cercava (e pelas duas garrafas de champanhe que bebemos). Ficamos lá até bem depois da passagem do Ano Novo, apreciando a bizarra opulência do lugar.

Estranhamente, revisitamos mais ou menos um ano depois, e de modo inesperado, essa nossa noitada quando alugamos o filme *Encontros e Desencontros*, que se passa quase todo no interior do Park Hyatt. Todas as "cenas de bar" desse excelente filme foram feitas no bar anexo ao New York Grill. Eu sempre penso que foi uma pena não ter aparecido uma noite Fogo & Gelo em uma das cenas rodadas nesse bar — ela acrescentaria um nível inteiramente novo à confusão cultural do personagem de Bill Murray.

Também me deparei com algumas informações valiosas sobre a "minha" empresa durante essas férias no Japão. Em Tóquio, a grife Hermès era um fetiche que excedia qualquer coisa que eu já vira na vida. Além da loja do gigantesco edifício de vidro que eu tinha visitado, que era obviamente a mãezona de todas elas, havia ainda outras onze lojas espalhadas pela cidade. Intrigado com isso, logo que voltei para casa, peguei o meu *Le Monde d'Hermès* e contei quantas lojas Hermès existiam na Ásia. Uma centena delas, aproximadamente, havia se instalado no Oriente. Mesmo levando-se em conta a distribuição populacional no planeta, isso significava muitos asiáticos usando, de uma maneira ou de outra, o logotipo "H".

Eu não estava bem certo sobre o motivo disso e, quando fiz a pergunta a Grace, por e-mail, ela confirmou que o mercado asiático estava em plena ascensão, mas também não sabia explicar essa predileção. Por experiência própria, eu sabia que praticamente todos os japoneses adoravam produtos de grife, e a minha hipótese era de que a Hermès havia criado uma "grife para desbancar todas as grifes". E não era uma grife para qualquer pessoa, o que só ajudava a agregar prestígio. Os preços das bolsas que eu tinha visto naquele painel solar gigante, que era a loja Hermès do bairro Ginza, pareciam preços acrescidos do lucro que eu costumava cobrar. Refleti ociosamente sobre a possibilidade de justificar um retorno ao Japão, trazendo bolsas compradas na Europa, e organizar uma reunião para vender bolsas Hermès, do tipo das reuniões da Tupperware. Mas as questões práticas me subjugaram e decidi que era melhor esperar. Pelo menos até eu inventar uma maneira de invadir os computadores do hotel cinco estrelas de Tóquio e enviar os convites para a reunião através dos seus sistemas de impressão direcionada.

※※※

25
Comprar até Cair

Logo que voltei das férias, estava tão relaxado como havia muito tempo não me sentia. Juan e eu também tínhamos fortalecido de novo a nossa relação. Mas, depois de dois meses de expedições ao longo de todas as semanas para a compra de bolsas, mais as viagens aos *correos* e mais as constantes mensagens no BlackBerry, era como se nós nunca tivéssemos saído de férias (exceto pela foto na geladeira, em que aparecíamos diante do Palácio Imperial). Comecei a me sentir pesado, culpando por isso "a monótona rotina de trabalho", e tirei outras miniférias no começo da primavera. Zanzei pela casa durante duas semanas, de volta aos pijamas, como nos velhos tempos dos lenços, obtendo Birkins avulsas aqui e ali, vindas dos meus "compradores". Nesse momento, as duas semanas eram para mim uma longa pausa nas idas e vindas pelos aeroportos, mas, por mais que eu me automedicasse com o Earl Grey, a minha fadiga não parecia querer ir embora. Decidi que precisava abandonar o medo e fazer outra viagem. Não havia motivo para me sentir cansado depois de duas semanas sem fazer nada. Provavelmente, estava apenas entediado.

Voei para Genebra e me senti um pouco mais energizado com o ar da montanha dos meados de maio. Sempre tive uma predileção por maio, já que na Nova Inglaterra era o primeiro mês em que se podia ter certeza de que as neves de inverno não cairiam mais. Podia até acontecer de nevar, mas pelo menos as probabilidades estavam ao nosso favor. E fui ainda mais energizado pela loja da Hermès, que me vendeu uma Birkin de crocodilo fúcsia, de 30 cm, depois que gastei três mil dólares em xales e lenços.

Então aluguei um carro e me dirigi para Lyon. Na autoestrada, fui gradualmente percebendo que não estava me sentindo nada bem. Parecia se arrastar aquela uma hora e meia em que fiquei sentado atrás do volante, e dei um suspiro de alívio quando cheguei ao meu destino. Fui até a Hermès de Lyon e a minha maré de sorte continuou — me venderam outra bolsa de croco, 30 cm; dessa vez, na cor *matte barenia*. Essa ia render uma boa grana. Contudo, apesar da excitação que a compra me trouxe, eu me senti mais exausto. Definitivamente, havia algo de errado comigo; talvez um vírus? Também estava com uma terrível dor de cabeça — o que era incomum em mim. Bem, acho que a porção do meu cérebro responsável pela dor estava querendo compensar as oportunidades perdidas porque, dessa vez, a coisa ficou feia. Cambaleei de volta para o hotel, tomei um banho, ingeri algumas aspirinas e me deitei de costas, olhando para o teto à espera da morte. No entanto, decidi que precisava tomar um pouco de água antes de dar o último suspiro — a minha garganta parecia um maldito Saara. Engoli duas garrafas de água e fiquei apagado durante quatro horas naquela tarde. Duas coisas merecem uma observação aqui: eu não bebo água e não apago durante a tarde. Portanto, estava doente. Longe de casa e doente. Citando não sei quem: "Para aqueles que compreendem, nenhuma explicação é necessária; para aqueles que não compreendem, nenhuma explicação é possível." Em resumo, a minha situação era uma desgraça total. Fui acordado um par de horas mais tarde pelo toque do celular, um som tão doloroso para mim que considerei a ideia de enfiar uma caneta do hotel no olho e acabar com aquela desgraça. Em vez disso, atendi ao telefone. Juan. Não sei como, ele me convenceu a tentar comer alguma coisa, e eu estava fraco demais para formar um argumento contrário e coerente.

Missão fracassada. Engoli com dificuldade uma ou duas garfadas da refeição e depois pedi a conta. O garçom pareceu ficar aliviado; acho que ele já não aguentava mais reencher o meu copo de água. Vacilei de volta ao hotel (provavelmente, o recepcionista pensou que eu estava bêbado) e caí de novo na cama. Bebi sem parar mais uma boa quantidade de água, usando-a para empurrar mais três aspirinas, e apaguei de novo.

Acordei no dia seguinte ainda exausto. Estava num verdadeiro dilema — deveria permanecer onde estava, até me sentir suficientemente bem para viajar, ou sofrer durante uma viagem de um dia inteiro e dormir na minha própria cama naquela noite? O meu itinerário não era fácil — teria de dirigir por quatro horas até Perpignan para devolver o carro, e então tomar o trem para casa. Basicamente, para alguém na minha condição naquele instante, essas duas tarefas equivaliam a competir em uma corrida de trenó no Alasca. Mas as minhas tendências caseiras ditaram as ordens do dia — eu conseguiria aguentar tudo, desde que pudesse cair doente na privacidade do meu apartamento.

A viagem de Lyon até a estação de trem em Perpignan demorou bem mais que as quatro horas, pois precisei parar várias vezes nos postos de gasolina para beber água e Gatorade. Então tive de estacionar o carro no Zimbábue (não exatamente, mas quase) e arrastar as duas Birkins e a mala para dentro da estação a fim de entregar as chaves do carro para o rapaz da Hertz. Até o clima conspirava contra mim, embora a febre, que agora eu suspeitava que fosse real, estivesse possivelmente atiçando a minha paranoia. De qualquer modo, a temperatura ambiente de 27°C, fora de época, não ajudava a melhorar a minha situação. Mas não havia nada a fazer — para comprar a passagem de trem, entrei no final de uma fila de doze pessoas ou mais (obrigado novamente, universo cruel, pelo comprimento da fila). Quase resolvido. Permaneci ali, trocando o peso do corpo de uma perna para a outra, me sentindo tão miserável, tão quente, tão fatigado e com tanta dor de cabeça, que mal parava em pé. Dali a um instante, eu não estava mais em pé. Nem consciente.

Quando acordei do desmaio, vi que estava deitado na calçada, com a maioria das "pessoas da fila" me inspecionando ansiosamente. Havia também dois policiais que me fitavam com um olhar bastante sério. Ao perceberem que eu não estava bêbado nem drogado, eles me fitaram mais sérios ainda, e discutiram de modo veemente comigo, num inglês ininteligível, sobre a minha teimosa decisão de viajar. Penso que eles queriam me algemar e me colocar pessoalmente em uma ambulância, o que seria, na verdade, a única maneira de me manterem na França naquele momento. Eu não tinha ido tão longe para acabar tendo de voltar atrás. Como parecia que eu não havia quebrado nenhum osso, decidi que procuraria um médico na Espanha. Uma miúda velhinha espanhola sentiu pena de mim e, assim que os policiais finalmente se afastaram, ela me apoiou no trajeto até um assento, com as minhas Birkins ao lado, e comprou a passagem para mim.

A viagem de trem foi uma droga de um pesadelo. Definitivamente, eu estava com febre e, de repente, vinham os arrepios de frio por causa do ar condicionado. Eu me sentia como uma peça de carne trancada dentro do frigorífico de um açougue. Perdia e recuperava a consciência o tempo todo e, quando o trem teve a bondade de chegar ao meu destino, reuni o meu restinho de energia para conseguir arrastar a bagagem e o meu corpo para dentro de um táxi.

Já em casa, Juan deu uma olhada em mim e ordenou que eu fosse imediatamente para a cama. Ele circulou pela cozinha, preparando uma sopa e resmungando em catalão, enquanto eu, muito grato, me enfiei dentro do pijama e para dentro da cama. Escuridão. Quatorze horas depois acordei com o rosto atormentado, mas solícito, de Juan próximo à cama.

— Michael, você precisa se levantar. Precisa tomar banho. E depois veremos; talvez a gente precise procurar um médico. — O tom da voz dele era um daqueles contra o qual eu não costumava argumentar.

Mesmo depois do banho, a minha cabeça ainda pesava e eu queria voltar para a cama. Em vez disso, fui arrastado até a clínica médica, que ficava na esquina, por um impiedoso Juan. Assim que viu a minha palidez, a enfermeira agarrou de passagem um médico, que, ao ouvir os meus sintomas, diagnosticou uma anemia severa. Ele ordenou que pegássemos um táxi e fôssemos para o hospital imediatamente, ou ele mesmo me colocaria dentro de uma ambulância. Até esse momento, a minha permanência na clínica tinha durado apenas dois minutos, mas eu me sentia como se estivesse lá havia horas; a agonia causada pelas luzes fluorescentes era surreal. Chamamos um táxi. Menos de dez minutos depois de chegar ao hospital, eu já estava ligado ao equipamento intravenoso e sendo levado de cadeira de rodas para o quarto.

No final, acabei ficando de cama durante quase duas semanas. A minha anemia nessa época tinha evoluído para um nível tão grave, que me perguntaram se eu havia recebido algum órgão transplantado nos últimos doze meses. (Como? Não que eu me lembre!) No entanto, o hospital em que eu estava era estupendo. Sempre meio cheio, o meu copo; jamais meio vazio... O hospital ficava no mesmo trecho de praia do Hotel Arts e, a partir do décimo andar, onde eu estava, a vista era espetacular. E para melhorar as coisas, eu também sabia que todos os cuidados que recebia eram gratuitos. Depois da minha experiência dessas duas semanas, eu não suportava ouvir as pessoas falando dos "prós e contras" do sistema médico estatizado da Espanha. Se eu estivesse nos Estados Unidos, ou teria sido mandado embora para casa mais cedo, ou ficaria endividado até o pescoço por causa dos custos dos serviços "não autorizados" que o seguro saúde não reembolsaria.

Talvez a parte mais engraçada fosse que, na lista de coisas que pedi para Juan trazer da nossa casa, estavam incluídos não apenas os pijamas e a escova de dentes, mas também o BlackBerry. Mesmo fraco e sendo obrigado a me alimentar através de uma sonda, eu botei os meus compradores para trabalhar. Até a irmã de Luc eu engajei como uma conexão secundária em Paris. Na primeira semana em que estive de cama consegui quatro Birkins. Nada mal para um rapaz doente, não é? Nos Estados Unidos, somente isso já bastaria para provar que eu não tinha necessidade de estar hospitalizado. (Posso até me imaginar escondendo o BlackBerry debaixo dos lençóis toda vez que a enfermeira entrasse no quarto.) ¡*Viva la España!* E para a pequenina senhora idosa da estação de trem em Perpignan, no caso de eu esquecer conforme o tempo passar... *gracias.*

26
Vida Inconstante

Esse episódio inteiro do meu colapso foi assustador. O médico disse que, se eu tivesse esperado só mais um dia para buscar ajuda, poderia ter morrido. E, apesar de ninguém ter me dito isto na época, parece que as primeiras 24 horas em que permaneci no hospital foram decisivas. Mas, como dizem, o *show* tem que continuar, e o tema do meu *show* era "viagem". Decidi que precisava visitar um lugar novo onde pudesse, de passagem, conseguir umas duas bolsas, porém o essencial era que eu me divertisse enquanto "trabalhava". Em outras palavras, nada de roteiros pelo sul da França. Talvez fosse uma simples reação humana em alguém que escapara por um triz de um perigo, mas o que eu queria realmente era ir para um lugar que sempre tive vontade de visitar e ainda não tinha visitado.

Ilha de Capri — não sabia onde era na primeira vez em que ouvi esse nome. (Acho que, provavelmente, já tinha ouvido, mas pronunciado de modo errado, pois o pessoal de língua inglesa costuma pronunciá-lo do mesmo modo que pronuncia o nome do modelo de calças: "caprí". Mas, não. A pronúncia é "*cá*pri". Vá entender!) Essa ilha fazia parte da minha lista de viagens frustradas; lugares onde nunca estive, paisagens com as quais sempre sonhei, mas sobre as quais os meus pés jamais caminharam. Aqueles locais que me fazem pegar uma revista de viagens numa livraria e perder vinte minutos folheando-a e me inserindo mentalmente no meio da paisagem de cada uma das fotografias. A sua simples invocação em um jantar festivo fazia vir à tona fragmentos dos meus anseios alimentados por sonhos: os limões sicilianos irradiando o único e verdadeiro tom de amarelo que existe, as ondas do Mediterrâneo quebrando na praia, o calor deliciosamente forte do sol batendo nas minhas costas, depois o afago de uma camisa de seda sobre a pele bronzeada. As belas ilhas sempre exerceram esse tipo de fascínio sobre mim — talvez porque sejam ilhas, ou talvez porque sejam belas. E, claro, havia uma Hermès lá. Porque antes de tudo, senão o mais importante de tudo, Capri é o *playground* dos ricos. Capri é o resplendor da joia de valor incalculável usada junto com um vestidinho de algodão; da piscina olímpica com apenas uma raia, meticulosamente tratada e com vista para uma costa rochosa onde é impossível nadar; de um copo de cristal molhado de suor, pressionado contra o pescoço bronzeado de uma herdeira. Essa ilha tinha tudo a ver comigo e eu nunca havia estado lá. Hora de mudar isso.

Passei uma noite em Nápoles, pois lá também existia uma Hermès. Apesar de ter gastado um pouco mais de dinheiro que a média, cruzando os dedos por uma croco, só consegui uma Birkin de couro em troca do meu esforço. Pensei que talvez estivesse faltando alguma coisa na fórmula para que pudesse ser usada na Itália; algum ingrediente que eu não conhecia. Os vendedores sempre pareciam perceber bem quem eu era; observavam-me de cima a baixo e me olhavam com suspeita através dos seus óculos de aro de metal. Eu me perguntava se isso fazia parte da cultura italiana dos negócios — essa suposição de desonestidade. Podia ser, já que a Itália era o único dos países visitados por mim onde eu tinha de pagar o sanduíche antes que eles o preparassem. Provavelmente, eu estava ficando sensível demais. Entretanto, tinha esperanças de obter uma bolsa mais exótica em Capri; eu detestava terminar as férias me sentindo por baixo.

A viagem de *ferryboat* de Nápoles a Capri era um pouco rústica, mas qualquer sensação de desconforto desaparecia rapidamente, assim que saltávamos no cais. Os barcos de cores vivas e os edifícios do porto competiam silenciosamente entre si para ver qual era o mais pitoresco. (Eu votei no barco de pesca vermelho vivo envolto em redes; ele me fez pegar imediatamente a minha máquina fotográfica.) Para além da vila, que ficava logo à minha frente, a rocha pura se destacava, com falésias que se estendiam por centenas de metros, intercaladas aqui e ali por vestígios de uma vegetação robusta e por punhados de casas brancas. Recusei-me a empurrar e a me espremer para sair do barco com o resto do bando, então esperei, saboreando a vista e folheando o meu guia. Pelo jeito, o próximo passo seria comprar a passagem para uma espécie de bondinho. Rapaz! O que fazer com a Birkin e a mala? Elas seriam uma verdadeira chateação. Folheei mais algumas páginas para ver como poderia evitar carregar uma enorme sacola de compras cor de laranja em um bondinho; acabei achando uma nota de rodapé sobre um serviço de carregador até o meu hotel, por 40 euros. Ele faria o esforço por mim.

Livre da sacola, tendo deixado minhas mercadorias nas mãos de um honesto carregador, assim eu esperava (ele não se parecia com nenhum dos tipos da Hermès), entrei na fila para o bondinho. Esperei cerca de dez minutos e então descobri que eles não vendiam a passagem no local onde a gente embarcava. (É, fazia muito sentido!) Fui até outro edifício, subindo a rua, esperei mais vinte minutos, comprei a passagem e estava pronto para embarcar. O percurso do bondinho lembrava o de uma montanha-russa, misturado com o de um monotrilho, misturado com o de um teleférico quadrúpede. Ele subia lentamente, em um ângulo de 45°, permitindo uma visão vertiginosa do porto e do mar lá embaixo. Quando desembarquei, estava em outra cidade, essa, sim, o verdadeiro centro da vida em Capri. Havia outro povoado — Anacapri —, mas essa área tinha a fama de querer solidão e distância em relação às massas confraternizadoras da ilha. Em outras palavras, não era uma meca turística. Não se parecia com o lugar em que eu estava agora, cercado de restaurantes, lojas, pousadas e meus companheiros viajantes.

Resolvi ir diretamente para o hotel e me instalar, depois estaria livre para explorar a ilha. No início peguei a direção do centro da cidade, o que significava basicamente seguir a multidão. As pessoas ao meu redor eram, em sua maioria, turistas de um dia só, com o olhar vidrado. Assumi que, quando o ultimo *ferry* deixasse a ilha, ela se esvaziaria bastante, como acontece em Nantucket, em Massachusetts. Isso seria bom porque agora ela estava um tanto quanto claustrofóbica. Havia hordas de pessoas sentadas às mesas da Piazzetta, embora estivesse além da minha compreensão o motivo de alguém passar o dia sentado e bebendo em uma pracinha de uma cidade quente e cheia de gente. Prédios de estuque e pedra se uniam e formavam charmosas aleias e passagens para pedestres, mais tortuosas e estreitas que a média porque não havia carros nessa parte de Capri. Por entre o labirinto de caminhos formados pelos edifícios de paredes brancas, com o perfume das flores preenchendo os meus pulmões a cada respiração e o sol brilhando no cristalino céu azul, eu me sentia completamente zonzo, mas da maneira mais prazerosa que se possa imaginar. Avistei um ladrilho azul e branco — a versão de Capri para a placa de rua —, com uma seta me indicando a Via Tragara, onde ficava o meu hotel. Eu me hospedaria na Villa Brunella e sentia aquele nervosismo familiar que vem quando a gente escolhe as acomodações através de um guia de viagens. Ei, eu estava em Capri, como o hotel poderia ser ruim? Provavelmente, não muito ruim, a julgar pelo que eu via naquele meu passeio. Agora, as melhores e mais sofisticadas butiques se enfileiravam ao longo da rua pavimentada para pedestres, todas combinando entre si, com os seus toldos brancos.

Mentalmente, tirei o chapéu ao passar diante da Hermès, que faria parte do meu itinerário do dia seguinte.

À medida que me afastava da cidade, agora na própria Via Tragara, a atmosfera ficava mais suave. Em ambos os lados da estrada havia portões de ferro batido, atrás dos quais eu podia avistar jardins cheios de flores, sendo que a maioria deles era complementada com românticos caminhos de pedras que subiam ou desciam para as casas ocultas pela vegetação. As casas que eu *conseguia* ver eram de cores e estilos arquitetônicos diferentes das casas da cidade, mas eu já sabia que qualquer uma delas serviria muito bem para mim. Eu estava totalmente fisgado. Bougainvílleas roxas cobriam o muro de pedra à minha esquerda e a caminhada recebia de quando em quando a sombra dos carvalhos e pinheiros que pairavam protetoramente acima do caminho. Eu aspirava apenas perfume de flores. A vegetação era ao estilo Jardim do Éden, com cores viçosas e brilhantes; e biblicamente salpicada de limoeiros e oliveiras. Então o caminho fez uma curva e chegou a um recanto "cenográfico", e pude ver o que era Capri, realmente. À minha direita, uma ampla e desobstruída vista de metade da ilha, com as casas lá embaixo tão distantes e opostas ao meu ponto de vista, que pareciam casinhas de brinquedo espalhadas entre os seixos. E do lado oposto, elevando-se a uma altura tão grande que parecia dominar todo o resto da paisagem, havia mais daquele rochedo íngreme que eu avistara do porto, com sua vegetação tão escassa que aparentava ser uma transgressão contra a escarpada escultura de pedra calcária que é Capri. Dava para ver buracos na rocha do tamanho de arranha-céus; um *playground* para os pássaros que ali chegavam e dali partiam voando, como pequenos pontos brancos volteando contra um fundo marrom acinzentado. Mas o mais hipnotizante era o próprio mar, o Mediterrâneo cintilando com impossíveis ondas verdes e azuis, ora escondendo e ora revelando os ameaçadores contornos da costa, conforme a maré ia e vinha. Continuei a caminhar e um pouco mais adiante as palavras

VILLA BRUNELLA apareceram em um ladrilho no muro de um edifício à minha direita. Tinha chegado.

O hotel era anticonvencional por necessidade, com cinco níveis de quartos, construídos na encosta do morro, interligados por um corredor com escadarias que parecia ser absurdamente longo. Também não havia elevador. (Em uma viagem posterior, fiquei agradecido por eles terem acrescentado um, felizmente — antes, seria um transtorno se eu esquecesse a câmera no quarto.) No entanto, eu estava maravilhado com a Villa Brunella e, nesse momento, não me importava com o estado em que estariam as minhas panturrilhas dali a dois dias. Era um palácio ajardinado em vários níveis, com terraços de terracota que projetavam sua superfície ornamentada com flores, formando degraus entre um nível e outro. A piscina acomodada no terceiro terraço, um perfeito retângulo de água, era rodeada por cadeiras listradas de azul e branco, enfileiradas segundo uma disciplina militar que desmentia o seu propósito decadente de adoração ao sol. Também fui informado pela recepção que o andar acima do meu abrigava um restaurante com paredes totalmente envidraçadas. Assumi que quase tudo que eu comesse diante daquela paisagem teria um gosto bom, portanto reservei uma mesa para o jantar.

A minha suíte era fantástica, como se uma menininha de seis anos tivesse sido contratada para projetar o quarto do hotel e sua sofisticada mãe tivesse modificado a decoração de um modo bastante sutil, a fim de poder receber até mesmo o hóspede de maior bom gosto. Uma fileira de lajotas com flores em tons de rosa e verde se destacava no piso predominantemente branco, com o mesmo padrão floral se repetindo na colcha. Para combinar, o sofá e o par de poltronas estofadas eram cor-de-rosa; com isso, a minha masculinidade foi momentaneamente ameaçada, até que lembrei que eu era gay. O meu cromossomo Y foi reconfortado pela mobília de mogno e pelos ventiladores de teto, bem como pelas neutras paredes brancas. Sem mencionar o terraço privativo em que passei a tarde calmamente descansando e tomando banho de sol, enquanto calculava quanto dinheiro precisaria economizar para poder morar ali pelo resto da minha vida. E também quantos degraus eu precisaria subir até o final daquela semana.

Nesse dia não cheguei a sair do hotel. Quando percorri, finalmente, o caminho ascendente até o restaurante, a fim de atender a minha reserva das 21h30, o céu já estava totalmente escuro. Pisquei na entrada, segurando a respiração e gostando do que via. O salão de jantar era pouco iluminado, mas as toalhas de mesa de linho pareciam luminescentes por causa das velas que tremeluziam por todo o grande ambiente. Através das vidraças das paredes mais afastadas cintilavam as luzes distantes das casas de Capri, como se a terra escura estivesse refletindo o céu cheio de estrelas. E a nota mais importante, a carta de vinhos, conseguiu imediatamente me assegurar que esse era um estabelecimento dos mais prestigiados. Escolhi uma garrafa de Masi Amarone. O vinho Amarone tem a sua origem em uma técnica de vinicultura que data do século IV — e, sem dúvida, os fabricantes a conhecem perfeitamente. Mas é uma pena que ele seja pouco encontrado fora da Itália; outra situação estranha, como a do Malbec na Argentina. Bom, essa noite eu teria a minha garrafa, portanto não havia razão para derramar lágrimas dentro da minha taça de vinho por causa das noites sem Amarone que estavam por vir. Quando o garçom trouxe o vinho, ele também me serviu uma grossa fatia de queijo, informando que se chamava *pecorino*, um queijo duro e seco, semelhante ao parmesão, fabricado com leite de ovelha, e que era servido por sugestão da própria vinícola. Aprovei a combinação. Mmmarone.

Como antepasto, comi uma salada de frutos do mar, mas o seu nome contradizia aquela profusão de mariscos e peixes da mais alta qualidade, sem sequer uma folha de salada, nem uma colherada de maionese à vista. Para aqueles que podem estar interessados, também pedi uma taça de champanhe Ruinart *rosé* para acompanhar os frutos do mar; nada de vinho tinto com frutos do mar... é claro. E esse antepasto, quase uma refeição completa em si mesmo, era apenas um prelúdio palatável ao tradicional jantar italiano, composto de dois pratos principais. O primeiro foi o ravióli Brunella porque eu tinha descoberto que a gente raramente erra quando pede a especialidade da casa. E dessa vez também não foi um erro, pois o molho de tomate com sabor forte, o queijo fresco e a massa caseira, só eles, já teriam sido suficientes, sem ao menos mencionar a esplêndida lagosta que recheava os raviólis. Veio carne de vitela Lombatine como segundo prato, e imediatamente os aspargos brancos nativos me agradaram, mas mais ainda pela carne macia que os acompanhava (nem sempre a coisa mais fácil de ser encontrada na Europa). A sobremesa foi temática — bolo de *limoncello*, com *limoncello* ao lado. O *limoncello*, a bebida alcoólica que faz a fama da região, é um licor gelado de limão, servido em pequenas taças resfriadas — feito a partir de raspas de casca de limão siciliano e açúcar, sem usar o suco do limão, que poderia dar um sabor amargo à suavidade cítrica. A Villa Brunella declarava que o seu licor era fabricado lá mesmo, com limões dos limoeiros que sombreavam o "meu" pátio; duas taças mais tarde, eu já estava querendo concordar que aquele era o melhor *limoncello* que tinha tomado na vida. Claro que, depois daquelas duas tacinhas de licor, da taça de champanhe e da garrafa de vinho, eu concordaria até mesmo em nadar pelado na piscina se a pessoa certa me convidasse. Rapaz, hora de ir para a cama.

Acordei com o perfume de oleandro que entrava pela porta ligeiramente entreaberta que dava para o meu pátio, e com a forte luz do sol que espreitava através das frestas da cortina. Era impossível bloquear um sol como o de Capri; uma força da natureza dessa magnitude encontrava uma maneira de entrar em todos os lugares. A primeira parada do dia — Hermès. Eu queria resolver logo os meus negócios para poder retornar aos prazeres. Era indecoroso até mesmo pensar em dinheiro em um ambiente como esse. Eu não queria fazer o papel de um pé-rapado entre os reis, isso era certo. Eu me vesti, coloquei o *chaîne d'ancre* e verifiquei os bolsos vinte vezes, de modo que não houvesse a possibilidade de precisar subir as escadas novamente porque tinha esquecido a carteira ou a chave. Caminhei o incrivelmente indolor um quilômetro e meio, ou mais, até a cidade, e resolvi o meu "causo" com a Hermès, persuadindo a vendedora a me ceder uma desejada Birkin de croco; era uma de 35 cm, na cor *gris pâle*, particularmente atraente. (Linda, embora o nome da cor sempre me parece um pouco fantasmagórico — cinza pálido. O "cinza" me passa uma impressão horrível e não é de modo algum a cor mais alegre, e o "pálido" sempre me fez pensar em doença. No entanto, isso não era problema meu, suponho. Eu apenas vendia as coisas.) Assim, o meu trabalho em Capri estava terminado. Mas não o meu divertimento; esse nunca na vida terminaria.

Vaguei durante o resto da semana, cada vez mais apaixonado pela ilha à medida que os dias passavam. O único pensamento que me impedia de abandonar tudo e convencer Juan a nos mudarmos para lá era a lembrança de um conto de Somerset Maugham que eu tinha lido, sobre um sujeito que fez exatamente o que eu queira fazer. (O conto se chama *The Lotus Eater*, e o personagem vive em Capri até que a sua pensão acaba e ele vai à falência; a partir daí, as coisas começam a não dar tão certo... é uma advertência, sem dúvida.) Mas eu ainda continuava apaixonado. Adorei o Arco Natural, uma formação rochosa absurdamente grande cujo arco emoldurava o oceano cintilante atrás dele; a sua meia-lua de pedra calcária parecia desafiar todas as leis da física. Eu me senti agradavelmente intimidado pela Grotta Azzurra — a cor da água dentro da gruta, que ficava no nível do mar, era de uma tonalidade azul que eu nunca tinha visto, e provavelmente nunca verei de novo (a menos que enfrente, pela *segunda* vez, a fila de barcos que balançam sem parar, enquanto esperam o seu momento de entrar na gruta; coisa que eu não estou 100% certo de que vai acontecer. Uma vez basta, acho).

Fiquei fascinado por I Faraglioni, três picos escarpados que emergem do mar, perto da costa, com aproximadamente cem metros de altura cada um, sendo que um deles é o lar exclusivo de um lagarto azul. Como a gente pode resistir a um lugar com lagartos *azuis* que fazem sua morada em um específico rochedo gigantesco? Como? A gente simplesmente não resiste. Sucumbe. E eu sucumbi, celebrando ainda mais cada aspecto de Capri. Também adorei a parte central da cidade, e tomei como hábito caminhar até lá por volta das sete horas todas as noites e tomar uma taça de champanhe Krug no Quisisana, um hotel antigo e venerável. O Quisisana era uma lenda na ilha; o seu pátio era não apenas o melhor ponto para as pessoas verem, mas também o melhor lugar para elas serem vistas. Às sete da noite era a hora da avaliação — depois do último *ferry*, mas antes do jantar — quando então eu podia inspecionar melhor as mercadorias das butiques que desfilavam sobre os corpos bronzeados. Era como assistir em tempo real algum programa chamado *A Vida dos Ricos e Famosos* — voyeurismo barato. Eu me divertia ainda mais ao contar quantos artigos Hermès complementavam o cenário.

Inevitavelmente, o sonho e a festança em Capri chegaram ao fim e, infelizmente, fiz as malas na oitava manhã, jurando voltar o mais cedo possível. Despachei a bagagem colina abaixo, através de outra equipe de carregadores, mas decidi que eu mesmo carregaria as duas sacolas de compras da Hermès. Melhor prevenir do que remediar. Enquanto caminhava ao longo da Via Tragara pela última vez naquela semana, não passava mais nada pela minha cabeça além da viagem que tinha pela frente, e da semana que ficava para trás. Atingi os limites da cidade, mantendo com esforço o ritmo da caminhada. Mas, quando fazia a última curva e entrava na rua das butiques com toldos brancos, avistei um rosto familiar que não era bem-vindo nos meus momentos de despedida. Lá estava, por mais improvável que fosse, o vendedor da loja Hermès de Nápoles, sob o toldo diante da Hermès de Capri, fumando languidamente o seu cigarro. Como assim? No entanto, me recuperei rapidamente ao deduzir que ele devia estar cobrindo a folga da vendedora da loja de Capri, ou algo parecido. Mas lá estava eu, andando pela rua, tão vistoso quanto um galo, com duas sacolas gigantescas da Hermès. É preciso dizer que o *tamanho* das sacolas que eu carregava já bastava para me denunciar — imagine uma versão gigante de uma Birkin ou de uma Kelly. E mais, eu tinha enfatizado bastante para ele que estava a caminho da Flórida, com a Birkin que daria de presente de aniversário para mamãe. Aquela era uma complicação em potencial, por isso agi rapidamente. Esperei abaixado atrás de uma moita perfumada, suando e esperando até que ele voltasse para o interior da loja. Também acomodei uma sacola sobre a outra da melhor maneira possível, de modo que pudesse carregá-las atrás do meu corpo conforme passasse diante da vitrine da loja. Não dava para fazer muito mais que isso, exceto desarrumar um pouco o cabelo e aguardar que um grupo de pessoas passasse pela rua. Por fim um grupo passou, bem depois que o vendedor tinha voltado para a sua caverna chique, com cheiro de couro. Eu fui alternando: ora me apressava, ora me demorava, à medida que passava pela frente da Hermès, tentando manter o mesmo passo que um quarteto de britânicas que olhava as vitrines (uma tarefa nada fácil). Pelo jeito, a manobra foi bem-sucedida porque ninguém da Hermès seguiu o meu rastro — nem nessa ocasião, nem durante um longo tempo depois.

Já no *ferry*, eu observava a ilha se afastar, me sentindo como sempre me sentia nesses momentos — que eu fazia parte de uma cena sentimental de um filme dirigido por mim mesmo, em que eu era o único participante e o único espectador. Dessa vez, a vista era genuinamente cinematográfica; Capri era o máximo nesse quesito. Eu não conseguia deixar de acompanhar com os olhos as subidas e descidas do contorno da paisagem, desejando que a minha mente capturasse cada um dos detalhes e os guardasse por um tempo imemorial. Esse lugar tinha me renovado e eu sabia disso, não importava qual história o exame de sangue que eu faria na semana seguinte pudesse contar. O meu corpo reproduzia a vitalidade da ilha; eu não precisava que um médico me dissesse isso. Podia senti-la na minha cor, na minha energia, na minha pulsação, em mim mesmo. Eu era eu mesmo, novamente completo, não mais um ser desbotado ou doente. A bolsa de crocodilo parecia pálida quando comparada a mim... sem qualquer intenção de desmerecê-la.

❉ ❉ ❉

27
O Jeitinho Italiano

FINALMENTE, DEPOIS DE MAIS ALGUNS MESES de viagens bastante malsucedidas para a Itália em busca de Birkins, compreendi o que eu estava fazendo de "errado" nesse país. As coisas se tornaram claras para mim após uma viagem em particular à loja de Roma; e, como era de se esperar, a partir do momento em que descobri o segredo, tudo que se referia à Hermès mudou para mim na Itália. Durante dois meses fiz várias viagens de três a quatro dias para lá e sempre voltei com seis ou mais Birkins de cada vez. Sucesso, até que enfim. De todas as pessoas, a que me deixou mais animado para contar sobre essa grande "descoberta" foi a minha jovem cabeleireira italiana, Simonetta.

Na última vez em que tinha estado no salão Toni & Guy, fui forçado a cortar o cabelo com outro cabeleireiro porque Simonetta estava de férias. Julho era o seu mês de descanso e ela havia ido para a sua casa na Sardenha. O corte de cabelo ficou bom, mas você sabe como é essa história de cabeleireiro — a gente sempre quer o nosso, e nenhum outro. E mais, Simonetta era *tão* formidável, com os seus longos cabelos pretos, seu corpo pequeno e provocante e suas roupas italianas sofisticadas. Ela e o namorado (também italiano),

Piergiacomo, *chef* confeiteiro de um hotel cinco estrelas em Barcelona, haviam se mudado para a Espanha uns dois anos antes, vindos de Londres, onde Simonetta trabalhava para a rede de salões Toni & Guy. Juan e eu chegamos a jantar fora com eles algumas vezes, e adoramos o seu sotaque sensual e as suas roupas superdiscretas. Ah, e eles eram superagradáveis também.

Simonetta era fascinada pelo meu estilo de vida e sempre me fazia um monte de perguntas, especialmente enquanto cortava o meu cabelo. As nossas conversas no salão sempre giravam mais ou menos em torno disto:

SIMONETTA: Michael, você ainda anda comprando muitas *Beerkens*?

MICHAEL: Sim, ainda.

SIMONETTA: Só em Paris? Eu amo Paris.

MICHAEL: Não, eu compro Birkins em todos os lugares.

SIMONETTA: Na Itália? Você compra muitas *Beerkens* na Itália?

MICHAEL: Não, não muitas... só de vez em quando.

SIMONETTA: Aaaaah!

Na vez seguinte, enfim reunidos, com o meu cabelo imerso em xampu e os hábeis dedos dela massageando o couro cabeludo, mudei o roteiro. Quando ela me perguntou sobre a Itália, contei-lhe que eu estava indo o tempo todo para lá atrás de Birkins.

— Você está indo... mesmo? Atrás de *Beerkens*? O tempo todo? Isso é recente, não? — A voz dela estava incrédula.

— Bom, sim... é coisa recente.

— Você tem que me contar tudo. — Ela disse, guiando-me até a sua bancada e, em seguida, revirando a gaveta em busca das ferramentas do seu ofício.

— Você quer a versão completa ou a versão resumida? — Perguntei, com um sorriso. Ela devolveu o sorriso, com a tesoura na mão, pronta para o uso.

— Eu quero a versão de quarenta e cinco *minuti*, queridinho.

Narrei a minha longa história sobre a compra de Birkins — ou, eu poderia dizer, a *tentativa* de compra de Birkins — nas lojas Hermès da Itália. Era algo totalmente aleatório e, quando se tratava das de crocodilo, eu podia esquecer. Parecia que, por mais que eu gastasse em uma loja da Itália, eles nunca produziam uma bolsa de crocodilo para mim (exceto na meio inconveniente e altamente sazonal loja de Capri, naturalmente). O mais frequente era eu não conseguir nenhuma Birkin. Certa vez, durante essa "era das trevas", cheguei a comprar doze lenços Hermès em uma única loja na esperança de obter uma Birkin de crocodilo, mas nada se materializou... exceto os lenços. Ao longo da minha história, Simonetta dizia "mmmmm" e "*dio mio!*" em todos os momentos certos, porém eu estava com a clara sensação de que a minha história não era nenhuma surpresa para ela. Mesmo assim, continuei a narrar, e capturei os seus olhos no espelho para mostrar que a parte interessante vinha a seguir.

— Bem, Simonetta, tudo isso mudou no mês passado quando fui até Roma para fazer aquilo que tinha decidido que seria a minha última tentativa de comprar Birkins na Itália. Eu me vesti para arrasar, usando vários acessórios Hermès; eu já contei para você sobre tudo isso. Escolhi na loja alguns lenços, algumas joias, um xale e até mesmo umas calças cáqui para mim, coisa que nunca faço; nunca compro as roupas deles. Mas eu não ia desistir, era tudo ou nada dessa vez. A minha pilha de compras já estava em três mil dólares... então soltei a questão da Birkin com o vendedor que estava me atendendo. Foi aí que as coisas começaram a ficar realmente interessantes.

Dei novamente uma olhada no reflexo de Simonetta no espelho e podia dizer que ela ouvia atentamente, agora que as coisas estavam se esclarecendo. Continuei:

— Ele balançou devagar a cabeça, com a testa franzida, mas daí, como se tivesse tomado uma decisão, tirou do bolso o seu cartão de visitas profissional, escreveu um número nas costas dele, me dizendo para ligar para o seu celular mais tarde, naquela noite. Eu achei aquilo muito estranho, ainda mais porque ele usava uma aliança de casado. Acabei fazendo a compra, com curiosidade suficiente para ver no que daria, mesmo se não conseguisse uma Birkin, e saí da loja com o cartão de visitas dentro da carteira.

— Nenhuma *Beerken*, mas ele deu o número de celular dele? Você ligou, claro.

— Sim, sim, eu já ia chegar neste ponto da história. Naquela noite, lá pelas nove horas, liguei para o número escrito nas costas do cartão. Expliquei quem eu era e que estava ligando por causa da Birkin. Era realmente o sujeito que tinha me atendido na loja, dava para reconhecer pela voz. Então ele me deixou chocado quando perguntou "o senhor quer uma Birkin ou mais de uma?". Eu respondi que adoraria comprar duas, para dar uma de presente para a minha mãe e outra para a minha irmã.

Simonetta levantou uma sobrancelha ao ouvir isso, e eu encolhi os ombros:

— Eu preciso dizer alguma coisa para que pensem que as bolsas são para mim.

Ela fez sinal para que eu prosseguisse.

— Ele começou então a falar da lista de espera de dois anos e a procura por essas bolsas na Itália, blá blá blá... e como ele só podia fazer favores para clientes muito especiais.

Com o canto dos olhos, vi que um dos lados da boca de Simonetta se movia.

— Eu logo percebi aonde essa conversa ia chegar, por isso lhe disse que eu o recompensaria, como todo bom cliente. Ele me disse para voltar à loja no dia seguinte e pedir novamente a Birkin. Quando entrei na loja, avistei o "meu rapaz" e fui ao encontro dele. Nós nos cumprimentamos e então perguntei se era possível conseguir uma Birkin para minha mãe e outra para minha irmã. Ele saiu e depois retornou com duas Birkins para mim, uma de couro e uma de crocodilo. Claro que eu fiquei com as duas.

— Crocodilo? Essas são as suas preferidas, não é? — Simonetta parecia séria novamente.

— Isso mesmo. Daí, quando voltei para o hotel e abri as caixas, encontrei o cartão dele, com um endereço nas costas escrito à tinta e o número 200 escrito num dos cantos. No canto oposto, com uma letra bem pequena, estavam escritas as palavras "dólares americanos, por favor". Eu me perguntei se aquele valor era pelas duas ou por cada uma, mas, por segurança, coloquei 400 dólares num envelope do hotel e mandei para ele. Duas semanas depois, telefonei para o meu novo vendedor da Hermès em Roma e fui convidado a voltar e comprar outra Birkin sempre que quisesse. E desde então, Simonetta, eu consigo Birkins de crocodilo em várias lojas Hermès na Itália. Em várias delas. Vou para lá o tempo todo, como eu lhe disse. — Terminei a história, orgulhoso de mim mesmo.

Simonetta finalizou o meu corte de cabelo e fez uma pequena pausa, tão parada e calada, que eu permaneci silencioso e à espera.

— Michael, é muito simples, nada complicado, eu sempre soube por que você não conseguia *Beerkens* na Itália. Mas agora você não terá mais problemas.

Ela fez outra pausa. Em pé, diretamente atrás de mim, pôs as mãos nos meus ombros e me olhou através do espelho, com os seus olhos castanhos encarando os meus olhos castanhos, e disse:

— Agora você conhece o jeitinho italiano.

Ela enfrentou o meu olhar, solene, e então riu, um pouco de si mesma, mas a maior parte de mim e da crescente compreensão estampada no meu rosto à medida que as suas palavras penetravam na minha mente. Ela sabia o *tempo todo*. E não disse uma única palavra. Eu gostaria que ela tivesse mencionado isso para mim *antes*, assim eu teria economizado tempo e energia. Mas, como ela fazia um corte de cabelo danado de bom, eu a perdoei (com o tempo).

ADENDO AO CATÁLOGO DOS EMPREGADOS DA HERMÈS

O Poderoso Chefão

. **GÊNERO:** homem, com alta taxa de testosterona

. **PREFERÊNCIA SEXUAL:** muita

. **IDADE:** 25 ou mais

. **CABELO:** liso, para trás, com muito gel

. **DENTES:** talvez um de ouro ou com um diamante incrustado

. **LEMA:** "Não dá para conversarmos sobre isso aqui"

. **PORCENTAGEM NO CATIVEIRO DA HERMÈS:** 5%

. **PROBABILIDADE DE COMPRAR DE BIRKINS:** absoluta!

. **EMPREGO ANTERIOR:** em "processamento de resíduos", corretor, *maître*

. **FATOS PERTINENTES:** esse empregado tem tudo já calculado e está basicamente tocando o seu próprio negócio. Não há nem mesmo a necessidade de pôr em ação "a fórmula"; basta enviar para a residência dele algum dinheiro (a chamada "propina")

. **ABORDAGEM:** se ele oferecer um cartão de visitas profissional, com o número do telefone de casa ou do celular escrito nas costas do cartão, então você pode ter certeza de que ele aceita suborno.

***

28
Na Hermès, nós Confiamos; Aston, nós Aceitamos

SONOLENTAMENTE SENTADO DIANTE da minha "escrivaninha" (antes conhecida como a mesa da cozinha), numa manhã de um dia útil, eu lia alguns e-mails com bate-papos de amigos e visitava a minha conta no eBay para checar as listas pendentes. Notificações de seis "leilões encerrados"? Quase fiquei chocado — não esperava algo tão dramático assim tão cedo. Talvez em uma manhã de *segunda-feira*, já que o domingo era o dia em que eu costumava pôr fim aos leilões. Mas hoje era *terça-feira*! Isso significava que todos os seis leilões foram encerrados através do "Compre agora", o que era uma estranha coincidência, no melhor dos casos. Um pouco desconfiado, chequei rapidamente as informações sobre o comprador em cada leilão. O meu coração foi se afundando conforme eu via que a mesma identificação de usuário se repetia sempre. Má notícia.

Esse tipo de coisa quase inevitavelmente representa problema, ou representou no passado. Devido a sua infinita democracia, o eBay atrai toda espécie de gente, sendo que algumas delas são fictícias. Em outras palavras, de vez em quando, o usuário que "compra" um produto é nada mais que um recém-inventado nome de fachada, e tão real quanto o avarento Tio Patinhas (e ainda com menos vontade de abrir mão do seu dinheiro). Aquilo era como uma bizarra versão *on-line* da brincadeira de tocar a campainha e fugir antes que atendam. Exceto que em vez de os adolescentes saírem correndo, dando gargalhada, quando eu atendesse a porta virtual, eles simplesmente se evaporariam na minha frente. Hum, será que alguém pode me dizer que graça existe nisso? Mas, em todo caso, uma usuária desconhecida por mim, que gastava casualmente quatro mil dólares de um dia para o outro com artigos variados da Hermès, despertava de imediato as minhas suspeitas.

Agora, a única maneira de conferir o poder de compra da usuária FightingBulldogMom era acessar o seu histórico. Minutos mais tarde, eu ainda estava fazendo rolar na tela os mais de quinhentos comentários e compras listados sob a sua identificação de usuário. Ah, ela era real mesmo e, pelo visto, eu não tinha motivos para me preocupar. FightingBulldogMom, também conhecida como Ellen Yeats, amava de fato as pulseiras talismãs, os livros devocionais de um sujeito chamado Phillips Brooks e, o que era mais importante, qualquer coisa que tivesse o logo da Hermès. Eu fazia a imagem mental de uma mulher com os pulsos envoltos em ouro e prata, louvando os céus, rodeada por um mar de caixas cor de laranja da Hermès. Provavelmente, em alguma mansão esparramada por um vasto terreno, decorada com uma parafernália cujo tema era "buldogue". Ei, se eu tivesse essa quantidade de dinheiro, também estaria agradecendo a Deus. Eu não tinha motivos para brigar com essa mamãe buldogue, em particular. Estava mais do que na hora de lhe escrever umas linhas.

De: "Michael" <BirkinBoy1@yahoo.com>
Para: FightingBulldogMom@yahoo.com

Ellen,

obrigado por suas compras! após confirmação do seu pagamento, despacharei as mercadorias por malote registrado e segurado. note, por favor, que eu mantenho listas de desejos dos clientes; se houver algum artigo em especial da Hermès que você estiver procurando, me avise. cumprimentos de Barcelona,

michael

De: "Ellen Yeats" <FightingBulldogMom@yahoo.com>
Para: "Michael" <BirkinBoy1@yahoo.com>

Michael,

Tenho lembranças muito carinhosas de Barcelona. A comida, o povo, a arquitetura — tudo é tão adorável. Mas isso você já deve saber — estou certa de que você adora essa cidade.
As providências para o despacho das mercadorias me parecem corretas, e, da minha parte, vou acertar tudo através da minha conta no PayPal. Também vou pensar numa lista de desejos para mim.

Tudo de bom,

Ellen

Ah, adorável — com ares de Grace, com certeza. Eu estava curioso para ver a lista de desejos de Ellen, embora me perguntasse o que mais ela podia necessitar depois de todas aquelas compras de artigos Hermès que havia no seu histórico. Mas, como eu aprenderia mais uma vez, não era uma questão de *necessitar*, era uma questão de *querer*. E Ellen ainda *queria* muito.

Bom, "pede e receberás", ao menos na maioria das vezes; nos oito meses seguintes, Ellen se tornou uma fiel cliente. Eu fiquei sabendo que ela passava a maior parte do tempo em Wareham, Massachusetts, que é uma cidade em Cape Cod, a um pulo de Osterville, onde vivi os primeiros anos da infância. Portanto, fomos vizinhos, de uma maneira um tanto enviesada, sem partilhar o mesmo fuso horário. Apesar de nunca termos conversado por telefone (mais ares de Grace), nós tínhamos uma compatibilidade *on-line* absolutamente agradável. Bom, talvez "agradável" seja uma descrição muito morna, pois nessa altura ela gastava vários milhares de dólares por mês, comprando de mim coisas da Hermès. Eu gostava de Ellen, gostava muito. Ela gostava de mim, e gostava muito da Hermès. A nossa amizade era simbiótica, no entanto era sincera.

Descobri que ela era uma advogada extremamente bem-sucedida, com dois filhos já crescidos, mas nenhum deles morava perto dela. O seu recém-terminado casamento tinha sido com o diretor executivo de uma empresa que estava entre as vinte maiores listadas pela *Fortune 500* — um homem que devia conhecer muito bem os negócios, mas que era um incompetente em todas as outras áreas. Esse imbecil havia trocado carícias com ninguém menos que a melhor amiga dela e, pior ainda, sob a mesa de jantar de Ellen — provavelmente, uma mesa adorável, enfeitada com castiçais Hermès e porcelanas Wedgwood. Eu tinha o maior respeito por ela pelo fato de não ter tolerado essa sacanagem e, com um chute no traseiro, tê-lo atirado na sarjeta, que era o lugar dele. Da minha parte, os assuntos também eram emotivos em nossa correspondência. Contei-lhe tudo sobre

Juan e sobre o meu recém-adquirido, e muitas vezes temperamental, gato de Bengala; sobre os altos e baixos de ser um expatriado; sobre as nuances da minha nova vida de casado. Outra correspondência virtual, e virtualmente sem defeitos, havia se estabelecido.

Quando chegou a hora da minha peregrinação periódica aos Estados Unidos, que começava com alguns dias na casa de Kate, em Ptown, e terminava na casa dos meus pais, na Flórida, mencionei casualmente os meus planos em um e-mail para Ellen. A sua resposta fez com que eu lesse novamente o texto para confirmar se era aquilo mesmo.

De: "Ellen Yeats" <FightingBulldogMom@yahoo.com>
Para: "Michael" <BirkinBoy1@yahoo.com>

Michael,

Na verdade, tenho uma proposta a fazer para você, uma que não envolve o eBay nem a Hermès (acredite se puder). Em breve, irei para a Flórida, onde passo o inverno na minha casa de Palm Beach. Eu estava planejando mandar o meu carro por uma transportadora, mas tive uma ideia quando vi que a sua viagem aos EUA terminaria na casa dos seus pais na Flórida. O que você acha de viajar por terra até o sul, em vez de viajar de avião, e levar o meu carro para mim? E como ainda estamos em setembro, provavelmente o clima estará agradável. Eu vou entender se você não aceitar, mas acho que não custa nada perguntar. Mande a sua resposta, se é sim ou não, para eu poder fazer os planos de acordo com ela.

boa sorte,

ey

Eu não conseguia acreditar que essa mulher iria entregar as chaves do seu carro nas mãos de alguém que ela nunca tinha visto na vida. Muito arriscado, você não acha? Mas como *eu* sabia que eu não era um criminoso, não havia realmente nenhum motivo para recusar. Economizar a passagem de avião, marcar pontos com uma ótima cliente e amiga, e ainda deixar mais descomprometido o meu já folgado itinerário de viagem — sempre ganhar-ganhar era comigo mesmo. Digitei em seguida a minha resposta afirmativa.

De: "Michael" <BirkinBoy1@yahoo.com>
Para: "Ellen Yeats" <FightingBulldogMom@yahoo.com>

Ellen-

A ideia é ótima, mas onde está a pegadinha? Brincadeira, eu adoraria, e já que vou estar aí bem perto, em Ptown, Wareham é superconveniente para os meus planos (e, ainda mais, fica muito perto do aeroporto Logan). E se precisar que eu pegue alguma coisa para você... sapatos, bolsas, roupas, etc. — e leve para Palm Beach, me diga. Já estou acostumado com todas as alegrias das viagens de avião nestes dias — geralmente viajo descalço agora ;-) Mas, em todo caso, o seu desejo é uma ordem.

mt

De: "Ellen Yeats" <FightingBulldogMom@yahoo.com>
Para: "Michael" <BirkinBoy1@yahoo.com>

Michael,

Maravilha — estamos combinados, então! Eu já terei partido quando você for até a minha casa para pegar o carro, mas vou deixar as chaves com a minha assistente, Charlotte. Estou tão agradecida, Michael, isso significa muito para mim, e ficarei duplamente feliz se isso ajudar você de alguma maneira. Acho que já coloquei na mala a maioria das coisas que vou precisar para o inverno, mas se faltar algo (e, como me conheço, é bem possível) eu aviso você. Obrigada de novo.

boa sorte,

ey

PS: As indicações de como chegar aqui estão anexadas a este e-mail; leia com toda a atenção porque é meio complicado achar o lugar na sua primeira visita.

    Menos de um mês depois, eu estava lendo essas indicações tão atentamente quanto um calouro do curso de Literatura Inglesa que navega pela primeira vez pelas páginas de o *Ulisses*, de Joyce, e com quase a mesma quantidade de compreensão. Eu olhava com atenção através do para-brisa do carro de Kate, tentando ignorar as frequentes reclamações dela sobre a estrada poeirenta e a correspondente falta de pavimentação. E sobre como estávamos perdidos. E sobre como a sua ressaca parecia piorar quanto mais longe rodávamos na caça daquela casa. Sabiamente, eu falei o menos possível.

— Bom, as indicações dizem que a casa *fica* logo mais adiante nesta estrada. Tem que estar em *algum lugar* por aqui. A intenção da Ellen é que a gente ache a casa. É só um pouco complicado, acho. — Tentei fazer com que a minha voz soasse otimista.

— Complicado! É só uma maneira de dizer. Uma merda completa, sem nenhuma sinalização ou placa de rua, pode ser outra maneira de dizer. — O copo de Kate não estava meio cheio nessa manhã, *estava meio vazio...* talvez porque, todas as vezes em que olhei para o *seu* copo na noite anterior, ele estava cheio até a borda com os drinques margaritas do Mews. Pequena Miss Azedume.

— Espere, espere, parece que aquele é o número da casa na caixa de correio... diminua, volte, volte um pouco. — Rezei para que tivesse visto o que pensei que tinha visto. Eu só havia vislumbrado por acaso os números no espelho lateral. Bendita sorte por eles estarem *naquele* lado da caixa de correio, pois era do lado que dava para o fim da rua. Contive o meu sarcasmo e cruzei os dedos. Por favor, que esse pesadelo acabe. O ceticismo da minha relutante motorista era palpável, no entanto ela sinalizou e fez meia-volta com o carro. Felizmente, os números eram os mesmos nessa segunda olhada, então Kate e eu atravessamos finalmente a entrada para carros da casa de Ellen, com a nossa velha amizade mais ou menos intacta. Lembrei a mim mesmo de dar a Kate o papel amassado com as indicações, de modo que ela pudesse queimá-lo em efígie. (Desde que ela encontrasse o caminho de volta, é claro. E tirasse a sua tão necessária soneca.)

A casa era típica de Cape Cod, espalhando-se em diversas direções e o exterior gasto pelo tempo, com essa cor de madeira à deriva na água que sempre evoca em mim a Nova Inglaterra quando a vejo em outros lugares. As janelas do sótão espreitavam para fora do telhado, e Ellen tinha sabiamente optado por manter branco todo o madeirame. Eu detesto quando os novos-ricos nova-iorquinos compram uma casa nessa região e imediatamente mandam executar uma insana pintura cor de pastel. Talvez o rosa e o verde claros façam sucesso lá em Martha's Vineyard, mas aqui não agradam. (Tome nota, Nova York, estou absolutamente certo sobre isso.) Felizmente, para a minha paz de espírito, essa casa em particular tinha a autêntica cor de Cape Cod, como devia ser. E se a localização for tudo — e todos sabem que é —, então essa casa possuía algumas importantes vantagens nesse departamento, apesar de estar um pouco distante dos caminhos mais trilhados. Acomodada confortavelmente por trás de uma colina cheia de flores que ondulavam de modo suave, com vista para uma enseada pantanosa formada pelas águas do mar, tudo nela lembrava um refúgio à beira-mar. Só o que se ouvia eram as gaivotas; e o odor salobre no ar era tão denso que dava para sentir o seu sabor. Eu até esperava que um cão de caça saísse do meio dos juncos com um pato selvagem preso entre os dentes, ou que um barco de pesca de lagosta completasse a curva com o jantar no convés. Exatamente nesse instante, como se tivesse sido combinado, uma mulher saída diretamente de um quadro do paisagista Winslow Homer surgiu na porta da frente. Estacionamos e eu pulei agilmente para fora do carro para cumprimentá-la.

— Você deve ser Michael. Espero que não tenham tido dificuldade para encontrar o lugar. — A mulher parecia um pouco indecisa, como se pensasse que eu fosse começar a gritar com ela. Eu tinha certeza de que, em um momento ou outro, alguns ricos idiotas de Duxbury haviam brigado com ela porque demoraram a achar o lugar e perderam a melhor parte do peixe assado na brasa. Bem, mas eu não faria isso (nunca perdi um peixe assado na brasa); e depois de um olhar de advertência, eu imediatamente corri na direção do carro, pois não queria que Kate começasse a reclamar.

— Não, sem nenhum problema, as indicações de Ellen estavam perfeitas. Esta é a minha amiga Kate, e você deve ser Charlotte.

Kate acenou, desanimada, e permaneceu exatamente onde estava.

— Prazer em conhecê-los, fico contente por vocês terem chegado bem. Eu estava nervosa porque vocês podiam ter tido algum contratempo. Ellen já telefonou, querendo saber de vocês. Ela pediu para ligarem assim que chegassem. Algo sobre você cruzar o país, brincando de mensageiro? — Charlotte deu um leve sorriso ao dizer isso. Tive a impressão de que ela devia trabalhar para Ellen havia décadas.

— Tudo bem, sem problema.

Acenei para Kate para que saísse do carro, pois eu não queria que ela fosse embora antes de eu me certificar de que tudo estava arranjado para a minha viagem em direção ao sul. Ela fingiu me ignorar, mas depois soltou relutantemente o cinto de segurança e cambaleou para fora do carro. Com os seus longos cabelos loiros, agora começando a ficar com fios grisalhos, e a sua saia de camponesa de cores vivas, Kate acrescentou mais um aspecto pitoresco ao cenário. Linda, como em um cartão postal — desde que ela não abrisse a boca para falar, assim disse o meu monólogo interior, com certo sarcasmo. Afastei-me de Kate de modo abrupto para que ela não tivesse a chance de me perguntar qual o motivo da minha risadinha maliciosa. Ao fazer isso, peguei Charlotte um pouco desprevenida e pude então ver algo que, caso contrário, talvez tivesse deixado escapar. A assistente de Ellen estudava Kate cuidadosamente, e a emoção estampada em seu rosto tinha apenas um significado: alívio.

Compreendi de imediato a situação — devia ser absolutamente angustiante para uma mulher de 60 anos permanecer sozinha em uma casa enorme, localizada no meio do nada. Eu vinha acrescentar um dado totalmente desconhecido. Ou seja, Ellen não estava nem mesmo no estado e a pobre Charlotte tinha de se encarregar do encontro inicial e das boas-vindas. E, se tudo isso ainda não bastasse, ela precisava decidir se confiaria ou não o veículo aos meus cuidados. Bom, o que eu podia fazer? Nada disso tinha sido ideia minha! Eu esperava que o retiro de reabilitação de Kate na Fazenda Sunnybrook fosse suficiente para acalmar a mente dessa mulher de que eu não era um *serial killer*, ou talvez tivesse bastado ter trazido comigo alguém do sexo feminino. Nesse ponto, Charlotte encontrou os meus olhos, sorriu e começou a me conduzir pelo caminho até a porta principal; entendi tudo isso como um bom sinal. Não desejando forçar a minha boa sorte, tentei parecer tão inofensivo quanto Bambi, enquanto a seguia através do gramado (bom, pelo menos eu tinha grandes olhos castanhos). Por hora, Kate estava aparentemente mais calma, com o sol e o mar embebendo os seus poros, e com certeza não ia nos acompanhar.

Segui Charlotte através da maciça porta de carvalho (repleta de aldrabas de bronze inspiradas em motivos náuticos) e pisquei ao entrar no vestíbulo, cegado pela luz do sol. Eu esperava que o meu olhar curioso por todo o andar térreo não fizesse essa mulher pensar que eu estava planejando um assalto. Quero dizer que eu não conseguia me impedir de examinar tudo; o interior dessa casa *era* muito bonito. A madeira maciça clara, cobrindo todo o piso, contrastava com os lambris de madeira mais escura, e antiguidades muito bem escolhidas se misturavam com chiques poltronas e sofás campestres. A casa parecia confortável, mas de um conforto caro. E a Santa Ceia podia ter sido realizada na sala de jantar. Embora, *nesse* momento, isso não seria tão realizável, a menos que os pães e peixes fossem servidos em caixas de papelão cor de laranja. Porque, de onde estava, eu mal podia ver o tampo da mesa de mogno sob a montanha de caixas da Hermès.

Até agora eu já tinha visto algumas caixas laranja na minha vida, mas a coleção de Ellen, ou parte de sua coleção, ou o que quer que seja que eu estivesse vendo sobre a mesa, era grande o suficiente para se abrir amanhã mesmo uma loja da Hermès em Cape Cod. Estou falando de duzentas, trezentas caixas, no mínimo, todas arrumadas artisticamente de acordo com o seu tamanho. Foi surpreendente ver quantas mercadorias essa mulher possuía e quanto dinheiro elas representavam. Eu não sou uma pessoa que cuida de órfãos famintos — afinal de contas, eles não comem lenços de seda —, mas aquilo era talvez um pouco excessivo. Eu me concentrei em não deixar cair o queixo.

— Bem, chegamos à cozinha. O telefone está na parede. — Charlotte me olhou, em expectativa. Relutantemente, afastei os olhos das panelas de cobre francês, suspensas em ganchos presos do teto, e da pia Pierre Vergnes, também de cobre, com a sua requintada parede de azulejos por trás.

Oh, não, isto ia ser deselegante.

— Hum, na verdade, Charlotte, eu não sei qual o número do telefone dela... — A minha voz foi morrendo. Definitivamente, isso não ajudava em nada a minha história de não ser um estranho total. Charlotte discou o número para mim, sem dizer nenhuma palavra.

    Gastei uma boa meia hora, vasculhando entre todas aquelas caixas de bolsas na sala de jantar, para encontrar as duas belezuras que Ellen havia pedido para eu levar. Cada vez que atacava uma nova caixa, eu esperava ver, apesar da desesperança, ou a bolsa nº 1 — uma Birkin de croco, cor creme — ou a bolsa nº 2 — uma Kelly de couro, na cor *blue jean*. Charlotte papeava comigo enquanto eu desamarrava e amarrava laços e espiava por entre os montes de tecido. Ela também não cuidava de órfãos, felizmente, mas dava para afirmar que estava levemente horrorizada com aquela matança desnecessária. Descobri que os pacotes para Ellen chegavam com tanta frequência, que Charlotte vinha insistindo na agência dos correios sobre a necessidade de contratarem alguém especificamente para atender a família Yeats. Ela também me informou que as pilhas cor de laranja sobre a mesa eram apenas uma pequena fatia da torta Hermès de Ellen. Empreguei com Charlotte a mesma técnica que tinha usado com Kate no carro nessa manhã — mantive a boca fechada. Finalmente, achei as agulhas no palheiro, portanto, era hora de pegar a estrada. Ainda bem. Por mais charmoso que fosse o lugar, eu estava pronto para partir. Tinha pela frente algumas horas ao volante, caso quisesse fazer algum progresso nesse dia.

    Seguindo o modelo Ann Taylor do vestido de Charlotte, desci os degraus de pedra que levavam até a garagem, ao lado da casa. Com os olhos meio fechados por causa da claridade do sol e, corajosamente, tentando enxergar sobre as duas gigantescas caixas de bolsas empilhadas nos meus braços, eu me senti um sujeito de sorte quando alcancei o final da escada sem quebrar o pescoço. Arrisquei uma rápida olhada para onde estava Kate, agora no banco de trás do carro, mas não consegui dizer se os seus olhos estavam abertos ou fechados atrás dos enormes óculos escuros. Charlotte apertou o botão do controle remoto da porta da garagem e eu tive de fazer alguns malabarismos desajeitados com as caixas para poder pegar as chaves que ela me oferecia.

Então, quase me borrei.

Porque, nessa garagem, não estava nem o Mercedes nem o BMW que eu quase esperava. Nem mesmo o Jaguar ou o Porsche que eu quase desejava. Não, não e não, não era nenhum desses. O carro que foi se revelando à medida que a porta da garagem subia lentamente não fazia parte nem dos meus sonhos mais fantásticos. O carro estacionado a alguns metros diante de mim... o carro em que eu estava prestes a entrar... o carro que a minha cliente pediu para eu dirigir durante todo o trajeto até a Flórida, sem ter ao menos posto os olhos em cima de mim... era um... Aston... Martin. Um conversível vermelho, da cor da maçã do amor, com cromados reluzentes e assentos anatômicos de couro bege. Um carro que valia talvez um quarto de milhão de dólares. Como se viesse do final de um longo túnel, pude ouvir a voz de Charlotte à distância, dizendo algo sobre como era um desperdício ter um carro daqueles, já que Ellen havia saído com ele talvez umas duas vezes, ou três, no máximo. De modo vago, apenas com a consciência periférica, percebi que Kate tinha saído do seu carro e agora estava em pé, ao meu lado. Virei lentamente a cabeça na direção dela para ver a sua reação, e vi uma expressão perplexa no seu rosto que me fez sentir como se eu estivesse me olhando no espelho. Ela murmurou para mim:

— Michael... o que é *isto*? Ele parece ser muito... *veloz*. E muito... muito... *caro*.

Tive vontade de dizer "dãã", Kate, é um carro, mas continuei com o tema em pauta no dia e não disse absolutamente nada.

Em vez disso, coloquei cautelosamente as duas caixas no chão e caminhei, com os joelhos tremendo, em direção ao frio do ar-condicionado da garagem. Circundei o Aston Martin como um predador que se aproxima da caça, mas eu só queria venerar, e não ferir. Por um instante, fiquei preocupado porque talvez toda aquela história fosse uma armação — talvez Charlotte chamasse a polícia assim que eu saísse pelo portão, ou talvez Ellen tivesse cerrado os cabos dos freios para receber o dinheiro do seguro e poder comprar mais bugigangas da Hermès. Então me lembrei de que eu é que tinha vendido para ela a maior parte dessas bugigangas, por isso ela me matar seria o mesmo que um viciado matar o seu próprio fornecedor de drogas. Relaxei. E, mentalmente, me preparei para a viagem da minha vida.

Depois de guardar no porta-malas a minha bagagem e as caixas de Ellen; de dizer para Kate que o carro era, sim, veloz, e, sim, caro; de agradecer Charlotte efusivamente; de abraçar Kate umas doze vezes e depois agradecer Charlotte efusivamente de novo; finalmente, eu deslizei para trás do volante. O couro tinha a maciez da manteiga, e o interior não deixava nada a desejar. E, tão logo vi o sistema de som Linn, eu soube exatamente qual seria o motivo da minha primeira parada — qualquer lugar que vendesse CDs, de preferência os mais barulhentos. Liguei o motor, que não roncava como eu esperava... ao contrário, roncava com um sussurro. Dei ré para fora da garagem, fiz meia-volta saboreando a fantástica capacidade de resposta do carro, e parei ao lado das duas mulheres, que esperavam por um último adeus. Fiz uma despedida final, buzinei e parti para uma memorável corrida.

Nem que precisasse pagar com a minha vida, eu não conseguiria tirar do rosto o meu sorriso lunático. E, assim que deixei para trás aquela atroz estrada de terra, comprei alguns CDs, pus para tocar as músicas e atingi a autoestrada, eu não pude pensar em uma única razão para *tentar* tirá-lo do rosto. Portanto, carreguei esse sorriso durante todo o caminho até a Flórida. Frentistas em postos de gasolina, com o olhar esbugalhado; viajantes que viravam o pescoço ao passar pela pista contrária da autoestrada; ansiosos manobristas de hotéis que queriam *me* dar gorjeta — eu vislumbrei esse mesmo sorriso em cada um deles. E, dessa vez, o largo sorriso no meu rosto não tinha nada a ver com as bolsas Hermès no porta-malas.

29
Picolés e Madrepérolas

No ano anterior, eu havia comprado uma Birkin de couro e uma Kelly de croco, de 35 cm — além de vários xales, braceletes, Ulysses e outros pequenos itens —, na loja Hermès de Luxemburgo, sempre desfrutando a companhia do amável gerente. Portanto, não fiquei muito surpreso quando voltei para casa, depois da minha aventura com o Aston Martin na Flórida, e encontrei um convite para a grande festa de reinauguração da loja, que fora reformada. A primeira coisa que fiz foi jogar displicentemente o convite no lixo — por que eu iria querer voar até Luxemburgo para beber champanhe na Hermès? Além disso, estava muito mais interessado em ver como o grande Dalí (o meu novo gato de Bengala) tinha passado enquanto estive fora e me assegurar de que ele se lembrava de mim. Então, como Dalí ronronou no meu colo e olhou amorosamente para mim com os seus olhos verdes imensos, eu reconsiderei. Talvez estivesse sendo um pouco precipitado. *Era* uma nova loja e um evento de gala, portanto havia a possibilidade de estarem lá algumas bolsas especiais enviadas de Paris para fazer com que a loja parecesse extraordinária. Se eu conseguisse obter uma Birkin de croco que fosse incomum ou rara — bem, isso faria valer a pena a viagem até Luxemburgo. Crocodilos e mais crocodilos, a minha vida agora girava em torno de crocodilos. E a necessidade que Sarah tinha desses bichos.

Recentemente, e acidentalmente, Sarah havia "aberto o jogo" para mim, como se diz. Ela fizera uma transferência bancária, em pagamento de uma bolsa, da maneira usual. No entanto, tinha enviado de uma conta que eu ainda não conhecia; a conta bancária de uma empresa chamada Créateurs de Luxe, cujo titular era a própria Sarah. Humm. Pesquisei no Google. E, pelo visto, ela possuía um dos maiores *sites* de Birkins do planeta. Bom, bom, bom. Liguei para ela imediatamente.

— Sarah, aqui é o Michael.

— Oi, Michael, quais as novidades?

— Como está indo a Créateurs de Luxe? Aquela croco, na cor *poudre*, que comprei em Berlim no mês passado está ótima no seu *site*, se é que não sou suspeito para falar. — Não pude deixar de rir. Ela começou a rir também.

— Ah, seu besta, como você descobriu? Eu ia contar para você sobre essa merda toda, mas não sabia o que dizer depois de tanto tempo. Me desculpe, eu devia ter dito... você não está com raiva, está? Me diga que não está com raiva! — Sarah implorou, ficando séria de repente.

— Não, eu não me incomodo, até acho ótimo. E descobri tudo porque você me pagou através da sua conta empresarial, sua idiota!

Rimos juntos durante mais algum tempo, e eu lhe garanti uma centena de vezes que não estava com raiva; e isso foi tudo. Essa história não afetou de modo algum o nosso relacionamento. Eu sempre tive em mente que não me importava com o que acontecesse com uma bolsa depois que deixasse as minhas mãos, por isso seria hipocrisia da minha parte ficar chateado neste momento. E os meus pais podiam agora ter um pouco de paz de espírito — quando papai percebeu que já tinha pessoalmente despachado para ela mais de cinquenta bolsas, eu pensei que a cabeça dele fosse implodir de puro horror por causa dos excessos de Sarah. Mas, agora que sabia que ela revendia as bolsas, ele, que sempre foi um defensor do livre comércio, *adorou* a ideia de Sarah e eu termos uma relação de oferta e procura tão lucrativa.

Essa festa de reinauguração (e a oportunidade de marcar pontos com uma Birkin de croco especial) talvez fosse a oportunidade de mostrar a Sarah que não havia ressentimento entre nós; por isso, me sentindo muito magnânimo e só um pouquinho avarento, tirei o convite da lata de lixo e fiz as reservas para o voo e o hotel. Obviamente, essa era uma ocasião para eu me vestir para arrasar. Coloquei na mala um terno Armani Black Label que mandara fazer sob medida na Bergdorf, juntamente com uma camisa Hermès em xadrez azul, preto e branco, e sapatos pretos John Lobb. E a cereja do bolo: uma *bagmati* Hermès, fabricado em *pashmina*, um tecido muito fino, e cuja cor mudava gradativamente de uma extremidade a outra, indo do verde amarelado até o verde limão. Com cerca de dois metros de comprimento, quando enrolada sobre si mesma e simplesmente atirada em torno do pescoço, parecia-se com um milhão de dólares (ou com os 1.100 dólares que custou) e fazia com que eu me sentisse um verdadeiro dândi da Hermès. Por que não? Pavarotti se dera bem com uma delas. Eu teria apenas de ter cuidado para não enroscar nela o meu *chaîne d'ancre* — isso seria um desastre social.

O convite dizia às 19h no endereço da nova loja; quando cheguei, às 19h15, já estavam lá centenas de convidados. A cena se assemelhava um pouco a um bizarro baile de debutantes. Havia no ar uma sensação palpável de que as pessoas se vestiram para ofuscar e de que tinham uma necessidade urgente de ser aprovadas pelos outros; ambas as sensações exalavam o mesmo mau cheiro das festas de debutantes no Waldorf Astoria. Foi estranho e inquietante ver isso em um ambiente onde a idade média era de 81 anos, e não de 18. As grifes masculinas Kiton, Brioni e Armani estavam empatadas, ao estilo Noah's Ark, com os melhores esforços de Valentino, Chanel e Balenciaga. (Ocorreu-me que era esse tipo de festa que permitia aos estilistas das grifes comprarem os seus iates de trinta metros de comprimento.)

Atirei-me na direção da mesa da recepção, envolto na minha *bagmati*, e apresentei o convite; uma mulher pequena e elegante amarrou um pequeno e elegante pedaço de fita Hermès ao redor do meu pulso. Enquanto caminhava por uma passarela acarpetada e coberta por um toldo, tive um momento de irrealidade — por que diabos eu estava nessa festa? Mas como avistei garçons uniformizados carregando bandejas cheias de bebidas alcoólicas, decidi que agora não era hora para angústias existenciais. Com uma delgada taça de champanhe na mão, segui pelo caminho acarpetado até um grande pátio ao ar livre. Ali, fiquei deslumbrado pela opulência da assinatura Hermès, que excedia todos os limites. Lustres de cristal, funcionários fazendo beicinho, arranjos florais exuberantes, músicos da orquestra vestidos como um bando de pinguins — e, nem é preciso dizer, mais bolsas Hermès do que eu jamais havia visto em qualquer outro lugar. Praticamente todas as mulheres usavam algum modelo de bolsa Hermès, sendo que as Kellys de crocodilo ganhavam a parada. Apenas as bolsas compradas pelos convidados da festa já foram, sem dúvida, suficientes para pagar a bebida cara que eu estava tomando (sem mencionar todas as outras coisas visivelmente caras da loja, o que significava dizer que a festa estava paga). Não me deu vontade de falar com ninguém. Duvidava que algum desses convidados me vendesse a bolsa que carregava no braço; caso contrário, eu teria apertado mãos e beijado criancinhas por todo aquele pátio. Sem Birkins ali, voltei para a loja, através da imitação de tapete vermelho da festa do Oscar, onde eu esperava que estivesse aberta a temporada de caça ao crocodilo. Dentro, a loja estava tão cheia de gente quanto a Bourbon Street no último dia do carnaval em New Orleans, embora não estivesse tão divertida — não havia os tradicionais colares de contas à vista. Atravessei a multidão que olhava tolamente para a fachada da loja e descobri que vários funcionários rondavam por ali, servindo de "anfitriões" para os convidados interessados em olhar os artigos. A minha autonomeada guia era uma vendedora (com características moderadas da Fascista) e, enquanto ela falava sem parar, aproveitei para dar uma olhada rápida na mercadoria. E lá estava, num cor-de-rosa brilhante, uma Birkin de croco, tristemente aprisionada em uma caixa de vidro. Estimulado pelo meu amor por libertar objetos bonitos, eu mergulhei fundo.

— Oh, meu Deus, esta bolsa é um espetáculo! Eu nunca vi esta cor antes.

Eu me aventurei a dizer isso tentando emitir um tom de voz que fosse uma mistura aveludada de riqueza e de reverência à Hermès. A Fascista abaixou imediatamente a voz (como se tivéssemos sido transportados subitamente para uma igreja) e sussurrou de volta:

— Peço que o senhor volte amanhã na parte da manhã e me procure, pois não temos permissão para tirar as bolsas do mostruário nem mostrar os outros artigos esta noite.

Secretamente feliz, fiz-lhe um aceno casual e perguntei a que horas a loja abriria na manhã seguinte. Agora, que a missão estava cumprida, pedi licença depois de alguns minutos e retornei ao pátio a fim de beber às pressas outra taça de champanhe. Dei uma examinada final na extravagante recepção — e, para mim, de uma extravagância tola — e, em seguida, saí calmamente, com interesse zero de me socializar com a autoproclamada "nata de Luxemburgo".

Na manhã seguinte, usando um dos meus "uniformes de comprar Hermès", eu estava de volta à loja segundos depois de eles girarem a chave e abrirem a porta. A minha vendedora da noite anterior se materializou de imediato. Não perdi tempo antes de prosseguir com a fórmula.

— Bom dia, é um prazer vê-la novamente. Falei com minha mãe ontem à noite e lhe contei sobre a bolsa rosa. Ela está extremamente interessada e quer saber se vocês têm alguma outra coisa nessa mesma cor, pode ser da coleção de roupas ou de acessórios, porque ela não tem nada que combine com essa bolsa. — Eu disse isso, sabendo muito bem que eles teriam algum artigo na cor fúcsia. Cerca de meia hora mais tarde, saí da loja com uma *bagmati* fúcsia, uma pulseira de prata de lei, um par de outras bugigangas e uma brilhante Birkin de croco fúcsia, libertada do seu cativeiro de uma vez por todas. O meu lucro com essa bolsa pagaria todos os gastos em Luxemburgo, e ainda sobrariam alguns milhares de dólares.

Vários meses depois chegou aos meus ouvidos a notícia de que a Hermès abriria uma loja em Atenas dali a poucas semanas. Agora, com uma visão bastante diferente das inaugurações da Hermès, peguei imediatamente o telefone e liguei para Paris na tentativa de obter o número do telefone da loja de Atenas; e, se tivesse sorte, conseguir também um convite para a festa. Sorte em nenhum dos casos. Quebrei a cabeça para achar uma solução. De repente, lembrei-me de Katrin, uma das minhas clientes de Birkins, que morava em Los Angeles e tinha uma casa de veraneio nas ilhas gregas. Liguei para ela logo em seguida, com a esperança de que estivesse na Califórnia e rezando para que tivesse alguma informação sobre a inauguração.

— Oi, Katrin, é o Michael... de Barcelona.

— Oi, querido, que surpresa! Você está em Barcelona? Ah, claro, você acabou de dizer. Só voltei de Paris ontem à noite, por isso estou um pouco dopada.

Papeamos ociosamente sobre vários assuntos agradáveis e falamos das novas coleções francesas, que ela tinha acabado de ver. Katrin jamais perdia um único desfile das passarelas. Em geral, eu gostava de conversar com ela e ouvir a sua tagarelice naquele forte e doce sotaque francês. Mas hoje eu tinha um objetivo.

— Katrin, você vai para Atenas para a inauguração da loja da Hermès? — Eu esperava que a pergunta desse a impressão de que eu já tinha um convite, e não que estava à caça de um.

— Eu vou com o Constantino, que é grego e tem apenas vinte e três anos, mas age como se tivesse trinta e cinco, e tem mais ouro que o rei Midas. Seu pai é um magnata da marinha mercante grega... — Katrin continuou falando e me deu todos os detalhes sobre esse personagem Constantino. Normalmente, eu me deixava fascinar por essas conversas (sim, claro), mas dessa vez fiquei calculando qual seria a minha próxima pergunta. Quando ela parou para respirar, eu ataquei.

— Onde você vai ficar? — Perguntei em um tom que, eu esperava, estivesse menos para CIA e mais para sala de visitas.

— Ah, no Grande Bretagne, eu sempre me hospedo lá. Ele fica bem perto das melhores lojas e eu não vejo nenhuma razão para *não*... — Ela continuou a tagarelar. Oh, Senhor. Por que eu não perguntei *quando* em vez de *onde*? Agora parecia que eu estava com um insistente agente de viagens ao telefone. Quando ela começou a ficar sem oxigênio novamente, eu joguei os dados sobre a mesa.

— É melhor eu fazer logo a minha reserva ou vou acabar em alguma espelunca. Quando você vai?

Felizmente, ignorando as minhas maquinações, Katrin me jogou o osso pelo qual eu vinha rezando. Já que qualquer esperança de obter um convite tinha sido aniquilada, resolvi entrar de penetra na festa. Reservei uma passagem de avião e um quarto no Grande Bretagne. (Obrigado pela dica, Katrin.) Calculei que, afinal, um comprador de Birkins em algum lugar do universo estaria pagando a conta, mesmo que não soubesse disso.

Estava chovendo quando cheguei a Atenas, o que era uma chateação. Mas logo me lembrei de que estava ali a negócios, não a passeio. Resignado, registrei-me no hotel e perguntei ao recepcionista quanto tempo eu levaria para chegar à loja da Hermès. Para minha surpresa, ele me disse que a loja ficava diretamente atrás do hotel, a menos de um minuto a pé. Ótimo. Empunhando um guarda-chuva do hotel, ridiculamente grande, caminhei até a loja para dar uma olhada nas vitrines e verificar se havia alguma bolsa à vista. Quando virei a esquina da rua atrás do hotel, dei imediatamente de cara com uma grande tenda laranja que ocupava todo o comprimento do pequeno quarteirão. Fui recebido por uma verdadeira explosão nuclear cor de laranja: uma sinfonia de almofadas laranja, cascatas de flores laranja caindo de vasos laranja, tapetes laranja decorados com flores-de--lis laranja; obviamente, algum organizador de eventos recebera um gordo orçamento para pintar tudo de laranja. Previ até mesmo taças de champanhe cheias de suco de laranja. Havia dezenas de pessoas (felizmente, nenhuma delas com roupa laranja) trabalhando freneticamente para deixar tudo no seu devido lugar para essa noite, e eu tentei permanecer invisível à medida que abria caminho até a frente da loja e das suas vitrines enormes. Não dava para acreditar nos meus olhos: contei quatro Birkins de croco, mas os destaques eram as de cor *bleu roi* e *poudre*. Então avistei o filão principal daquela mina: uma Birkin de pele de lagarto, preto fosco; uma bolsa tão rara que é quase mitológica. Ah, rapaz, ia ser divertido!

Voltei para o hotel a fim de tomar banho e me vestir. Escolhi o terno Prada cor de giz que usei na noite do jantar no Pierre Gagnaire com Serge, agora com as bainhas das calças devidamente costuradas. Dessa vez, para acompanhar o terno, usei uma malha de *cashmere* rosa bebê, de gola olímpica, da Ralph Lauren Purple Label. Já que me tornara um especialista na interação *bagmati/chaîne d'ancre*, o único ajuste que fiz nessa combinação foi a cor da *bagmati* — nesse dia usei a nova, de cor fúcsia. Antes de deixar o quarto do hotel fiz uma última coisa — escrevi para Sarah sobre as possíveis Birkins de croco que iriam ao seu encontro. Pensei, por que não ter pensamento positivo?

Já eram passados 45 minutos da hora marcada quando finalmente cheguei. Sentindo-me como o personagem de um mau filme de espionagem, eu já tinha atado em torno do pulso o pedaço de fita da Hermès que usara em Luxemburgo. Como eu sabia que a única porção de criatividade dessa empresa era direcionada para os desenhos dos seus lenços de seda, achei que a "senha secreta" seria novamente a mesma. O amor obstinado da Hermès pela tradição serviria como um convite pessoal para mim. Os meus instintos estavam certos. Passei sem parar pela "mesa de fitas" e fui cair diretamente no meio da festa. Abasteci-me de champanhe e desapareci dentro da névoa de festejos cor de laranja.

Dali a poucos minutos avistei Jean Paul Gaultier, o *enfant terrible* da moda parisiense e, na época, diretor de criação do *prêt-à-porter* feminino da Hermès. Com aquela cabeleira branca no meio de todas aquelas coisas laranja da Hermès, ele se parecia com um picolé de creme coberto com *sorbet* de laranja, embora um picolé bastante caro. Aposto como ele não tinha uma fita Hermès amarrada no pulso. Mas não havia maneira de verificar — os bajuladores formavam um círculo em volta dele, como uma caravana ao entardecer. Examinei o resto da multidão. Pensei ter reconhecido uma mulher no outro lado do recinto, mas não tinha certeza de como a conhecera. Com pouca coisa para fazer além de observar os convidados, depois da segunda taça de champanhe me espremi por entre a multidão e me aproximei dela.

— Perdoe-me, mas você me parece familiar. — Eu me arrisquei a dizer. Pegando-me completamente desprevenido, ela me deu um abraço, como se eu fosse um colega de escola que ela não encontrava havia muito tempo. Eu ainda tinha dificuldade para me lembrar de como este mundo Hermès era realmente pequeno. Ela revelou ser a vendedora que me vendera a bolsa de crocodilo "reservada" na loja Hermès de Hamburgo. A adorável Hannah, claro. A Avó original.

— Agora sou a gerente *daqui*. — Ela me disse isso, acompanhado de um grande sorriso. Retribui o seu sorriso, sem nem um pingo de falso entusiasmo. Eu *estava* mesmo animado porque sabia que Hannah me amava. Visões em que bolsas de croco saíam da loja comigo dançavam pela minha mente.

Enquanto falávamos, um homem desfilou ao nosso lado. Parecia que ele havia saqueado uma loja Hermès e estava vestindo todos os produtos do seu saque: um cinto de croco laranja brilhante, com o "H" na fivela; um broche de diamantes, com rubis e safiras; um relógio com diamantes incrustados; sapatos de croco laranja; enfim, a loja toda. E como se essa exibição deselegante não fosse suficientemente espalhafatosa, ele ainda carregava uma Birkin feminina de croco laranja, de 40 cm. Que droga era essa? Alguns crocodilos laranja, soltos por aí, estavam sem mãe. Claro que Hannah conhecia essa aparição, então nos apresentou.

— Michael, gostaria de lhe apresentar Lakis Gavalas. O senhor Gavalas desenhou a bolsa Kelly Lakis para a Hermès.

Ah, uau, ali estava ele — o companheiro das férias de verão de Serge. Eu não esperava por uma aparência dessas, mas, pensando bem, como poderia ter esperado? Decidi mostrar-lhe que talvez ele não soubesse nada sobre mim, mas eu certamente sabia algumas coisas sobre ele.

— Uau, mas isso é incrível. Serge, da loja da Faubourg, me vendeu uma Kelly Lakis há uns dois anos. Ele me contou sobre a sua enorme coleção de bolsas Hermès e as fabulosas festas na sua casa em Mykonos. — Eu disse isso e estremeci por dentro devido ao meu tom sentimental, mas era por essa razão que eu estava ali, afinal. Por mais que doesse, eu tinha que jogar o jogo.

Nesse momento, Lakis me estendeu uma mão frouxa. Eu não sabia se era para apertar essa mão ou para beijá-la, como se ele fosse uma espécie de papa do homossexualismo. Tive um começo de engasgo, e optei por um pequeno gesto com a minha taça de champanhe na direção dele. Pacificado pela minha adulação, Lakis dedicou-se em seguida a algo que não tinha nada a ver com um diálogo e tudo a ver com um monólogo de autoglorificação. Fiquei hipnotizado — não pelo seu zumbido fútil e autocentrado, mas sim pelos dentes, que haviam sido branqueados tantas vezes que agora estavam da cor de madrepérola. Esses dentes iridescentes e azulados, ao lado do seu bronzeado excessivo, *à la* George Hamilton, davam a impressão de que Lakis fora retocado no Photoshop. Finalmente, ele pediu licença e foi na direção do picolé-de-creme-e-laranja.

Lembrado à força porque detestava esses eventos, terminei o meu champanhe e disse adeus a Hannah, assegurando a ela que a veria na manhã seguinte. Disse-lhe que trouxera uma extensa lista de compras para a minha mãe; iluminada como uma árvore de Natal, ela murmurou:

— Recebemos muitos artigos incomuns de Paris para a inauguração da loja.

Como não queria dizer nenhuma besteira, como, por exemplo, que eu tinha visto todas aquelas crocos na loja, eu apenas lhe disse que ia esperar ansioso para fazer compras com ela no dia seguinte. Eu precisava ser agradável — afinal, ela *era* uma Avó.

Caminhei de volta para o hotel e, esfomeado por causa de tanta bajulação, devorei feito um lobo um bife no bistrô do hotel. Liguei para Sarah e contei-lhe sobre a festa, depois a informei do meu plano de estar na frente da loja no dia seguinte, cinco minutos antes de abrirem as portas. (Eu estava me sentindo confiante, mas cauteloso, de que o meu telefonema para ela na tarde seguinte seria sobre uma história de sucesso.) Sarah pareceu não querer contar com os seus crocodilos antes de eles terem saído dos ovos. Ou, refleti após desligar o telefone, talvez o meu conto de fadas sobre Avós, Picolés e Madrepérolas tenha sido o responsável pelo ar bastante indiferente de Sarah. Mas eu não me importava, desde que o amanhã me trouxesse o meu final feliz com a Hermès.

❊ ❊ ❊

30
Há Mais de uma Maneira de Pelar um Crocodilo

Na manhã seguinte, ao virar a esquina da rua da loja, enxerguei imediatamente uma fila com cerca de dez pessoas na porta da Hermès. Quase metade da fila era formada por homens asiáticos. Veja só, como era de se esperar, eu não fui a única pessoa que notou que o povo japonês adora os artigos Hermès, mas paga caro demais por eles nas lojas da Ásia. Cada vez mais, eu via homens asiáticos bem vestidos, geralmente em grupo e sem mulheres à vista, utilizando a "fórmula" e saindo da loja com uma Birkin na mão de cada um deles. Tornou-se evidente para mim que eles estavam organizando aquelas reuniões, que eu desejei tanto fazer, para revender as bolsas Hermès com um lucro considerável no Japão ou na Coreia. Eu *sabia* que alguns desses asiáticos eram de fato revendedores, pois Sarah recebia e-mails deles tentando empurrar para ela as bolsas "menos desejáveis" (ou, às vezes, as mais desejáveis), mas com uma margem de lucro gigantesca. Portanto, não consegui impedir que o meu desconfiado coração concluísse que um grupo de homens asiáticos, sem a companhia de mulheres e na inauguração de uma loja Hermès em Atenas, só podia significar uma coisa: eu não era o único revendedor lá, naquela manhã. Tão logo a porta foi destrancada, os quatro homens correram para o departamento de bolsas e imediatamente tomaram conta das quatro vendedoras da loja. Isso também incluía Hannah, que me viu, sorriu e acenou com a mão — no entanto, por ser uma Avó, ela estava impotente diante da garra afiada dos revendedores asiáticos.

Desconcertado, circulei sem rumo pela loja e remexi nas prateleiras de roupas. Então, como num pesadelo, vi as quatro Birkins de croco sendo retiradas das vitrines em uma rápida sucessão. O meu coração mergulhou em direção aos meus mocassins Gucci. Mas, curiosamente, embora não tivesse restado nenhuma bolsa à mostra, todos os asiáticos saíram da loja de mãos vazias. Eu não conseguia acreditar no que os meus olhos viam. Que novo tipo de fórmula era essa? Será que esses homens sabiam algo que eu não sabia? Imaginei que eles sabiam. Primeiro o karaokê e o karatê, agora isso! Hannah se aproximou e me deu um abraço, mas eu estava completamente distraído por causa do que tinha acabado de acontecer. Decidi por uma nova abordagem. Disse-lhe que queria a Birkin *poudre* de croco que estava na vitrine perto da porta de entrada (uma bolsa que tinha desaparecido). Hannah me respondeu com palavras que me encheram de pavor:

— Michael, infelizmente, não sobrou *nenhuma* bolsa de crocodilo.

Eu olhei para ela atônito. E ela completou:

— Eu tenho várias Birkins para você, mas nenhuma de croco. Há uma *blue jean*, de 35 cm; duas pretas, uma de 30 e outra de 35 cm; uma *vermillon*... — Ela continuou com uma longa lista de bolsas, mas essas Birkins básicas de couro não conseguiram me animar. Tendo acabado de ver todas aquelas crocos escaparem das minhas mãos, não dava nem mesmo para fingir interesse. Antes de sair da loja pedi para Hannah reservar para mim dois xales e alguns pequenos artigos de couro, na esperança de que, de algum modo, uma Birkin de croco se materializasse a partir do nada. Como a loja estava agora cheia de gente, eu lhe disse que ia adiantar o meu horário de almoço e que voltaria mais tarde, depois de falar com a minha mãe. Eu estava ansioso para ir embora e programar qual seria o próximo passo. Era um completo enigma; os revendedores asiáticos me vencerem no meu próprio jogo não estava previsto na fórmula. De volta à prancheta.

De acordo com o plano original, eu devia fechar a conta do hotel por volta do meio-dia, então tive de passar pela recepção e prolongar a minha estadia; depois fui até o quarto e transferi o meu voo. Eu precisava de mais um dia para resolver a situação. Voltar para casa sem Birkins estava fora de questão. Eu embarcara nessa viagem para reaver pelo menos o custo de uma passagem aérea na classe executiva e duas noites no hotel Bretagne, cinco estrelas; sem esquecer que ainda tive de puxar o saco daquele pateta com dentes de madrepérola, ontem à noite na inauguração.

Agora, com o clima um pouco mais favorável, optei por uma caminhada até a Acrópole, na esperança de receber mensagens das antigas divindades gregas. De qualquer uma, menos do Hermes. Enquanto vagava por ali, decidi que, se não conseguisse uma Birkin de croco, então eu pressionaria Hannah a me vender *duas* de couro. Afinal, ela tinha recitado uma longa lista de bolsas de couro, então não ia certamente reduzir a sua oferta. Essa solução não me satisfazia por completo, mas não via nenhuma outra escolha. Enquanto caminhava de volta para a praça Syntagma, o meu celular tocou.

— Oi, tudo em cima? Aqui é Sarah. — Antes que eu pudesse dizer qualquer coisa, ela disparou a falar sobre algo inesperado: — Recebi um e-mail esta manhã de outro vendedor me oferecendo uma croco *bleu roi*, uma croco *poudre*, uma de lagarto preto fosco e uma croco *braise*, mas os preços estão uma loucura.

Que droga! Ela simplesmente tinha listado as mesmas quatro bolsas que eu vira desaparecer diante dos meus olhos em questão de minutos, apenas poucas horas atrás. Eu mal consegui articular as palavras de modo inteligível.

— Essas são exatamente as quatro bolsas que estão aqui na loja de Atenas. Elas estavam na vitrine quando a loja abriu esta manhã, mas quatro revendedores asiáticos agarraram as bolsas bem debaixo do meu nariz. Você vai comprar deles?

— Você está louco? Os preços estão fora de qualquer merda de controle! — Disse Sarah, com a sua habitual discrição.

— Esta *situação* inteira está fora de qualquer merda de controle. Eu ligo para você mais tarde.

E assim, lá estava eu. Sarah, sem Birkins; eu, sem Birkins; e graças ao seu ataque de surpresa, os asiáticos com todas as Birkins. Pearl Harbor, de novo.

Decidi retornar à loja e ver se algo havia mudado. Quando entrei, ela ainda estava bastante cheia e eu aproveitei para olhar casualmente as vitrines para verificar se alguma coisa nova havia surgido por um passe de mágica ou se um dos crocos se arrastara de volta para casa. As suas vazias gaiolas de vidro zombaram de mim. Quando consegui finalmente obter a atenção de Hannah por um momento, apenas murmurei alguma tolice sobre a minha mãe e a partida de golfe que ela estava jogando, depois me dirigi para a porta. No caminho avistei um jovem bem bonito (sem dúvida, um Romântico Incurável), que estava atrás da caixa registradora, falando ao telefone. Eu ainda não tinha visto nenhum homem trabalhando ali. Enfim se acendeu uma luzinha dentro da minha cabeça. Tirei de uma pilha um dos novos exemplares de *Le Monde d'Hermès* (por causa do número de telefone dessa nova loja de Atenas) e saí porta afora.

Posicionei-me do outro lado da rua, onde, por cortesia das gigantescas vitrines da loja, eu tinha uma visão perfeita do Romântico Incurável trabalhando em sua caixa registradora. Quem não arrisca não petisca — por isso liguei para a loja e, quando ele atendeu, dei o bote.

— Alô, eu estive na loja esta manhã e uma dessas agradáveis vendedoras me mostrou uma Birkin de crocodilo creme que eu queria dar para minha esposa. Por sorte, antes de comprar, eu vi que ela já tem uma bolsa dessa cor, por isso não vou levá-la dessa vez. Será que você poderia fazer o favor de dizer à vendedora que reservou a bolsa para mim que eu não vou comprá-la? Eu não quero que vocês fiquem segurando a bolsa, hehe.

Tentei parecer um homem de negócios meio grosso e desagradável. (Eu sempre via esses engraçadinhos nas lojas, comprando as bolsas Bolide para as suas noivas e as Paris Bombay para as suas amantes.) Acho que pareci autêntico, porque ele me agradeceu por ter telefonado e disse que daria o recado à vendedora. Meia hora depois voltei à loja e Hannah correu até mim para me dar a boa notícia.

— Michael, uma das Birkins de croco está disponível.

O meu ardil tinha funcionado (adoro esses deuses gregos) e não senti nem mesmo uma pontada de remorso. Na verdade, eu me senti orgulhoso — o meu ar de surpresa foi realmente digno de um Oscar. Não era o caso de essas Birkins estarem "reservadas" para algumas agradáveis senhoras que esperaram dois anos por elas — as bolsas estavam à espera de revendedores, que eram iguais a mim. O que realmente me incomodou foi que eles nem mesmo se deram ao trabalho de comprar as bolsas — queriam vendê-las sem ter pagado sequer um centavo por elas. Comprar Birkins sem correr riscos? Só querendo levar vantagem, não é?

Com o meu desejo por Birkins só parcialmente satisfeito e com as minhas garras empresariais à mostra, decidi ganhar em dobro. Fui embora, mas o meu jogo ainda não tinha acabado. Cinco minutos antes de a loja fechar, pedi para a minha mãe (sempre um bom esporte, esse) ligar da Flórida para a loja e cancelar a "sua" reserva da Birkin de croco *braise*. Outra Birkin estava segura até de manhã. No dia seguinte comprei a Birkin de croco *braise* "para a minha irmã", juntamente com mais dois xales de *cashmere*. Hora de sair da Grécia, com toda a certeza — imagine se um dos meus "concorrentes" tivesse aparecido na loja!

Tentei encontrar uma citação de Confúcio para acrescentar à minha assinatura do e-mail vitorioso que enviei para Sarah do aeroporto de Atenas, pois eu sabia que ela ia morrer de rir. Mas não consegui encontrar uma que funcionasse, por isso fiquei com Virgílio: "A sorte favorece os audaciosos (compradores de Birkins)."

31
Hermès, Temos uma Situação com Refém

Depois do meu desempenho digno da Broadway em Atenas, as coisas voltaram ao normal. Por normal quero dizer a *minha* sensação daquilo que era normal para *mim*, não o que qualquer mãe poderia considerar remotamente normal (embora a minha mãe estivesse se adaptando). Eu me transformara em ator, leiloeiro, especialista em taxa de câmbio de moedas e magnata de Birkins, preenchendo dois passaportes ao longo desse processo. A única coisa que faltava era um jatinho executivo Gulfstream 5, mas quem diabos tinha grana para pagar o combustível? A minha compra de Birkins estava agora no mesmo ritmo que um padeiro compra ovos, ou seja, às dúzias. Sabe Deus o que o banco pensava sobre essas enormes quantias de dinheiro que entravam e saíam da minha conta semanalmente, conforme eu comprava, vendia e financiava Birkins ao redor do mundo. Agora, eu tinha dois *notebooks*, dois celulares e o BlackBerry. Juan costumava sair de casa às oito da manhã e, quando voltava, às quatro da tarde, me encontrava sentado exatamente no mesmo lugar, rodeado pela minha tecnologia, nos dias em que eu não estava viajando. Mas eu não reclamava — as Birkins davam um bom lucro. Mamãe e papai se encarregavam do principal centro de remessa das mercadorias, sendo que 50% ou mais das bolsas que eu conseguia eram enviadas para Sarah, e o restante, para os meus outros clientes. Os meus compradores compravam, eu comprava e até mesmo Juan comprava. E quase todas de croco, agora. E, graças a Deus, tínhamos o gato — pelo menos eu não ficava mais sozinho o dia inteiro. Dalí se enroscava junto ao *notebook*, entrava e saía das caixas vazias da Hermès e fazia todas as coisas fofas que os bichos de estimação fazem, contribuindo para a minha tão necessária distração.

Luc continuava o meu melhor comprador, mas eu não precisava me encontrar muito com ele, felizmente. Ele era a criatura mais egocêntrica que eu conhecera na vida e, nas raras ocasiões que nos encontrávamos em Paris, era sempre eu quem pagava todas as despesas. No entanto, as bolsas conseguidas por ele chegaram às minhas mãos com a precisão de um relógio durante um ano ou mais, assim não havia nada a reclamar da nossa relação de negócios. A certa altura houve um curto-circuito entre nós e eu recebi um e-mail no seu inglês rudimentar, de escola de primeiro grau.

De: "Luc" <LucHermès@yahoo.com>
Para: "Michael" <BirkinBoy1@YAHOO.COM>

olá

grande probleme. o meu banque chamou e me perguntou todas as perguntas sobre o dinheiro de você. eu DEVE enviar uma carta ao meu banque dizendo para que é todo o dinheiro

agora nós devemos conseguir meu cartão amex, querido, porque meu banque só vai dar probleme para nós mais tarde.

ter uma boa tarde e não esqueça de fazer isso amanhã.

beijo

A lava de um vulcão congelaria antes de sequer eu considerar a possibilidade de dar a esse idiota narcisista um cartão adicional do meu AmEx. No entanto, optei por uma resposta mais diplomática:

De: "Michael" <BirkinBoy1@YAHOO.COM>
Para: "Luc" <LucHermès@yahoo.com>

Luc,

será que você pode ligar para a Hermès em Paris e perguntar se eles aceitam travellers checks? se aceitarem, eu posso lhe enviar cheques de viagem da Amex para você pagar as bolsas sem envolver o seu banco. posso enviar os cheques, de um dia para o outro, pela fedex. confirme se isso é possível ...

mt

Luc nunca perdia tempo quando havia dinheiro em jogo:

De: "Luc" <LucHermès@yahoo.com>
Para: "michael" <BirkinBoyl@YAHOO.COM>

Oi querido

Isso é perfeito, liguei para a Hermès e não tem probleme com cheques — você é gêeniu!!! eu pode ter bolsa amanhã, então você pode mandar cheques hoje? Mais uma notícia boa: estou namorando homem rico dos EUA. ME LIGUE AGORA.

beijo

O meu pensamento mais imediato foi que Luc devia estar esfolando vivo esse pobre americano. Eu odiaria ter de ouvir Luc tagarelar como uma adolescente de 16 anos sobre o seu novo namoradinho, por isso providenciei logo os cheques de viagem AmEx e mandei-os pela FedEx.

Esse novo arranjo funcionou como um passe de mágica, e continuamos com ele durante os meses seguintes, com Luc conseguindo bolsas quase todas as semanas. Nunca fiz perguntas, mas eu estava certo de que não era possível obter todas essas bolsas apenas na loja da Faubourg. Aposto como ele estava fazendo os seus negócios com outras lojas. Bastante ocupada essa abelhinha polinizadora de Birkins! Mas, francamente, eu pouco me importava que ele estivesse dormindo com a Europa inteira, desde que as bolsas continuassem chegando até mim.

Certo dia, quando eu estava no carro, em mais uma viagem pelas lojas Hermès do sul da França, com Norah Jones no volume máximo, Luc me escreveu:

Querido, estou em nova york agora e stan, o namorado, deu um visa platinum para mim para comprar bolsas. você pode mandar dinheiro para banque dele. grande notícia. posso tentar Birkin em nova york?

Respondi imediatamente:

Ótima notícia sobre o cartão Visa, isso tornará as coisas mais fáceis para você. Não, esqueça sobre Birkins em Nova York, muito caras!

Luc ficou inconsolável e me escreveu:

☹ Indo pra Bangkok próxima semana. vou tentar bolsa lá. Stan não vai, só o visa dele. A gente trepa com velhotes ricos mas não passeia com eles ☺

Oh, meu Deus, pobre Stan, esse cara tinha dado um tiro de arpão numa baleia e seria arrastado até que ela estivesse completamente exausta. Eu não tinha dúvidas de que Stan ia receber alguma fatura maluca do Visa depois de Luc ter "Bangkokeado". Como ficou provado, o Visa de Stan não foi capaz de assumir sozinho os custos de produção de "Luc na Tailândia": no meio da viagem, eu (outra vítima do arrastão da baleia) recebi um telefonema frenético e tive de lhe enviar 300 dólares.

No entanto, ao contrário de Stan, eu entrei nessa pelas Birkins, não pela carne da baleia.

De volta a Paris e em segurança (provável itinerário da viagem: aeroporto Charles de Gaulle, Bangkok, Charles de Gaulle, posto de saúde, apartamento de Luc), Luc me mandou um e-mail:

De: "Luc" <LucHermès@yahoo.com>
Para: "Michael" <BirkinBoyl@YAHOO.COM>

Queridinho,

De volta a paris. Falei com Sonja e tem duas bolsas nesta semana e Philippe disse que uma croco bleu roi chega muito logo (ele acha eu muuuito lindo e você sabe que ele ainda me ama) OH meu aniversario vem em 2 semanas e eu quer uma toalha de raia da Hermès.

Beijo

    Aposto que o que ele queria dizer *mesmo* era uma toalha de praia da Hermès; essas "simples toalhinhas" custam cerca de 500 dólares...
    Furiosamente excitado, Luc me telefonou algumas semanas mais tarde, enquanto eu ainda estava de pijama preparando a minha primeira xícara de Earl Grey. Como de costume, ele me pediu para lhe ligar imediatamente, o que era bem mais barato do que pagar pela chamada.
    — Querido, eu tenho uma excitante notícia, a *bleu roi* chegou! Como pode *ver*, querido, Philippe me *adora*. Eu disse para você que consigo qualquer coisa dele. — Ele se gabou. Eu fiquei imaginando quantas vezes Luc tinha dito essa mesma frase durante aquele um ano e meio, ou mais, que a gente se conhecia. Ignorei completamente a sua exibição de vaidade e me concentrei nas coisas importantes.
    — Quanto custa a bolsa? — Perguntei.
    — Deixe-me ver, ah, aqui diz 22.000 dólares. Você deve mandar o dinheiro para o banco do Stan imediatamente e eu vou comprar a bolsa amanhã com o cartão Visa. Querido, quanto dinheiro a gente vai ganhar com isso?

Eu me encolhi mentalmente. Qualquer que fosse o valor citado para Luc, eu sabia que ele ia tentar fazer com que eu o pagasse. (Com o tempo, Luc foi ficando cada vez mais ambicioso sobre a sua parte nos "rendimentos" da nossa venda de bolsas — ele exigia agora 50% do lucro de cada bolsa que comprava com o meu dinheiro). Para que ele desligasse logo o telefone, fiz uma previsão educada.

— Ok, mmm, provavelmente nós vamos dividir cerca de 5.000 dólares de lucro.

Dois clientes meus já haviam perguntado sobre uma croco *bleu roi* e, na ocasião, estavam dispostos a me pagar muito bem por ela. Mas vários meses tinham se passado. Pelo pouco que eu sabia deles, podiam estar agora fazendo um *ménage à trois* com Monsieur Hermès, nadando pelados todas as noites em uma piscina de crocos *bleu roi*.

— Querido, garanta que seja cinco mil.

Reconheci o meu erro imediatamente, assim que essas palavras saíram da sua boca. Era muito provável que ele tatuasse esse número na bunda. Merda, por que eu tinha dito aquilo? Disse-lhe adeus, rapidamente, antes que eu causasse mais outro estrago. Não perdi tempo — enviei vários e-mails, oferecendo a bolsa para os meus melhores clientes: Birkin, 30 cm, crocodilo poroso, *bleu roi*, ferragens *palladium* (prata). Eu sabia que a cor *bleu roi* era altamente desejada, por isso não previ qualquer problema.

Na manhã seguinte, acordei e li:

De: "Luc" <LucHermès@yahoo.com>
Para: "Michael" <BirkinBoy1@YAHOO.com>

Querido,

tenho a bleu roi aqui agora. eu preciso muito um grande favor só agora, querido. pode eu ficar com tudo os 5000 para mim? eu preciso cirurgia e preciso de mais dinheiro do que

5000 assim se eu pode ficar com tudo o dinheiro podemos ganhar apenas neste momento, pur favoor?? OK, deixe eu saber logo. Ah se você acha que pode ganhar mais que 5000 vai ser muuuito ótimo.

GRANDE beijo

Não dava para acreditar nesse absurdo. Deixe-me ir diretamente ao ponto: Luc compra a bolsa com o *meu* dinheiro + eu vendo a bolsa para um cliente *meu* = Luc fica com todo o lucro? Não sou nenhum grande matemático, mas essa equação não fazia nenhum sentido para mim. Quem ele pensa que eu sou, o Papai Noel? Se Luc conseguisse comprar e vender as bolsas por conta própria, é óbvio que ele não teria entrado comigo nesse negócio. O ponto fundamental era que precisávamos um do outro. E agora ele queria me deixar de lado no meu próprio negócio? Como assim? E se isso não fosse ruim o suficiente, eu nem mesmo gostava do sujeito. Cada contato com ele fazia com que eu me encolhesse todo. Realmente, só um tolo pensa que uma pessoa que usa e abusa de todas as outras pessoas não está usando e abusando dele.

Assim, mordi a língua e decidi que aquela seria a última vez. Depois disso, não queria mais saber de Luc. Percebi que, apesar de parecer "inofensivo", ele era manipulador e ganancioso demais para o meu gosto. Nem mesmo a grande quantidade de crocodilos fazia valer a pena. Resolvi que, como presente de despedida, eu seria uma pessoa muito generosa ao lidar com esse caso *bleu roi*. Daí poderia cortar todos os laços, com a consciência tranquila.

De: "Michael" <BirkinBoy1@yahoo.com>
Para: "Luc"" <LucHermès@YAHOO.com>

Luc, espero que a sua cirurgia não seja nada grave. Claro que você pode ficar com todo o lucro dessa bolsa (só desta vez), mas, por favor, lembre-se que eu ainda não vendi a bolsa e não posso garantir com certeza que o lucro será de 5000. mas vou procurar vender a bolsa pelo maior preço possível. Espero ter hoje mais notícias e logo informo você.

mt

p.s. transferi 22000 para o banco do Stan ontem para a bleu roi

A minha esperança era que essa resposta adiasse o problema e me desse algum tempo, mas não tive essa sorte.

De: "Luc" <LucHermès@yahoo.com>
Para: "Michael" <BirkinBoy1@YAHOO.com>

Queridinho,

você PROMETIU 5000. Por que é tudo diferinte agora? Isso não é direito quando é a minha vez de ganhar tudo os 5000, então a coisa muda. Stan também dice que você me prometiu os 5000 então NÃO mude isso agora. OK, me responda logo.

Beijo

As coisas foram rapidamente de mal a pior. Fiquei horrorizado porque eu nunca tinha mencionado uma quantia monetária para esse idiota. Dei uma lida rápida nos meus outros e-mails, e adivinhem? Sarah queria a bolsa, mas só pagaria mais 3.000 sobre o preço de custo, o que significava que eu precisaria contribuir com dois mil dólares para fazê-lo calar a boca. Outra cliente escreveu um e-mail dizendo que a minha era a terceira oferta que recebia de uma bolsa exatamente igual, obrigada, não vou querer, não, obrigada. Ótimo — a Hermès havia inundado o mercado e só restou a mim o posto de capitão de um navio que afundava, junto com uma bicha louca e raivosa como primeiro-oficial, e ainda por cima amotinada.

Preparei um bule de chá (e passou pela minha cabeça um breve pensamento sobre ir à caça de um Valium) antes de telefonar para Luc e lhe dizer como estavam as coisas. Expliquei-lhe da melhor maneira possível os e-mails que eu tinha recebido. Pensei que eu estivesse preparado para tudo, mas o ótimo negociador que eu era teve de fazer todos os esforços para tentar chegar a um acordo nessa hora.

— NÃO, NÃO e NÃO, você disse no início que eram cinco mil e agora tenta me enganar. — Guinchou Luc.

— Mas eu não controlo a oferta e a procura. — Eu tentei inserir essas palavras no meio da sua histeria, mas ele me atacou, da mesma maneira como as Sitiantes vão para cima das Avós.

— Não, você disse antes que eram cinco mil e Stan concorda, eu contei tudo para ele. Se você quer a bolsa então venha para Paris com os meus cinco mil.

Com isso, ele bateu o telefone. Traumatizado, fui procurar o Valium. E o vinho. Que inferno... Demorou um pouco antes que eu realmente entendesse a história: a minha bolsa estava sendo mantida como refém. Pobre da pequena *bleu roi*, na posição fetal em um canto qualquer, com fita adesiva sobre o seu fecho e uma venda sobre a sua *clochette*.

Tudo bem, chega de vinho. Hora de tomar algumas medidas.

De: "michael" <BirkinBoy1@yahoo.com>
Para: "Luc" <LucHermès@YAHOO.com>

Luc, estou profundamente perturbado e triste pela nossa conversa ao telefone hoje cedo. Parece que você está esquecendo os 1500 dólares que emprestei para você e como eu transferi dinheiro para você através do banco, sem fazer perguntas, sempre que você me pediu. Sempre fui eu o único a pagar as refeições, pagar os telefonemas, pagar as taxas de transferência bancária, pagar o Fedex e muitas e muitas outras coisas, e até agora eu estava contente em poder fazer isso e nenhuma vez pedi para você o reembolso da sua dívida. Você devia compreender que só porque alguém me oferece (ou a você) uma enorme quantia de dinheiro por uma determinada bolsa hoje, isso não significa que a oferta ainda será válida no mês seguinte, talvez nem mesmo no dia seguinte. Isso é chamado de oferta e procura e faz parte de todos os negócios. Você insinuou para mim que o seu namorado Stan é um homem de negócios inteligente que ocupa um alto cargo, então por que você não encaminha este e-mail para ele e pergunta o que ele pensa de tudo isso? Eu sempre fui mais do que generoso e franco com você, por isso não posso acreditar que você esteja me colocando nessa posição difícil agora.

Por favor, leia este e-mail duas vezes, respire fundo e PENSE antes de me responder.

cordialmente,

mt

Como era de se esperar, Luc não pensou antes:

De: "Luc" <LucHermès@yahoo.com>
Para: "Michael" <BirkinBoy1@YAHOO.com>

NÃO, se eu não receber meu dinheiro, 5000, você nunca mais vai ver a bolsa. FIM de papo.

Luc

Amargamente, notei a ausência de um "Beijo".

❋❋❋

32
Sr. Sherlock Hermès

Eu estava doido varrido (apesar de nunca ter entendido essa expressão, ela descrevia muito bem o meu estado emocional nesse momento). Quer dizer, uma bolsa Hermès de croco não era exatamente igual a um bebê que foi sequestrado, mas ela garantia o meu pão com manteiga. E eu ainda não conseguia acreditar que Luc decidira brincar de Bonnie e Clyde com uma Birkin. Será que não havia limites para a sua falta de maturidade? Ele não percebia como isso era estúpido e mesquinho? E como também era *inútil*? Quero dizer, sequestro de Birkin — você consegue imaginar Luc indo para a prisão com esse crime constando na sua folha corrida? Não que eu fosse chamar a polícia: não dava sequer para me *imaginar* tentando explicar isso a um policial parisiense. Antes de tudo, eu precisava desabafar, portanto mandei um e-mail para Sarah, contando-lhe todo o drama. Depois fiquei sozinho com os meus pensamentos. Eu tinha dúvidas e precisava de respostas. Jesus, de repente eu estava pensando como um detetive particular, como algum Sam Spade da vida.

Pergunta nº 1: Luc planejou tudo isso com antecedência?

A minha reação imediata e paranoica foi supor que ele tinha planejado tudo, mas depois cheguei à conclusão de que, apesar de ser manipulador, ele não era do tipo que planeja as coisas. Cristo, Luc não conseguiria planejar nem mesmo um café da manhã básico, imagine então um crime complexo! Isso me levou à:

Pergunta nº 1(a): Será que "Stan, o macho" planejou tudo isso *para* Luc?

Mais uma vez, foi difícil acalmar a minha alminha desconfiada, porém, se Stan estava dormindo com Luc, será que ele era realmente inteligente? Impossível ele ser a bolacha mais recheada do pacote e aguentar, sem reclamar, ficar sempre fazendo comboios do amor com Luc através da sala de estar. Portanto, não. Eu tinha quase certeza de que todo esse esquema estouvado havia sido provocado por algum impulso imbecil de Luc.

Pergunta nº 2: Luc tinha realmente coragem para ir em frente com essa fraude idiota?

Infelizmente, a resposta era sim, com toda a probabilidade. Eu o ouvira esbravejar contra as pessoas que eram "egoístas" ou "desprezíveis" um tempo suficiente para saber que ele era um especialista em pintar a si mesmo como vítima. E uma vez que essa ideia estivesse teimosamente plantada na sua psique, eu me tornava o inimigo. Ele não ia repensar o seu plano agora; fazer isso seria o mesmo que admitir que era um tolo. O que jamais aconteceria.

Pergunta nº 3: O que eu devia fazer agora?

Bem, essa era naturalmente a questão mais importante e, claro, eu não tinha uma resposta pronta para ela. As minhas escolhas eram:

a. Aparecer sem aviso prévio no seu apartamento, com um frasco de *spray* de pimenta e um taco de beisebol, e resgatar o meu investimento.

b. Pagar-lhe os 5.000 dólares e dar a essa experiência o nome de "lição cara".

c. Esperar para ver o que ele faria.
d. Matá-lo.

Apesar de eu gostar tanto da (a) como da (d), essas opções não estavam de acordo com o meu *modus operandi*. E havia nelas algumas outras falhas: primeira, estritamente falando, ambas eram ilegais; e segunda, eu nem mesmo sabia se a bolsa estava no seu apartamento. O que significava que havia a possibilidade de eu acabar preso na Bastilha e *ainda* ficar sem a Birkin. Seria uma furada. (Eu me perguntei se a Hermès fazia máscaras de ferro.) A opção (b) tinha uma lógica mais direta, com a vantagem adicional de garantir que eu nunca mais teria de lidar com "Luc, o megalomaníaco". Além disso, eu me lembrava vagamente de que em testes de múltipla escolha a opção (b) tinha uma maior probabilidade de estar certa. Apesar da sua lógica imbatível, eu sabia que não ia escolher a (b) porque significava ceder completamente, e eu não ia deixar que algum aspirante a gângster francês fosse extorquir dinheiro de mim. Vá pro inferno! E, assim, só sobrava a opção (c). A (c) me agradava, já que não era necessário fazer coisa alguma, no entanto ela me incomodava um pouco por causa do mesmo motivo.

Parei de pensar e fui verificar os meus e-mails, na esperança de Sarah ter mandado uma opção (e).

De: DeluxeDivaMe@yahoo.com
Para: BirkinBoy1@yahoo.com

Oh, meu deus!!! Essa merda tá fora de controle. Edward acha que você deve pagar a grana e se livrar desse imbecil... Considere isso como uma má experiência. Me mantenha informada.

É, pelo jeito Sarah e o marido apoiavam a opção (b), mas percebi que nessa altura dos acontecimentos eu preferia limpar o meu traseiro com o dinheiro e jogá-lo no vaso sanitário do que o entregar para Luc. A intensidade da minha determinação me surpreendeu, mas acabei decidindo definitivamente pela opção (c). Resolvi ignorar Luc por um tempo, deixando que ele cozinhasse no seu próprio suco (ou, conhecendo Luc, no de outra pessoa). Talvez ele voltasse para mim, com o rabo entre as pernas e um e-mail com um grande beijo e uma puxada de saco. A minha esperança era de que ele ficasse assustado e ansioso se não recebesse notícias minhas por vários dias.

Durante os dias seguintes, eu me concentrei na listagem dos itens no eBay para tentar manter a mente distante de Luc e das suas confusões. Mas comecei a me sentir como uma garota de 14 anos que sofre por causa da sua primeira paixonite: ele vai ligar, quando vai ligar, será que vai ligar mesmo? Eu dava um pulo toda vez que o telefone tocava e checava a toda hora a minha caixa de entrada. Para o meu desespero, nenhum e-mail ou telefonema chegou — eu me sentia como Carrie, a Estranha, no baile no colégio.

Cinco dias mais tarde, recebi um e-mail interessante, embora não fosse de Luc.

De: DeluxeDivaMe@yahoo.com
Para: BirkinBoy1@yahoo.com

Recebi um e-mail da minha amiga Alana, e um cara de Paris acabou de oferecer a ela uma croco bleu roi. De que tamanho é a sua croco bleu roi? E as ferragens? Você acha que poderia ser o Luc? Você já teve notícias dele, o que está acontecendo? Você já pagou a bolsa? Sarah

Os cabelos na minha nuca se eriçaram. Respondi na mesma hora:

De: BirkinBoy1@yahoo.com
Para: DeluxeDivaMe@yahoo.com

A minha é 30 cm, palladium, croco poroso. a alana tem um e-mail ou qualquer outra coisa desse cara? não tive nenhuma droga de notícia sobre o Luc na última semana, por isso estou um pouco nervoso, pq, sim, já dei todo o dinheiro da bolsa e agora ele só está retendo ela, no estilo extorsão pura. me mantenha informado. mt

Depois disso permaneci sentado e curvado sobre o teclado, esperando ansiosamente e-mails de qualquer pessoa, algo que me distraísse. Por favor, mandem alguma coisa para mim, até mesmo um e-mail sobre disfunção erétil seria bem-vindo nesse momento. Qualquer coisa que chegasse à minha caixa de entrada me levantaria, sem trocadilhos. O suspense de não saber se o vendedor de Alana era Luc estava me matando. Depois de torturantes 15 minutos, a salvação chegou.

De: DeluxeDivaMe@yahoo.com
Para: BirkinBoy1@yahoo.com

Alana diz que o número de telefone dele é xx xxx xxxxxx. A bolsa é igual a sua. Ah, e o nome dele é Jérôme. Ela disse que ia se encontrar com ele em paris para comprar a bolsa, espere que vou perguntar se ela tem um endereço. Volto já.

Caramba, como o número de telefone não correspondia e o nome não era o mesmo, achei então que não era Luc, afinal de contas. Quando o próximo e-mail de Sarah chegou, os meus batimentos cardíacos já estavam quase de volta ao normal.

De: DeluxeDivaMe@yahoo.com
Para: BirkinBoy1@yahoo.com

Tenho certeza de que é só uma estranha coincidência, há mais de uma bleu roi 30 cm no planeta neste momento. Alana vai para paris na segunda-feira para se encontrar com esse cara e comprar a bolsa; eles combinaram de se encontrar no apto dele, 13 rue manet.

Não... era... possível. O endereço de Luc — Rue Manet, nº 13. Não dava para acreditar. Ele ia realmente vender essa bolsa debaixo do meu nariz.

De: "Michael" <birkinboy1@yahoo.com>
Para: "sarah" <DeluxeDivaMe@yahoo.com>

essa é a merda da MINHA bolsa! o endereço é o do Luc! preciso falar com a Alana, isso é possível??? SOCORRO!

Sarah, sentindo a gravidade da situação, respondeu imediatamente ao meu e-mail, dizendo que Alana ia me ligar dali a 15 minutos. Quando o telefone tocou, depois de séculos de espera, agarrei-o como se fosse uma entrada gratuita para um show da Barbara Streisand.

— Alô!?!

— Oi, aqui é Alana, é o Michael?

— Olá, Alana, sim, sou eu. Me conte sobre essa bolsa, tenho certeza de que é a minha.

— OK, eu recebi um telefonema de uma amiga vendedora da loja da Avenue George-V sobre uma bolsa *bleu roi* que um sujeito está tentando vender; ela disse que a bolsa é autêntica. Falei com esse cara, o nome dele é Jérôme, e combinamos de nos encontrar na segunda-feira em Paris para eu ver a bolsa e lhe pagar 25.000 dólares.

Enquanto ela falava, eu estava entretido comigo mesmo, pensando que 25.000 dólares tinha sido exatamente o preço citado por Sarah, que representava um lucro de 3.000 dólares. No entanto, esses 25.000 eram para Luc um bilhete de loteria premiado preso a um cartão de aniversário. Era tudo lucro, ele não tinha pagado um centavo pela bolsa. A sorte grande havia batido na sua porta.

— Então você falou realmente com Luc? — Perguntei-lhe.

— Bem, o nome dele é Jérôme. — Ela respondeu.

— Alana, aí é que está o problema. Na verdade, o seu Jérôme é o meu Luc. O endereço em que vocês combinaram de se encontrar é o do apartamento de Luc. Ele é um dos meus compradores e a bolsa foi paga por mim, mas ele quer ficar com todo o dinheiro. — Eu pedia a Deus que ela não estivesse planejando levar adiante esse caso.

— Eu não gosto desse tipo de coisa. De jeito nenhum. Não quero saber de negócios com esse Luc ou com quem quer que ele seja. Vou ligar para ele e cancelar tudo. — Alana parecia aturdida.

— Não, espere. Me deixe pensar sobre isso, não quero perder a pista dessa bolsa. Você se importa de ligar para ele e mudar o encontro para outro lugar?

— Eu não quero conhecer esse cara, Michael. — Agora eu notei nervosismo na voz dela.

— Não, eu só quero que você mude o encontro para algum lugar mais movimentado, um café ou algo assim. Sim, um café. Diga que você quer encontrá-lo no Ladurée, mas não cite esse nome, diga apenas que é o café em frente à Gucci, na esquina da rue Royale com a Faubourg Saint-Honoré. Sim, está perfeito.

Sim, perfeito. Desse modo, eu poderia interceptar. Mas isso, claro, conduzia à próxima pergunta — o que eu faria depois? Acho que essa questão ficaria para ser decidida mais tarde.

— Tudo bem, vou telefonar para ele e depois ligo de volta para você. — Ela desligou.

Hummm. Luc, o Sanguessuga, estava tentando ganhar um monte de dinheiro em cima do *meu* investimento. Isso não ia acontecer. Infelizmente, eu não tinha nenhum indício do que ia acontecer. Eu me senti desqualificado para enfrentar a situação — precisava de um seminário de final de semana no FBI. E de galochas. Mas por que galochas, afinal?

O telefone tocou: Alana. Tudo estava acertado. Na segunda-feira, às quatro da tarde no Ladurée. Eu disse que lhe devia um agradável jantar, acompanhado de champanhe.

— Alana, quando eu conseguir a bolsa de volta, você estaria interessada nela? — Eu achei que devia perguntar.

— Hum, não, acho que não, Michael. Penso que essa bolsa está com um carma ruim.

— OK, tudo bem, eu entendo.

Bolsa com carma ruim? Rapaz! Eu não a culpava por pensar assim; seria difícil para ela olhar a bolsa sem se lembrar de toda essa confusão. Eu, pessoalmente, nunca mais queria ver uma Birkin *bleu roi* — mas só depois que recuperasse essa.

Em seguida liguei para Sarah em busca de conselho. Deixei-a a par da minha conversa com Alana.

— Michael, eu espero que você esteja pensando em arrumar uma dupla de guarda-costas. — Como eu ri, ela mudou de tom: — Porra, estou falando sério. Por acaso, você sabe se ele vai aparecer sozinho? Ele pensa que vai receber 25.000 dólares; aposto como não vai aparecer sozinho. Michael, você não pode ir até lá sem companhia, de jeito nenhum! Você tem um investimento de 25.000 dólares para proteger, isso sem mencionar que precisa proteger a si mesmo. — Parecia que Sarah tinha assistido de uma só vez uma temporada completa do seriado *CSI*.

— Bom, o que posso fazer, uma chamada para o 0-800 guarda-costas? — Eu tentei manter um tom de voz alegre, não havia necessidade de nós dois entrarmos em pânico.

— Não, mas você não conhece alguém em Paris, alguém para quem você possa ligar e pedir ajuda?

— Bom, a única pessoa que eu conheço em Paris, com exceção de Luc, é Serge, o meu vendedor da Hermès, mas não posso telefonar para ele e pedir uma coisa dessas. Imagine se eu posso contar essa porra dessa história para ele!

Sarah caiu na gargalhada ao visualizar a cara de Serge quando percebesse que eu era um revendedor. Tudo isso *era* engraçado, mas seria muito mais engraçado se estivesse acontecendo com outra pessoa, o que, sob o ponto de vista de Sarah, era verdade.

— E se você falar com Pierre, aquele cara que você conheceu, um dos meus compradores? Você disse que vocês se davam bem. — Dava para dizer que Sarah estava tentando me ajudar mesmo.

— Sim, nós nos damos bem. Mas ele é um conhecido casual, Sarah. Eu não posso ligar para ele e perguntar se conhece algum guarda-costas que eu possa contratar! — Eu não queria ser desagradável, mas não via como esse cara podia ser importante pelo simples fato de viver em Paris e não parecer um assassino.

— Não acho que você tenha muitas outras opções. Hoje é sábado, e você tem que encontrar esse idiota na segunda-feira — disse Sarah. — E você não pode ir sozinho, você sabe que isso seria uma estupidez. — Ela tinha razão.

— OK, então me deixe desligar o telefone, conseguir um voo e reservar o hotel. Em todo caso, acho melhor chegar em Paris amanhã. Vou tentar ligar para o Pierre. — Prometi a Sarah que a manteria informada.

Telefonei para Pierre e, sem jeito, expliquei quem eu era. Ele riu e garantiu que se lembrava de mim. Tudo bem, primeira etapa cumprida. Eu despejei a história toda e, sutilmente, incriminei Sarah por tê-lo envolvido nessa minha confusão.

Pierre, como um colega revendedor, ficou bastante perturbado pela minha história. Quando lhe falei do meu encontro com Luc no Ladurée, ele reagiu com força.

— Não seja louco, você não pode fazer isso — ele insistiu. — E se ele não for sozinho? — Agora eu tinha duas pessoas me dizendo como era um péssimo plano para mim ir até lá sem companhia.

— Sarah acha que eu deveria levar alguns guarda-costas comigo, desses caras grandões e musculosos.

Achei que eu também poderia ir diretamente ao ponto. E notei que, mesmo que ninguém quisesse que eu fosse sozinho, ninguém estava se oferecendo para ir comigo. Pierre riu (todos achavam tão divertido o meu maldito dilema!) e disse:

— Talvez eu tenha alguém para indicar para você. Ele é só um amigo de um amigo, mas acho que ele costumava trabalhar como segurança nas principais casas de moda. Agora ele está fazendo um trabalho como segurança de bancos. Talvez ele possa ajudá-lo. Vou tentar localizá-lo e depois ligo para você.

Já era perto de meia-noite quando Pierre e eu conversamos novamente. Pierre disse que ainda estava tentando encontrar o sujeito. Eu lhe disse que estava encerrando o meu dia, mas que viajaria para Paris na manhã seguinte e ficaria no hotel Mansart (é claro).

Permaneci acordado na cama por algum tempo, pensando sobre essa situação bizarra. Não dava para acreditar que Luc queria roubar 22.000 dólares de mim. Mas eu sabia que a minha vontade de vencer esse impasse não era apenas por causa do dinheiro. Sim, envolvia um monte de dinheiro e eu o queria de volta, mas era principalmente uma questão de orgulho. Luc, com a sua atitude de criança mimada e o seu coração ingrato, não ia conseguir o melhor de mim. Eu gostaria de recuperar a bolsa, mesmo que tivesse de viajar até os confins da Terra, com uma lupa na mão e um cachimbo preso entre os dentes. Também desejaria, com certeza, ter um Watson ao meu lado — ou, pelo menos, um desses chapéus legais com abas protetoras de orelha. Eu sempre quis ter um.

✱ ✱ ✱

33
Filme *Noir* de Fellini

LISTA DO QUE LEVAR
1. Roupas
2. Artigos de higiene pessoal
3. Nariz/óculos de Groucho Marx
4. Boné/bastão de beisebol
5. Óculos de visão noturna
6. Galochas
7. Telefone celular
8. Munição
9. BlackBerry
10. AK-47

Definitivamente, eu estava bastante nervoso ao embalar as coisas para a viagem a Paris a fim de fazer essa intervenção improvisada. Eu sabia que o meu avião partiria dali a algumas horas, mas não estava bem certo se queria embarcar nele. Talvez, toda essa ideia de tentar passar uma rasteira em Luc para recuperar a minha Birkin fosse uma estupidez. Na verdade, essa situação toda — ser chantageado e contratar "assassinos de aluguel" — começava a ficar com um jeito demasiadamente *Poderoso Chefão* para mim. (Mais o do primeiro filme do que do segundo; jamais o do terceiro — esse filme foi um desperdício.) Fiquei lembrando a mim mesmo que a passagem de avião estava comprada, o hotel estava reservado e eu estava indo. E eu *tinha* lido em algum lugar que, na hora da morte, as pessoas sempre dizem que se arrependem mais pelas coisas que não fizeram do que pelas coisas que fizeram. Eu esperava que estivesse incluído nessa pequena homilia o fato de contratar assassinos de aluguel para, com o uso da força, fazer com que um francês idiota e pretensioso devolvesse uma bolsa.

Eu não disse nada a Juan sobre o que estava para acontecer. Ele tinha uma tendência a se preocupar de modo exagerado e desnecessário, mais ainda depois do caso da minha anemia. (Ele sempre tentava me empurrar limões — ele e os pais tinham uma crença quase sobrenatural no poder de cura dos limões. Outra das manias catalãs, acho. A minha boca ficava enrugada todas as manhãs só de assistir Juan engolir a sua "dose diária". Não, muito obrigado.) Eu sabia que ele me daria um puxão de orelha se soubesse que eu me dirigia para um duelo na "arena" Ladurée, por causa de uma bolsa. De jeito nenhum eu precisava desse estresse e, com certeza, ele também não. E não era incomum eu ir inesperadamente a Paris com alguma perspectiva quente de obter uma Birkin, portanto eu sabia que essa viagem não levantaria qualquer tipo de bandeira vermelha. Nesse sábado de manhã, ele estava feliz, imerso em um programa sobre culinária espanhola, com Dalí aninhado ao seu lado, quando beijei os dois e saí. Para sossegar a minha consciência, decidi que ia contar-lhe toda a história — assim que resgatasse a bolsa. Contaria também para Dalí. Ele estava crescendo, e a gente não pode superproteger os filhos para sempre.

Ao me registrar no hotel Mansart, já havia mensagens esperando por mim: Pierre, naturalmente. Quando retornei a sua ligação, fiquei sabendo de todas as novidades. Pierre e a sua amiga Sandrine tinham encontrado o assassino de aluguel na noite anterior (às duas da manhã) durante um giro pelos bares da cidade. Acho que eu devia dar graças a Deus pelo fato de todos os meus conhecidos serem bons bebedores. Pierre também me informou que "isso vai lhe custar uma pequena fortuna, já que o cara trabalha na base da comissão". O meu maior medo se tornara realidade: o jeitinho italiano havia se infiltrado na França. Mas, pensando bem, essa não era uma comparação justa — o assassino de aluguel ia prestar um serviço para mim, do qual eu precisava desesperadamente; ele não estava aceitando suborno para me vender uma bolsa. Deduzi então que fazia sentido o valor do objeto ser levado em consideração. Desde que eu tivesse o meu bebê *bleu roi* de volta, o resto não importava. Não era o caso de a contratação do assassino de aluguel custar mais do que a bolsa. (Que triste situação, hein?) Também percebi que era melhor parar de chamar o assassino de aluguel de "assassino de aluguel" porque eu seria capaz de deixar isso escapar quando o conhecesse, o que seria péssimo.

Pierre apareceu em uma BMW prateada, o que era bom. Se você está a fim de contratar um braço forte, é melhor chegar em grande estilo. Na verdade, eu já me sentia muito mais animado porque havia contratado alguém — ou estava prestes a contratar alguém. Venho de uma escola de pensamento que diz que, se alguma coisa quebra, a gente contrata um profissional para consertá-la. Se o vaso sanitário quebrar, a gente chama um encanador. Portanto, se a nossa Birkin for mantida como refém, a gente chama alguém que está acostumado a proteger bolsas de grife. Eu estava ansioso para conhecer o sujeito.

De: BirkinBoy1@yahoo.com
Para: DeluxeDivaMe@yahoo.com

ok, aqui estão as novidades, mas você não vai acreditar no dia que eu tive! e não se preocupe, estou super bem. antes de tudo, o assassino de aluguel que pierre me ajudou a encontrar, ou como eu prefiro agora me referir a ele, "o meu associado", era um brutamontes, do tamanho de um jogador de defesa do superbowl (ele também estava com um desses fantásticos tênis bikkembergs que eu adoro), mas logo ele começou a despejar perguntas sobre mim, queria saber se Luc sabia que eu estava no mansart e quando respondi que sim, ele disse que eu tinha que mudar de hotel naquela noite! por isso estou agora no programa de proteção à testemunha de birkins. depois, ele me pendurou num maldito pau de arara para me fazer confessar se fui eu quem comprou a bolsa, quanto paguei por ela, onde Luc morava, se ele usava drogas, como eu conheci ele, onde ele trabalhava, toda essa merda. quero dizer, ele perguntou principalmente sobre Luc, mas ele estava me TORTURANDO para ter as respostas. eu só queria pedir uma garrafa de conhaque e acabar logo com ela. mas depois entendi, ele só queria se certificar de que eu era confiável etc., e não estava contratando ele só para roubar uma porra de uma bolsa para mim. acho que no fim ele acabou acreditando em mim, pq saímos e ele e Pierre ficaram num blá blá blá e definimos a coisa toda para amanhã. o "associado" tomou nota de tudo num notebook. dá pra acreditar nessa merda?? sarah, não sei em que inferno isso vai dar. por isso estou fazendo as malas e me aprontando para quando eles vierem me pegar e levar pra outro hotel, eles estão muito preocupados que Luc me veja e perceba que algo está acontecendo. não dá pra acreditar que eu não vou poder ficar no mansart, eu amo este lugar, é tão estranho ficar em outro hotel quando estou em paris... mas se conseguir recuperar a bolsa, então tudo bem. amanhã é o grande dia, mande bons pensamentos pra cá. vou manter você informada.

mt

Eu estava um pouco preocupado em deixar o Mansart antes do combinado, pois praticamente todo mundo lá me conhecia pelo nome e sabia que eu nunca permanecia na cidade por apenas uma noite. Não chegava a ser nada muito sério, porém eu não queria inventar uma desculpa qualquer ou que pensassem que eu não estava satisfeito com o hotel. Felizmente, na hora em que eu estava pagando a conta, exatamente quando seria lógico o recepcionista me perguntar porque eu encurtara a minha estadia, o porteiro se aproximou e nos interrompeu.

— Sr. Hermès. — Ele disse isso com um sorriso. Era assim que alguns funcionários me chamavam agora, por causa da prodigiosa quantidade de sacolas cor de laranja que eu carregava para dentro e para fora do hotel. — Eu gostaria de lhe fazer uma pergunta... O senhor conhece uma Oprah *Winefree*? Ela é famosa nos Estados Unidos, não é?

— Acho que você quer dizer Oprah Winfrey, e, sim, ela é muito famosa na América. É uma das mulheres mais ricas do mundo e apresenta um *talk show* que faz um enorme sucesso. Ela é uma pessoa muito importante. Por que você pergunta?

— Acho que os seus amigos da Hermès não a conhecem. Eles não a deixaram entrar ontem na loja perto da hora de fechar. Ela e outra mulher, Gayle?, uma amiga dela. Bem, eles não a reconheceram, afinal ela é da televisão. Não a deixaram entrar, e muita gente está pensando que é porque, bem, porque... — Ele fez uma pausa, hesitando em continuar.

— Porque ela é negra, não é? — Devia ser onde ele queria chegar. Ele concordou, parecendo desconfortável.

— O senhor acha que eles sejam assim lá? — Ele perguntou depois de um segundo.

— Racistas? Hum, não... não que eu saiba. Mas ela é superfamosa, por isso não é nada bom que não a tenham deixado entrar. Fico imaginando o que vai acontecer... Uau! — Pensei que era muito engraçado que o meu drama de sequestro estivesse se desenrolando ao mesmo tempo que o grande drama da dupla Hermès/Oprah. A simultaneidade é uma coisa engraçada.

Por falar nela, nesse instante Pierre parou o carro na área de carga e descarga e buzinou, e então pude escapar sem revelar por que estava deixando o hotel de modo tão abrupto, ou, o mais provável, sem mentir por que estava deixando o hotel. Como você pode ver, não havia nenhuma maneira fácil de explicar a minha situação.

Ainda não acredito que Pierre não permitiu que eu me registrasse no novo hotel com o meu nome verdadeiro. Eu me senti como uma esposa que sofreu abuso e está fugindo do cretino do marido. Depois que me instalei, Pierre, sendo o cara legal que era, perguntou se eu passaria bem a noite, sozinho no quarto. Por que eu não passaria bem? O que podia acontecer? Hein? E então, como se isso não bastasse, ele me disse para permanecer próximo ao hotel. A situação parecia ficar cada vez mais bizarra, e não cada vez menos bizarra, como eu ingenuamente esperava. Mas decidi, alma teimosa que sou, que não ia deixar Luc controlar a minha vida. Eu sairia para jantar, e ponto final. Já tinha chegado ao saguão do hotel quando resolvi voltar até o quarto e pegar o meu boné de beisebol do Red Sox e os óculos escuros, para ajudar a ocultar a minha identidade. É melhor prevenir do que remediar.

Nessa noite jantei no Royal Madeleine Bistro. Típico do Velho Mundo, com muita madeira e zinco. Houve um breve e estranho momento quando a recepcionista tentou fazer com que eu me sentasse perto da janela (desculpe-me, moça, preciso de uma mesa nos fundos porque estou tentando evitar um garoto de programa que roubou uma das minhas Birkins). A minha cara assustada disse tudo, e ela me levou imediatamente para uma mesa nas entranhas do restaurante. Como um bônus adicional, de lá eu conseguia vigiar a porta de entrada. (Ai de mim, esqueci no hotel os óculos de visão noturna.) Apesar de não precisar deles para distinguir o imenso balde de prata com as garrafas de Taittinger. Juntamente com o *coup de champagne*, o garçom também me trouxe o *Herald Tribune*. Eu me perguntei se ele tinha percebido a minha necessidade de camuflagem.

Eu estava morrendo de fome — essa história de estar em fuga esgota realmente qualquer um. Pedi *foie gras*, sopa de cebola, linguado de Dover e uma garrafa de Côte-Rôtie. Que tal isso como Última Ceia? Também achei que, como ninguém sabe o que o amanhã nos reserva, bem que eu poderia detonar. Então... *tarte tatin* e alguns Armagnacs. Garçom, dose dupla. Pouco importava se eu detonasse.

Quando voltei para o hotel, havia um e-mail de Sarah à minha espera. Olhei para ele com os olhos turvos, através dos meus óculos de champanhe.

De: DeluxeDivaMe@yahoo.com
Para: BirkinBoy1@yahoo.com

Puta que pariu! Tudo isso é tão maluco, tão engraçado. Parece um desses filmes de assalto à mão armada, estou sentada na borda da poltrona esperando pra ver no que vai dar, HAHAHA! Luc é idiota demais por fazer você passar por tudo isso. É só uma merda de bolsa, espero que isso chegue a valer a pena. Sim, eu sei, provavelmente vale a pena, é uma porrada de dinheiro. Boa sorte, e eu sei que você vai recuperar a bolsa, Luc não vai conseguir enfrentar esse cara. Dê um oi por mim pro Pierre, faz tempo que não falo com ele. Mantenha contato e me conte tudo, quero todos os detalhes. E também esse é um jeito de eu saber que você está vivo, hahaha.

sarah

p.s. você soube da história da Oprah? acho que ela nem foi até a Hermès, eu nunca a "vi" com uma birkin

De: BirkinBoy1@yahoo.com
Para: DeluxeDivaMe@yahoo.com

ei, queria te dizer oi, sim, ainda estou vivo... estou de volta ao "novo" hotel, ligado na CNN (sempre a oprah o tempo todo, haha, que puta situação difícil para o relações públicas da Hermès, né? dá pra acreditar?)

pierre me disse pra não sair pra jantar por causa do Luc, mas saí. não me encontrei com ele, sempre fui bom no esconde-esconde, hahaha.

muuuita champanhe no jantar, estou meio bêbado, não dá pra me culpar, né? haha. bons sonhos.

mt

O telefonema de Pierre me acordou cedo demais na manhã seguinte. Eu estava curtindo uma pequena ressaca (por incrível que pareça). Ele disse que ia passar para me pegar às 13h30, o que me dava cerca de quatro horas para descansar e ficar à toa. No entanto, eu tinha uma tarefa. Precisava anotar tudo o que eu me lembrava sobre Luc, a sua casa, carro, etc., para que o Associado pudesse se preparar da melhor maneira possível. Anotar qualquer coisa nesse momento era tão atraente para mim quanto um jogo de críquete, mas eu percebia o sentido da coisa. Tateei em busca de uma folha de papel de carta do hotel, de uma caneta e do meu exemplar da *Vanity Fair*, para usar como apoio.

Menu do Luc

- cerca de 1,8 metro, olhos castanhos escuros, compleição bem definida, cabelo castanho escuro

- 13 rue Manet, 2º andar (à direita), entrada de metrô fora do edifício

- mora sozinho (é amante de um velhote rico dos EUA)

- VW Golf, cinza escuro, velho, 2 portas, estaciona na rua, muitas vezes mal estacionado

- veste-se muito bem, com cores escuras, talvez um terno escuro

- estará carregando uma grande sacola de compras cor de laranja da Hermès??

- muito bonito e muito vaidoso (não gostaria de ter o rosto machucado)

Depois de dar uma cochilada, ingerir mais algumas aspirinas, tomar um banho quente de chuveiro e beber copiosas xícaras de chá, eu estava razoavelmente de volta ao normal quando Pierre passou para me pegar. O Associado sentava no banco do atirador, ops, do carona, e eu lhe entreguei o meu menu sobre Luc. Descobri que "nós" havíamos decidido não prosseguir com o plano do encontro no Ladurée. O Associado opinou que era "um campo aberto demais, caso acontecesse alguma cena de violência". Como assim, uma cena de violência? Até pude imaginar Luc com um megafone na mão: "Se todo mundo ficar calmo, a bolsa não vai se ferir."

Agora, o plano era o seguinte: o Associado e os dois associados *dele* (esse cara era bastante gregário — tinha a sua própria gente), com quem ele ia se reunir, tentariam resgatar a bolsa antes mesmo de Luc entrar no seu carro. Na verdade, o plano *mestre* era que tudo ocorresse justamente no prédio de Luc, para que não houvesse a

mínima chance de que algum passante pudesse interferir. A minha participação no plano foi informar onde estava localizada a porta de Luc no edifício, só isso. Pierre e eu ficaríamos em um café bem perto da casa de Luc, facilmente acessíveis através de um celular com "linha direta" que o Associado dera a Pierre para o caso de alguma "complicação". Lembrei-me do que Sarah tinha dito no seu e-mail, sobre esse caso se parecer com um filme de assalto, mas achei que a comparação só seria exata se o filme fosse dirigido por Fellini. Pense bem — três "assassinos de aluguel" perseguindo uma bolsa? Um gay tentando "defender" uma bolsa de crocodilo? Um celular com "linha direta" para o caso de haver alguma "complicação" ao resgatar uma Birkin? O mundo estava ficando louco?

Depois que deixamos o Associado perto do prédio de Luc, Pierre e eu nos instalamos no café. A tarde se arrastava. E eu olhava constantemente para o meu relógio e brincava com o *chaîne d'ancre* (resolvi usá-lo porque considerei que esse era um dia de obter Birkins, embora um dia não convencional).

14h29 Pierre, café; eu, chá.

14h34 O telefone de Pierre toca, me tirando do meu estupor. Não sei quem está falando, mas ele não parece feliz.

14h38 Pierre fuma freneticamente e abre o jogo: era uma mulher casada, com quem ele tem um caso. Ela quer um encontro em Marrakech; ele, não. Ele está irritado. Ela também.

14h39 Ela liga de novo.

14h40 Ela liga de novo.

14h41 Ela liga de novo.

14h42 Ela liga de novo. Pierre fica furioso. Eu mal consigo entender o que ele diz, mas sei que eles nunca mais vão se falar. Na verdade, Pierre *desliga* o seu telefone.

14h43 Pierre, cerveja; eu, chá.

14h47 O celular "linha direta" toca. O Associado quer saber se o prédio de Luc tem estacionamento e se ele o usa. Não, ele *sempre* estaciona na rua.

14h54 "Linha direta" de novo. Luc tem uma cabeça raspada? Claro que não, ele é muito vaidoso. O Associado não tinha lido o meu "menu"? Decidi guardar esse pensamento só para mim.

14h55 O Associado liga novamente, com um "desenvolvimento interessante do caso". Dois caras jovens entraram no prédio de Luc. Ele diz que, se esses dois caras estiverem envolvidos, o preço aumenta em cinco mil. Ótimo!

14h59 Pierre, cerveja; eu, cerveja.

15h09 A "linha direta" toca. A minha missão: ir até o telefone público no outro lado da rua e ligar para Luc. Muito sério, Pierre me diz para eu ter *certeza* de discar 067 antes, a fim de bloquear a identificação de chamada. Era só para eu ver se ele atendia; se atendesse, eu desligava. O que ele fez. O que eu fiz.

15h11 Pierre liga para o Associado e lhe dá o sinal de "vá em frente". O Associado liga de novo, dentro do prédio e confuso. Eu lhe passo de novo as coordenadas:

– Entre pela porta da frente
– Caixas de correio à frente, a uns 5 metros
– Vire à esquerda
– Ampla e velha escadaria de madeira, vire à direita, suba
– No segundo patamar, portas duplas à sua direita
– (Consultar o sensor de Birkins agora... a agulha deve estar na zona vermelha)

O Associado já não estava mais confuso.

15h19 Fui ao banheiro e fiquei o tempo todo preocupado, com receio de perder algo.

15h27 "Linha direta". O Associado se preocupa que Luc possa ter escapado deles. De volta ao telefone público...

15h28 Muito estranho: eu falando com Luc. Pouca coisa é dita... ele "tem que ir". Sim, óbvio, um importante duelo de esgrima por uma bolsa às quatro horas. Deus, que imbecil!

15h29 A presença de Luc no apartamento é confirmada para o Associado.

15h33-15h42 Ligações repetidas para o Associado, nenhuma resposta. Pierre fuma um cigarro atrás do outro, eu entorno cervejas. Percebo que estou prestes a ficar bêbado de novo. Penso que talvez seja alcoólatra. Culpo Luc.

15h43 Uma mão pesada cai sobre o meu ombro, me assustando. Felizmente, não é outro senão o Sr. Associado, que tem uma sacola de compras cor de laranja pendurada na outra mão e um sorriso divertido no rosto. Dois outros hipopótamos estão atrás dele, ambos com um enorme sorriso em rostos que, em outras ocasiões, deviam ser imponentes. Fica claro que eles não conseguem acreditar que toda essa confusão foi por causa de uma bolsa. Eu quero explicar, mas, quando abro a boca, percebo que também não entendi nada. Em vez disso, peço cerveja para todos.

De: BirkinBoy1@yahoo.com
Para: DeluxeDivaMe@yahoo.com

Missão cumprida! não vi como tudo aconteceu, mas os "meus rapazes" me contaram a história toda. quando Luc saiu do seu apto para ir encontrar "Alana", o associado e seus dois capangas (sim, acabei tendo 3 fortões ao meu lado) foram atrás dele. (aliás, Luc tinha dois amigos com ele — tudo estava "planejado" para acontecer dentro do prédio, mas eles foram surpreendidos por esses outros almofadinhas que estavam lá.) de qualquer modo, quando Luc foi até a sua lata-velha, os "meus rapazes" estavam lá e engaiolaram os três dentro do carro (imagino que pareciam ratos numa ratoeira, haha). depois, perguntaram se Luc tinha "alguma coisa do michael", como eu gostaria de ter estado lá, imagine a cara do Luc!! então eles fizeram Luc entregar a sacola através da janela, e isso foi tudo. fácil como tirar doce de criança, né? claro que pierre e eu ficamos sentados no café todo esse tempo, suando, fazendo ligações telefônicas, essa droga toda. mas estou com ela agora. apesar que a minha pequena bleu roi vai precisar fazer todo tipo de terapia para conseguir lidar com os transtornos por estresse pós-traumático, hahaha.

volto para barcelona amanhã. que puta trabalho maluco esse que nós temos, né? e você, ainda quer a bolsa?

mt

A *bleu roi*, caso você esteja interessado, recuperou-se bem. Sarah recusou-a, mas Carole Bayer Sager deu-lhe um lar adorável e muita atenção, e ela se desenvolveu plenamente. Eu também consegui me recuperar em grande parte do incidente com Luc, apesar de ainda me encolher de medo sempre que alguém assina o seu e-mail com um beijo.

✵ ✵ ✵

34
Dinheiro Descoberto, Grace Oculta

Juan decidiu que éramos ricos. Na verdade, não consigo sequer imaginar quanto dinheiro precisaria ter na minha poupança para que a sua pequenina alma parcimoniosa se sentisse plenamente em paz, mas ele acabou sabendo que ganháramos muito mais dinheiro do que ele havia calculado. Ele chegou finalmente ao ponto de ebulição por causa das notas fiscais de lojas, das faturas dos cartões de crédito, dos carbonos de ordens de pagamento, dos avisos bancários, dos formulários da FedEx e de toda a miscelânea de papéis que obstruíam metade da mesa da nossa cozinha. Quando abri a porta da frente depois de mais uma excursão à caça de bolsas, ele estava sentado de pernas cruzadas no meio da sala, rodeado de pilhas de papéis. Dalí "ajudava-o", na forma de um peso felino para papéis, conseguindo, não sei como, escolher sempre a pilha que Juan precisava acessar. Juan estava com uma calculadora, um caderno de anotações e uma expressão incrédula.

— Michael, você sabe quantas coisas Hermès você *comprou* no ano passado?

— Hum, não sei, não. Quantas?

Eu tinha um pressentimento de que devia ser um número bem grande. Devido principalmente à mudança de foco em relação à mercadoria — a minha especialização, se você preferir assim. Em uma Birkin Hermès mediana, ou seja, uma bolsa esporte fino, de *couro*, eu pagava 8.000 dólares, no mínimo; mas uma de croco chegava a custar até 25.000 dólares. E agora eu era o rei dos crocodilos. (Esse não é o nome de uma música? Não, espere, o nome é *Crocodile Rock*, de Elton John. Isso!) E mais, eu tinha envolvido Juan, e até mesmo alguns dos seus colegas professores, nessa operação. O próprio Juan havia comprado bolsas, muitas delas de crocodilo, em Madri, Barcelona, Dublin, Londres, Paris, Berlim, Colônia, Praga e Nápoles. (Os seus amigos professores se restringiam geralmente às lojas espanholas.) Portanto, se considerarmos todas as bolsas compradas por ele; todas as bolsas dos *outros* compradores; as bolsas compradas por mim mesmo; os artigos qualificatórios da "fórmula", que todo mundo precisava comprar para conseguir uma bolsa; as bolsas compradas por fax e expedidas pelas lojas; e a miscelânea de itens que comprei nos leilões... bom...

— Um milhão e seiscentos mil dólares. — Os seus olhos procuraram os meus, para ver se eu estava surpreso.

Eu estava. Verdade, não esperava essa quantia.

— Uau, isso é... muita coisa.

Era muita coisa. É claro, isso era o que eu havia gastado, não o que havia ganhado, mas mesmo assim... Era uma montanha de Birkins. E de *chaînes d'ancre*. E de Ulysses. E de xales. E de lenços de seda. E de lenços de seda. E de lenços de seda.

— Isso é o que *eu* penso. — A voz de Juan soava como se ele precisasse de algum tipo de explicação.

— Bem, esse é um trabalho caro, Juan, já estou agora com um milhão de milhas aéreas acumuladas, mas esse não era o caso quando comecei; também há os hotéis e eu tenho que comer. — Eu me sentia como se precisasse justificar isso de alguma maneira, sabe Deus por quê. Provavelmente, porque eu tinha uma suspeita de que...

— Onde ele está, Mikey? Onde está o dinheiro? Sei que temos um monte, mas... se você comprou tudo isso, pensei que devíamos ter... muito mais. — Ele não estava furioso, graças a Deus, parecia mais estar frustrado e, acima de tudo, confuso.

Eu não estava confuso, de modo algum. O problema com o dinheiro relacionado a Birkins era que ele escoava muito facilmente. Em alimentação, em passagens aéreas, em hotéis, em roupas e em centenas de "despesas de negócios" variadas. A minha vida na estrada era a minha vida ou, pelo menos, metade da minha vida. Tudo bem se Juan conseguia comer as comidas do Subway no jantar e se sentir feliz, e eu também quando estava em casa; mas, quando eu estava sozinho em uma cidade estrangeira, a quarta cidade estrangeira em uma mesma semana, ir a um bom restaurante e fazer uma agradável refeição no final do dia era o que me mantinha afastado da loucura. Além disso, falando de modo mais pragmático, em certos momentos eu tinha 50.000 ou 60.000 dólares aplicados em "ativos", como, por exemplo, em itens à venda no eBay. O que era dinheiro em caixa, no meu entender. Embora, no entender de Juan...

— E temos pilhas e mais pilhas de artigos estocados no quarto de hóspedes que nós nem vendemos ainda, Mikey, e você continua comprando mais e mais coisas. Eu não entendo. — A voz de Juan foi ficando um pouco mais alta.

— Juan, isso não é justo. Esse é o meu trabalho. Eu gasto muito dinheiro com a Hermès, sim, mas também ganho um montão de dinheiro. E fomos para o Japão, e vamos para Nova York neste fim de semana. Você me disse que quer ir para a Tailândia... tudo isso custa dinheiro, e não parece que você se importe em gastar esse dinheiro, não é? — A minha voz também não estava tão baixa nesse exato momento.

— Claro, vamos viajar juntos, gastar dinheiro juntos, Michael. Não seja tão ridículo. Não é sobre isso que estou falando.

Reparei que eu não era mais o Mikey, o que me deixou preocupado, e que ele estava me chamando de ridículo, o que me deixou enfurecido.

— Eu sou ridículo? *Eu* é que sou? Ganho todo esse dinheiro e levo você para todos esses lugares, e tudo o que você diz é que para eu ganhá-lo "custa" muito? Que eu gasto muito do meu dinheiro? Não sei se você entende alguma coisa de negócios, mas a gente tem que gastar para poder ganhar. — Eu me senti muito bem comigo mesmo nessa hora.

— Você está certo, agora entendi, Michael, eu estava errado por falar alguma coisa. Eu não percebi que era o *seu* dinheiro. Pensei que fosse o *nosso* dinheiro. — Com isso, ele saiu, por pouco não batendo a porta (Dalí ficaria chocado se fizéssemos isso).

Eu não estava mais me sentindo tão bem comigo mesmo. Vaguei infeliz pela sala, recolhendo as pilhas de provas contra mim, e depois, inquieto e preocupado, recorri a Grace em busca de conselhos.

De: BirkinBoy1@yahoo.com
Para: GraceoftheGarden@yahoo.com

grace, estou tão deprimido neste momento. eu já tinha planejado para a próxima semana esta grande viagem com juan para nova york e acabamos de ter uma briga daquelas! principalmente por causa de dinheiro, ele descobriu o que gastei no ano passado com a Hermès, claro, e ele acha que eu deveria ter "ganho mais/economizado mais" e que eu gasto demais nas viagens, e a coisa ficou feia. a gente vai ficar ok, mas eu odeio brigar com ele... e eu não sei o que dizer, as coisas são assim mesmo, sei lá? enfim, eu só queria dizer oi e ver se você tinha algum conselho.☺

mt

Recebi uma resposta poucos minutos depois.

De: GraceoftheGarden@yahoo.com
Para: BirkinBoy1@yahoo.com

Michael,

Fiquei triste ao saber de sua discussão com Juan. Acho que a principal coisa que você deve lembrar é que é algo muito raro vocês discutirem. Você está lidando com o que pode ser encarado (por muitas pessoas, talvez a maioria delas) como uma extraordinária quantidade de dinheiro. Estou certa de que tudo estará resolvido quando chegar a hora da sua viagem, vocês dois são muito inteligentes para deixar que algo, como o dinheiro, esteja entre vocês. Também tenho uma oferta para lhe fazer em relação às suas férias (uma que pode agradar a Juan, também, tendo em vista a recente desavença entre vocês). Como você sabe, eu detesto os meses quentes de verão em Nova York, por isso vou tirar as minhas habituais férias sabáticas de agosto fora de Manhattan, fugindo para o ar mais frio de Montauk. Você gostaria de usar o meu apartamento durante a sua semana aqui? Ele tem uma localização bastante conveniente (como estou certa que você já percebeu por me ter enviado lenços incomuns de quando em quando). Eu ficaria muito feliz se vocês se hospedassem aqui, então, por favor, aceite. Responda-me logo para que eu possa fazer os arranjos.

Tudo de bom,

Grace

Grace será para sempre uma mestra em se subestimar. A "localização conveniente" do seu apartamento era o Upper East Side, do outro lado da rua do Carl Schurz Park. Uma das localizações mais desejadas da cidade. Fiquei surpreso com a generosidade da sua oferta, mas, sabendo o que eu sabia, eu não deveria ter me surpreendido. Grace havia me contado sobre alguns dos seus trabalhos dedicados à caridade, que incluíam preparar enormes jantares *gourmet* todas as sextas-feiras à noite para os sem-teto de um abrigo. Esse tipo de coisa me impressionou, pois era antes de tudo um investimento de tempo, e não de dinheiro. Ela era uma pessoa "real", apesar da sua considerável riqueza.

De: BirkinBoy1@yahoo.com
Para: GraceoftheGarden@yahoo.com

grace, claro que vou aceitar, se você tiver certeza de que não se importa! é uma ideia ótima. só que eu vou conhecer o seu apê antes mesmo de conhecer você, haha. tome cuidado para não deixar nenhum álbum de fotos à vista, é capaz que eu não consiga me controlar. me avise se você precisar que eu leve alguma coisa daqui.

mt

Juan e eu estávamos encalorados e suados, por conta do clima úmido de agosto, e também cansados, por conta do nosso voo, quando chegamos à porta do apartamento de Grace, em Manhattan, no final daquela semana. (Tínhamos trocado pedidos de desculpa e estabelecido uma trégua, embora eu tivesse a incômoda suspeita de que a discussão não fora totalmente encerrada, apenas adiada.) Eu me atrapalhei ao destrancar a porta com as chaves que o porteiro me entregara no saguão do prédio. Grace morava no último andar de um enorme e antigo edifício de tijolos, que tinha o charme adicional de um terraço ajardinado, mas, nesse momento, toda essa beleza estava ofuscada para nós. Queríamos uma chuveirada, um pijama e um bom descanso; nada mais, nada menos. Quando finalmente abri a porta, uma lufada de ar frio nos atingiu. Juan e eu nos olhamos, ambos pegos ligeiramente desprevenidos pela temperatura *tão* baixa do ar condicionado. Ela não devia estar acima dos 18°C, o que tornava o interior quase 17°C mais frio que o exterior. O que nos pareceu ótimo na hora; então, agradecidos, nos arrastamos para dentro e largamos a nossa pesada bagagem assim que a porta se fechou atrás de nós.

O corredor de entrada era dominado por uma mesa de mogno com três metros de comprimento, coberta com dezenas de fotografias emolduradas. No centro da mesa, eu vi um bilhete, escrito em um grosso papel cor creme, e reconheci a elegante letra de Grace. (Agora, ela me enviava todo ano cartões de Natal e de aniversário "impressos", não mais manuscritos.)

Michael e Juan,

Bem-vindos! Espero que a sua viagem não tenha sido muito extenuante. Algumas pequenas informações de última hora para vocês:

Eu tenho um serviço de transporte que vocês podem utilizar, caso desejem; por favor, sintam-se à vontade, eles são muito bons, o número é (212) 555-5555.

Eu sou "freguesa" do Elaine's, que fica logo na virada da esquina. Se quiserem jantar lá (o que eu recomendo), vocês devem fazer a reserva em meu nome, já que pode ser difícil conseguir uma.

Na sala, há uma seleção de vinhos — vocês verão a adega. Por favor, sirvam-se do que quiserem. O mesmo vale para qualquer coisa que queiram "surrupiar" da cozinha.

Mantenham a temperatura do apartamento como for mais

agradável para vocês, eu sei que deixo mais fria do que a maioria das pessoas, mas, por favor, regulem os termostatos de cada um dos aposentos de volta aos 18°C antes de irem embora.

 E o mais importante, espero que vocês tenham ótimas férias na cidade, e sintam-se em casa. Minha governanta estará de volta depois da partida de vocês, por isso não se preocupem demais com todos esses detalhes.

 Tudo de bom,
 Grace

 PS: Michael, acho que foi nosso relacionamento exclusivamente através de e-mail que o tornou especial, e eu não vejo nenhuma razão para "poluí-lo" agora. Assim, de acordo com nossa longa tradição de anonimato visual, eu retirei do apartamento todas as fotografias em que apareço, exceto uma. É o instantâneo de um grupo — que está em algum lugar desta mesa. Se sua curiosidade for forte demais, boa caçada!

 Amei. E amei o apartamento também. Assoalho de tábuas estreitas de madeira escura; cortinas rendadas nas janelas, que iam do chão ao teto, deixando entrar bastante claridade; muitas pinturas a óleo e inúmeras antiguidades. Algumas das pinturas eram da própria Grace, pois ela também se interessava por arte (ela possuía um pequeno e adorável estúdio, ali mesmo no apartamento, repleto de cavaletes e claraboias). Porém, a sala de jantar era o meu aposento favorito, com o seu teto abobadado de vitrais. A luz que atravessava os vitrais salpicava de várias cores o aparador e a sua grande coleção dos mais diversificados objetos de prata de lei e de porcelana branca. A cozinha tinha tudo do mais moderno, com suas paredes brancas e as panelas de cobre, que estavam lá obviamente para serem usadas, e não para serem exibidas. Na verdade, Grace fizera alguns cursos na Divina Cucina, em Florença, e na Ritz Escoffier School, em Paris, portanto conhecia muito de gastronomia. (Eu vi as panelas de tamanho industrial que ela devia usar em seu trabalho de caridade.) Cristais William Yeoward enchiam um armário com portas de vidro na sala de estar, e as opções em sua adega de vinhos iam de um vinho chileno de 15 dólares até um Bordeaux francês de 200 dólares. Um segundo armário fechado exibia uma coleção com mais de duzentos coelhos, abrigando não só um coelho Tambor de cerâmica, que custava alguns centavos em qualquer loja, até um coelhinho azul cravejado de joias, que custava provavelmente milhares de dólares. Juan ficou perplexo com o tamanho dessa coleção, mas eu sabia até onde ia esse "gosto por coelhos" de Grace, pois ela havia confidenciado para mim tudo sobre o seu coelhinho Pate (já morto) e a sua afinidade em geral por coisas com nariz úmido e brilhante e com cauda em forma de pompom. Pate tinha sido o seu companheiro constante durante anos e chegou a acompanhá-la tantas vezes ao Ritz de Paris, que o *concierge* se apegara a ele e insistia em alimentá-lo pessoalmente. Mais tarde, nessa semana, eu vi o quartinho que tinha alojado Pate, com a sua pequena cama ainda intacta.

A impressão geral que ficou desse meu passeio inicial pelo apartamento é que Grace comprava aquilo de que gostava, pouco se importando com o que dizia a etiqueta de preço. Ela tinha os seus vícios sofisticados, é claro, que iam desde os seus amados lenços de seda Hermès até as velas perfumadas Rigaud Cyprès, espalhadas por todos os cantos. Quando entrei em seu closet gigantesco e dei uma espiada, vi pilhas e mais pilhas de caixas laranja de lenços, o que me fez lembrar de Ellen Yeats. No entanto, Grace era "toda lenços, o tempo todo", o que tornava o seu estoque mais organizado, porém menos grandioso.

Juan e eu passamos uma estereotipada semana em Nova York e aproveitamos cada segundo. Jantamos no Elaine's graças ao nome de Grace e, como resultado, obtivemos um tratamento VIP. (A comida não era extraordinária, mas a clientela era uma pura cena literária nova-iorquina, o que o que o tornava divertido.) Assistimos as peças *O Rei Leão*, *Cabaret* e *Longa Jornada Noite Adentro*, de Eugene O'Neill. Esta última foi uma escolha minha, pois era estrelada por Vanessa Redgrave, que eu conhecia de um serviço que prestei nos meus dias de cabeleireiro e maquiador. Ela gostara de mim e passamos uma tarde juntos, fazendo compras e almoçando na Newbury Street. Ela era incrivelmente amável e realista, ao contrário de muitas outras celebridades que conheci por meio da minha empresa, a TEAM. Isso tinha acontecido oito anos antes, ou mais, e desde então eu lhe enviei bilhetinhos para os bastidores em várias de suas produções, que sempre foram respondidos com uma nota de agradecimento escrita à mão. Nesse dia decidi enviar-lhe algumas flores também, algo que poderia ser colocado na mesa do seu camarim. Talvez a minha generosidade tenha sido parcialmente inspirada por Grace — ao folhear a revista sobre espetáculos teatrais *Playbill*, algumas noites antes, quando fomos assistir a *O Rei Leão*, Juan achou o nome de Grace na página dos patrocinadores de uma peça de Shakespeare. Parecia que os seus interesses filantrópicos estavam em todos os lugares.

Também tivemos uma semana notável devido a outras razões. Por algum motivo, encontramos celebridades em todos os locais em que comemos. Quero dizer: sim, fomos jantar em restaurantes como o Daniel e o Gramercy Tavern, mas, mesmo assim, em uma semana assistimos a "cenas" de férias com Kevin Bacon, Liam Neeson, Ellen Barkin, Macaulay Culkin, Tony Bennett, Ethan Hawke e Michael Imperioli (o Chris, da *Família Soprano*). Bizarro, não? Contudo, ainda mais bizarro para mim era não dar um pulo até a Hermès enquanto estávamos em Nova York. Eu decidira que não queria reiniciar qualquer tipo de discussão com Juan, assim nem sequer sugeri uma visita à Hermès. Apesar de ser difícil não mencionar que conseguimos a estadia nesse elegante apartamento do Upper East Side graças ao meu trabalho, eu consegui manter a boca fechada sobre esse assunto. Com Grace, no entanto, não pude resistir a enfatizar um detalhe em particular, e deixei-lhe um bilhete:

Grace,
Amamos o apartamento, absolutamente fantástico, e tivemos uma semana inacreditável. (O Elaine's é delicioso!) Muito obrigado. Manterei contato, claro.
Michael (e Juan)

PS: não tenho certeza se achei você em suas fotos, mas escondi uma foto minha em algum lugar do apartamento. Boa sorte!

Na verdade, não escondi foto alguma, mas ela não precisava saber disso. Nem quero imaginar em quantas caixas de lenços ela ia procurar antes de desistir.

❋ ❋ ❋

35
Uma Birkin para a Mamãe

O RESTO DO VERÃO E O INÍCIO DO OUTONO foram rotineiros, marcados apenas por um punhado de viagens e por mais confiança ainda depositada nos meus compradores. Tentei me manter o mais perto possível de casa. Juan e eu tínhamos estabelecido uma trégua, consolidada pelo acréscimo de uma companheira para Dalí. Gala (homenagem à esposa de Salvador Dalí) era outro gato de Bengala, e assistir às brincadeiras dos dois tornou-se o ponto alto dos dias em que eu trabalhava em casa.

Foi em um desses dias, em novembro, que o telefone tocou, espantando o sempre tímido Dalí do seu ninho perto do meu *notebook*, e fazendo com que Gala encarasse com arrogância o telefone, furiosa por ter sido acordada do seu cochilo. Ignorei os dois. O identificador de chamadas dizia "mamãe".

— Oi, mamãe, como você está?

— Ah, estou bem. Agora é que estou um pouco abatida.

O que era incomum; a minha mãe sempre foi tão estável quanto é possível alguém ser.

— Mesmo, por quê? Algo errado?

— As minhas costas têm me dado muitos problemas ultimamente, e agora nem mesmo consigo jogar golfe como antes. Me sinto abatida umas duas vezes por semana, e mesmo assim é ruim. O seu pobre pai tem tido que cuidar de todas as remessas e de todos os outros detalhes porque, na maioria dos dias, é um pouco demais para mim me abaixar e carregar essas caixas volumosas.

— O papai não precisa cuidar disso. Eu posso cuidar de tudo aqui; não se preocupem com as mercadorias.

— Não, não, Michael, não seja bobo, ele gosta de fazer isso. Eu estou só me sentindo esquisita, acho, e frustrada. Os médicos me deram um relaxante muscular e estou usando uma bolsa térmica, mas parece que nada disso ajuda. E o Dia de Ação de Graças é na próxima semana, você sabe, e é duro a gente não se sentir bem quando os feriados se aproximam.

— Ah, eu sei, e também nada é pior do que dor nas costas. Tenho certeza de que você só precisa descansar. Mas já não tenho certeza se você devia jogar golfe.

O que era óbvio, né, mãe. Mas eu sabia como ela amava o golfe! Seria o mesmo que a gente lhe dizer para não ler, que era como ela passava a outra metade da maioria dos seus dias.

— É, eu poderia parar por um tempo. — Eu me surpreendi quando ela disse isso.

— Ótimo, acho que você deveria. — Eu não ia permitir que ela percebesse a minha surpresa ao ver como ela tinha se rendido tão facilmente.

Papeamos sobre vários assuntos e, quando desliguei o telefone, eu não pensava no problema das costas da minha mãe mais do que pensava nas duas ligações perdidas no BlackBerry, enquanto conversávamos, e nos recém-chegados e-mails que precisava responder. Ultimamente, trabalhar no meu apartamento significava estar sempre trabalhando.

O telefone tocou em uma manhã parecida com essa, umas duas semanas mais tarde. O mesmo susto de Dalí e a mesma irritação de Gala. E a mesma identificação de chamada.

— Oi, mamãe. Como você está? Se sentindo melhor?

— Oi, Mike, é o papai. — Que coisa estranha, não era o meu pai que costumava se encarregar das ligações telefônicas.

— O que está acontecendo?

— Bem, são as costas da sua mãe... você sabe como elas têm incomodado. E num dia são os ombros, noutro são os quadris dela. Não sabemos o que pensar. Levei-a ao médico e ela fez algumas radiografias nas últimas duas semanas. Você sabe como é, uma série delas, e...

— E o quê? O quê? Eles encontraram alguma coisa? — Oh, não!

— Eles dizem que há manchas. Áreas com manchas, disseram. E que é preciso fazer mais exames. Mas que diabos significa isso, *áreas com manchas*? O que você acha disso, Michael? O que isso *significa*? — A sua voz implorava, como se eu pudesse lhe dizer que não havia motivo para preocupação, que essas áreas com manchas acontecem o tempo todo. E, claro, a verdade era que eu não conhecia absolutamente nada sobre o assunto.

— Eu não sei, papai. É melhor a gente esperar para fazer algum tipo de suposição; os médicos vão saber mais depois dos exames. Pode ser que não seja nada. — Será? Eu não sabia.

— É, sim, talvez não seja nada. Um nervo pinçado ou uma infecção ou algo parecido. — Parecia que ele tentava convencer a si mesmo. Deixei que ele pensasse assim.

— Sim, quem sabe? Vá com calma. Só tome conta dela, não deixe que ela faça muitas coisas. Como ela está encarando essa notícia? Ela está bem?

— Ah, você a conhece, Michael. Ela não queria dizer nada para vocês. Mas achei que você e Dottie deviam saber. Não diga para ela que eu lhe contei, pelo menos por agora. Eu não quero que ela pense que estou preocupado. — Eles eram encantadores, sempre um protegendo o outro e, bem, sempre um se protegendo contra o outro. Difícil acreditar que, depois de 50 e tantos anos de casados, a minha mãe não seria capaz de perceber que o meu pai estava preocupado. Engraçado.

— Tudo bem, papai, sem problema. Eu tenho certeza que não é nada mesmo. Tome cuidado, sim?

Liguei imediatamente para Dottie, a minha irmã. Ela morava bem perto dos nossos pais, com o seu marido, Eddie, e a filha deles, Riane (a luz da vida da minha mãe). Se alguém soubesse o que estava acontecendo, esse alguém seria Dottie. Depois de nos cumprimentarmos e de um papo leve, perguntei sobre mamãe, pois ambos sabíamos que era por causa dela que eu havia ligado.

— Michael, ela parece muito cansada, não está nada bem. Não sei o que significam esses exames, é preciso esperar para ver. Mas, mesmo assim, vou levá-la para fazer um checkup completo na próxima semana. Temos que checar isso a fundo. — Às vezes, Dottie tinha tendência a se preocupar demais, mas fiquei grato por ela não estar deixando de virar cada uma das pedras. Ela continuou:

— Acho que talvez você deva vir para casa no Natal. Você sabe que só o fato de ver você levantaria o ânimo dela, Michael. Ela acabou não vendo você nesse último mês de agosto. — Dottie estava certa. Eu me sentia mal por ter cancelado a minha viagem anual de verão. Tentaria compensar agora.

— Você tem razão, vou ver se consigo as passagens aéreas hoje mesmo.

Essa não se tratava da melhor notícia que eu já recebera, não só porque estava doente de preocupação com a saúde da minha mãe, mas também porque Juan e eu tínhamos planejado passar o Natal na Tailândia; agora eu precisava dizer-lhe que essa viagem ficaria em compasso de espera. Mas essa foi uma preocupação completamente desnecessária da minha parte, pois Juan nem mencionou a viagem quando lhe telefonei dois minutos mais tarde para obter a sua aprovação sobre a mudança de local das festas de final de ano. Quando *eu* puxei o assunto Tailândia, ele agiu como se eu estivesse louco por sequer pensar duas vezes sobre essa viagem. ("É a sua mãe, Mikey, claro que iremos.") Um problema a menos com que me preocupar, graças a Deus.

Encontrar lugar em voos transcontinentais logo antes do Natal é sempre um "prazer", portanto passei a maior parte da tarde à procura de passagens. Finalmente, consegui dois lugares, mas eram em voos diferentes, e um deles fazia uma escala demorada no aeroporto JFK, em Nova York. Resolvi comprar em nome de Juan o voo mais direto e, para mim, o que fazia escala em Nova York. Em um momento de inspiração, reservei o meu voo de conexão para Miami para um dia depois, o que me daria uma noite na cidade grande. Nesse intervalo, poderia fazer as compras de Natal e me encontrar com um dos meus velhos amigos, Geoffrey. Ele conhecia muito bem a minha mãe e, por alguma razão, isso me pareceu importante nesse momento.

Duas semanas mais tarde, eu estava no voo para Nova York, sentindo-me tão miserável como nunca havia me sentido. Os resultados dos exames ficaram prontos e a minha mãe tinha câncer. Câncer de pulmão, para ser exato, apesar de ela ter parado de fumar 50 anos antes. Provavelmente, a sua história familiar de câncer tinha mais a ver com a doença do que qualquer outra coisa. O câncer se espalhara rapidamente e o oncologista não tinha sido muito otimista sobre o prognóstico, embora tivesse evitado falar de modo tão direto. A minha família continuou a dizer uns aos outros que sempre havia esperança, que ela estava em boas mãos e que tínhamos certeza de que algo poderia ser feito. Pelo menos era o que dizíamos. O que pensávamos, pelo menos no meu caso, era algo completamente diferente. Eu estava apavorado. E ainda não sabia qual presente daria a mamãe no Natal. No avião, enquanto segurava as lágrimas, ocorreu-me — era tão óbvio, que parecia estranho eu não ter pensado nisso antes — que eu lhe daria uma Birkin. Afinal, ela havia despachado centenas, portanto tinha direito a uma.

Geoffrey me esperou no terminal, o que não era o nosso *modus operandi* normal nas minhas visitas esporádicas, mas ele sabia, de alguma maneira, que eu precisava da sua presença no aeroporto nesse momento. Ele estava certo. Cumprimentou-me com um grande abraço e eu quase comecei a chorar ali mesmo. Eu me sentia perdido. Ele percebeu que eu estava um pouco, hum, fragilizado e assumiu o comando. Carregou a minha mala, chamou o táxi para irmos ao seu apartamento, cancelou a reserva que fizera no restaurante Le Bernardin, instalou-me na sua sala de estar, com um copo de vinho tinto, e preparou para mim uma "comidinha caseira", à base de frango e purê de batatas. Ele ouviu a minha conversa desconexa, enchendo sem parar o meu copo de vinho, e fez com que eu comesse pelo menos o suficiente para parar em pé. Caí na cama com a pesada exaustão que vinha sentindo desde que a minha mãe ficara doente. Era algo mais opressivo do que o tipo de cansaço normal que eu estava acostumado a sentir; mais entorpecedor e quase um peso físico. E pouco importava quanto tempo eu dormisse porque, quando acordava, sentia exatamente a mesma quantidade de cansaço. Dessa vez não foi diferente, e nessa manhã me aprontei para a menos enérgica sessão de compras de Natal que pude imaginar.

Senti-me um pouco melhor enquanto fazia as compras. É impossível escapar da alegria do Natal em Nova York, e também adoro comprar presentes. E, assim, esqueci por um tempo o meu sofrimento e me permiti admirar os patinadores na praça do Rockefeller Center e as vitrines da loja da Saks Fifth Avenue. Antes que percebesse, já estava carregado de sacolas de compras e era hora da minha última parada. Hermès. Sempre a minha parada mais importante, mas, nesse dia, muito mais importante do que em qualquer outro momento. Eu estava atrás do presente de Natal da minha mãe. Isso superava tudo o mais que eu havia comprado lá.

    Entrei na loja e, por algum motivo, a minha alegria foi embora. Não sei exatamente por quê; não era nada contra a decoração natalina, que estava bastante festiva, embora sem o típico exagero. Talvez fosse porque entrar em uma loja Hermès era muito *normal* para mim, mas então lembrei como a razão de eu estar ali nesse dia não era *nada normal*. Eu ainda precisava pôr para funcionar a minha mágica das Birkins, portanto ignorei a tristeza da melhor maneira possível. Encontrei um vendedor Romântico Incurável e fizemos o nosso teatrinho habitual, embora sem o meu talento habitual. O tempo todo, eu me senti como um robô — não conseguia corresponder à paquera do vendedor nem falar da lista de desejos da minha mãe, como costumava fazer. Eu estava entorpecido, e tudo que queria era cair fora desse inferno de lugar. Mesmo assim, amontoei a minha pilha habitual de mercadorias, murmurando algo sobre presentes de Natal, e levantei finalmente a questão.

    — Desculpe-me, senhor, não temos nenhuma no momento. Podemos colocar seu nome em uma lista, talvez... — Oh, não! Isso não podia estar acontecendo. Eu tinha comprado tantas dessas bolsas e, agora, quando era importante, não conseguia uma? Senti-me totalmente derrotado. Mal pude pronunciar as palavras.

    — Bom, eu gostaria de fazer todas as minhas compras em um só lugar. Acho que vou deixar para comprar na loja do Bal Harbour ou talvez na de Palm Beach, assim que chegar à Flórida; uma delas deve ter uma bolsa para mim, com certeza. — Fui me afastando dele devagar, na esperança de que não percebesse que a minha voz estava ligeiramente sufocada.

    Porém, por algum motivo, não saí imediatamente da loja. Eu queria me recuperar, e não estava bem certo do que fazer a seguir. Devia comprar para mamãe alguma outra coisa? Uma bolsa Hermès "menos desejável"? Certamente, eles tinham muitas dessas. Enquanto hesitava no departamento de bolsas, vi um casal entrar, um homem e uma mulher de idade indefinida, sem nada de chamativo na aparência, e ambos com um sotaque russo bastante forte. Observei, um tanto intrigado, como eles empilhavam três peças de um jogo de malas, além de sapatos de crocodilo e um cinto de croco, combinando. Fácil, fácil, mais de 30.000 dólares em mercadorias. Enquanto o marido fazia os arranjos para o transporte do jogo de malas, a mulher ficou parada de maneira casual ao lado de uma das vitrines, aparentemente esperando por ele. Mas, na verdade, ela esperava algo mais porque, enquanto eu permanecia assistindo, uma vendedora caminhou na sua direção com duas Birkins para que ela escolhesse qual queria. Eu não sabia por que estava tão furioso, mas, naquele momento, eu estava muito furioso. E mais do que furioso: eu me sentia traído. Traído pelo meu vendedor, traído pela minha fórmula, mas, principalmente, traído por mim mesmo. Eu era um perdedor, um perdedor porque não tinha dinheiro suficiente para gastar na Hermès de Nova York e obter para a minha mãe o seu presente de Natal. Por que eu não tinha conseguido uma Birkin? Era simples — eu não gastara o suficiente. Aqui, em Manhattan, as apostas eram mais altas. Por que eu não tinha pensado nisso? Que beleza, eu tinha conseguido Birkins por todo o mundo, mas agora, quando era importante, não conseguia nenhuma? O "It-boy" da "It-bag"? Que piada! Eu não era ninguém, pelo menos aqui em Nova York. E quem é um ninguém não consegue Birkins. Eu já devia saber disso.

 Não comprei nada para a minha mãe nesse dia. Na verdade, assim que me acalmei e saí da minha depressão autodepreciativa, percebi que ela jamais ia querer uma Birkin. Ela achava ridículo o preço dessas bolsas, mesmo que tivesse condições financeiras de comprar uma. A minha mãe nunca se importou com o que era desejado pelas outras pessoas, e a simples ideia de uma bolsa ser "cobiçada" era estranha para ela. Não sei bem por que eu tinha achado que ela gostaria de ter uma; talvez porque as Birkins eram tão desejadas por todos com quem eu lidava, que acabei esquecendo que *nem todos* ansiavam por uma delas. A minha mãe, certamente não. E eu *estava* passando por uma completa ruína emocional, talvez por isso não tenha raciocinado com clareza.

Decidi comprar uma Berlingot, uma bolsa esporte que não é tão cara, que Sarah tinha em estoque no momento. Já que ela passava os invernos em Palm Beach, a própria DeluxeDiva se encarregou de fazer uma "entrega de emergência no feriado" na casa dos meus pais em West Palm. Claro que a minha mãe nunca soube que esse não era o plano original. Ficou feliz com a Berlingot, e se levantou da cama orgulhosa, apesar de vacilante, para desfilar com o seu presente na manhã do Natal. Essa foi a única vez em que eu a vi carregando a bolsa. No dia seguinte ao Natal, mamãe foi hospitalizada e nunca mais voltou para casa; o resto da sua vida foi uma sucessão desfocada de hospitais, casas de repouso e, por fim, a instituição para pacientes terminais. Fiquei ao seu lado tanto quanto possível, o que foi bastante, graças à minha vida profissional não convencional. Ela morreu depois de seis semanas intermináveis, mas insuficientes, em fevereiro. Eu me lembro de ter desejado que estivéssemos no norte, em vez da Flórida, para que o clima exterior pudesse combinar com a cinzenta desolação interior que senti no dia em que a perdemos. Em vez disso, precisei proteger os olhos do sol tropical, bem como de todos ao meu redor. Fiquei inconsolável. Todos nós ficamos.

Depois do funeral tranquilo, de acordo com a decisão da família, Juan e eu retornamos a Barcelona. (Ele também tinha vindo da Espanha, e vice-versa, inúmeras vezes, sendo que uma das estadias durou apenas dois dias. Ele deu um grande apoio, com certeza.) Tentei voltar ao normal, mas poucas semanas mais tarde, uma coisa ficou muito clara para mim. Eu não gostava mais do meu trabalho. Tudo parecia tão frívolo, como as coisas parecem depois de a gente perder um ente querido, só que, no meu caso, talvez fosse ainda pior. Tentei me reanimar e parti para duas missões de compra de bolsas, mas tudo havia mudado. Eu não sabia se o meu mal-estar era apenas uma fase, ou o quê. Juan estava preocupado comigo, não só por causa da minha tristeza, o que era normal, mas porque eu havia confidenciado a ele que eu tinha dificuldade de tratar até mesmo das tarefas mais rudimentares do meu negócio. Agora, eu ignorava os e-mails e os telefonemas o tempo todo, o que era algo fora do comum. Eu me sentia infeliz. Mesmo os gatos não conseguiam me animar.

Então, certo dia, dentre tantas outras pessoas, recebi um fax de Serge. (Ele não sabia nada sobre a morte da minha mãe porque eu não tinha voltado a Paris desde que a perdera.)

Prezado Senhor,

Devido a sérios problemas com o fornecimento de peles com a qualidade necessária à manufatura, bem como à produção, dos itens de seu pedido, lamentamos informar que, no momento, não nos resta outra escolha senão cancelar seu pedido, a saber:

1 bolsa *clutch* Kelly fúcsia, de pele de lagarto

1 bolsa Birkin branca, 30 cm, de pele de bezerro

1 bolsa Haut à Courroie fúcsia, 36 cm, de pele de cabra.

Rogamos que aceite nossas sinceras desculpas pela impossibilidade de atendê-lo, e agrademos antecipadamente sua compreensão.

Atenciosamente,

Serge de Bourge
Departamento de Couro

Repetidos telefonemas para a loja durante as semanas seguintes (bem como para o celular e o telefone residencial de Serge) não deram em nada. Sem retorno das ligações, sem nenhuma resposta. Eu duvidava que a Hermès estivesse com falta de couros. Descobri que não estava completamente condenado como revendedor de Birkins, já que fui até a França na semana seguinte à chegada do fax e comprei um par de bolsas. O mais provável era que somente a loja da Faubourg tivesse finalmente começado a perceber as coisas. De qualquer modo, isso não ajudou a melhorar o meu estado de espírito. Serge foi um amigo, não um inimigo, e eu nunca fiz coisa alguma para magoá-lo. A sua frieza, a sua recusa de sequer falar comigo, causava certa dor. Eu gostaria de telefonar para alguém que tivesse os pés bem plantados no chão e, como mamãe já não estava mais disponível, escolhi o próximo melhor nome da lista: Kate.

Ela tinha sido aquela amiga do peito durante a doença da minha mãe, com uma paciência e compreensão que, provavelmente, eram devidas à sua própria experiência com a morte do irmão. Durante aquelas semanas terríveis, ela fez com que eu me lembrasse de comer, de dormir e de respirar; ela me acalmava quando eu me rebelava contra os médicos e me tranquilizava quando eu confessava os meus sentimentos de desamparo. E quando falei com ela agora, o seu conselho foi simples, como de costume. Disse-me que eu devia largar tudo, pelo menos por um tempo, e botar o pé na estrada. Sem Birkins, sem BlackBerry, sem eBay. E sem Juan, já que ele estava trabalhando. Durante a nossa conversa, ela exaltou os benefícios de uma viagem assim. Analisando essa ideia depois que desligamos, cheguei à conclusão que Kate estava certa. Mas eu precisava escolher cuidadosamente o lugar para onde ir.

Lembrei-me da minha vida a.H. (antes da Hermès) quando passei umas férias na Grécia para comemorar o fato de que a minha empresa de cabelo e maquiagem tinha começado a deslanchar. Passeei por Atenas durante alguns dias e depois fiz um passeio de barco de cinco horas, com uma parada na ilha de Sifnos. Assim que o meu pé pisou na ilha, o resto do itinerário de viagem foi jogado ao vento, assim como a minha vontade de voltar ao trabalho — permaneci lá por três semanas, me aquecendo ao sol em um ambiente natural quase celestial e aproveitando o preço baixo de praticamente tudo.

Agora, eu não desejava voltar para Sifnos, pois não queria arriscar qualquer possibilidade de estragar as lembranças superidealizadas daquelas primeiras férias na ilha. Mas me ocorreu que, nas ilhas gregas, a mistura de calmas águas verdes e de uma luz solar indutora de amnésia era exatamente o que eu precisava. Eu também tinha uma fantasia secreta: se olhasse o tempo suficiente para a parede lateral de uma das casas absolutamente brancas que pontilhavam as ilhas, o meu futuro se projetaria nela como se fosse uma apresentação de slides, luminosa e clara aos olhos da minha mente, como algum tipo de sortilégio zen.

Instalei-me em Mykonos. Era menos isolada que Sifnos e tinha certa vibração urbana. A perspectiva de uma maior variedade gastronômica, bem como de uma zona comercial decente, também me atraiu para esse destino de viagem (não sabia quanto tempo ia ficar, e eu não queria me sentir um prisioneiro). Na minha moradia, eu queria privacidade. E privacidade eu tive, não uma privacidade protegida por alguma feia cerca de arame farpado, mas por 110 degraus de pedra — a escadaria que precisava subir para chegar até a minha pequena casa no topo da colina, que contemplava o mar e a vila de uma distância pacificamente remota. (Quando a corretora de imóveis me mostrou o lugar, ela fez propaganda da escada de 110 degraus que descia para a vila, mas me advertiu sobre a subida dos 110 degraus no caminho de volta para casa.) A vista era surreal; as noites, silenciosas; e a solidão, absoluta. Fiz a escolha certa para o meu período sabático.

Limitei os meus passeios a um por dia, por razões óbvias. Eu descia o morro no início da noite, e jantava em algum restaurante que eu achara no guia da ilha durante a tarde. Era sempre um pequeno milagre quando eu encontrava o restaurante escolhido — em geral, vagava confusamente por uma das muitas ruas estreitas que cortavam a cidade, até que finalmente comia em qualquer lugar, arrastado pela mais pura fome. (Não é de admirar que os heróis gregos fossem excelentes para achar a saída de labirintos. Eles tinham de enfrentar esse inferno diariamente.) Foi em um desses crepúsculos na ilha que o abençoado anonimato das minhas férias foi perturbado à força, se bem que temporariamente. Em um ousado desafio contra todas as leis das probabilidades, encontrei um conhecido. E, infelizmente, não era alguém com quem eu desejasse reatar o contato.

Eu o reconheci pelas costas, a uma distância de uns 15 metros, o que não é algo comum de acontecer com um conhecido casual. No entanto, no caso muito particular de Lakis Gavalas, essa era uma questão bastante simples. Não que ele fosse excessivamente gordo, ou excessivamente alto, ou qualquer outra característica física que chamasse a atenção. Não, Lakis era apenas... ornamentado. Exatamente como na última vez em que o vi, ele era um departamento ambulante de acessórios Hermès. Observei-o oscilar rua abaixo, com seu jeito afetado, com uma mochila Hermès minúscula pendurada nas costas. "Mochila" não era um nome adequado; embora, tecnicamente, fosse algo que pudesse ser carregado nas costas, não era algo que pudesse carregar muita coisa — a menos que a gente levasse, digamos, um palito, um o.b. e um Tic Tac. Talvez por isso ele também carregasse na dobra do cotovelo uma Birkin croco cinza pálido (muito mais espaçosa), que avistei assim que cheguei mais perto. O meu ritmo mais rápido de caminhada significava que logo eu iria ultrapassá-lo na rua, então me preparei mentalmente para o encontro. Por um instante, pensei em colocar os óculos de sol, pois me lembrei de quase ter ficado cego por causa dos seus dentes na primeira vez que o vi. Enfim alcancei-o e o cumprimentei educadamente. (Para completar a coleção de acessórios, ele usava um cinto de croco, mas o seu broche de rubis e diamantes, em forma de libélula, provavelmente não era da Hermès — acho que ele queria diversificar.) Felizmente, Lakis também não estava tão animado por me ver, a julgar pela mão flácida que me estendeu e pela curta duração do nosso bate-papo. O único verdadeiro comentário que fez foi sobre a sacola de compras que eu carregava após minha incursão para a compra de presentes na Lalaounis (uma joalheria que ficou famosa graças a Jackie Onassis).

— Ooooh, aposto como você comprou algo *linduuu*... Eu adoro as coisas deles... Tenho a coleção inteira — ele alardeou. — Bem, esta é minha loja, como você pode ver, e eles estão me esperando... foi bom vê-lo novamente, Michael... — Dizendo isso, ele entrou de modo afetado na butique de roupas e bolsas diante de nós, onde os manequins que exibiam as suas criações nos espiavam por trás das vitrines.

Olhei para a fachada da loja e li a placa: LAK. (Surpreendente, o nome da loja era baseado no nome dele — em geral, Lakis era tão modesto... não é?!) Dei uma respirada profunda, disposto a me acalmar e me concentrar exclusivamente nos doces sopros da brisa da ilha e no persistente calor no horário do pôr do sol. Eu não conseguia entender o motivo de estar tão irritado por causa do encontro com Lakis. Depois de alguns copos de ouzo (o licor grego anisado), no meu restaurante preferido, enfim me senti relaxado o suficiente para perceber qual era o motivo. Ele era o exemplo perfeito do que me aborrecia em todo esse mundo das Birkins. Ali estava um homem, um designer realmente talentoso, mas tão inseguro de si mesmo, que se comportava como um *outdoor* ambulante. Possuía, sozinho, mais de duas centenas de bolsas, sem mencionar todos os outros adornos Hermès que colecionava — para quê? Com que finalidade?

Eu conhecera diversas pessoas excepcionais nos últimos anos; algumas delas com coleções que rivalizavam com a de Lakis; algumas que eu podia considerar como verdadeiras amigas. Mas, para cada doce Ellen, cada divertida Sarah ou cada brilhante Grace, havia inúmeras pessoas cuja obsessão pelas Birkins e pelos lenços de seda beirava o mais puro narcisismo. Todos os dias, eu recebia telefonemas frenéticos e e-mails suplicantes de pessoas a quem não faltava nada, mas que ansiavam por mais. Eu não queria ser como elas. Eu não ia gastar o meu tempo ganhando um dinheiro que não conseguiria apreciar da maneira como queria, não ia viver a minha vida longe da minha casa e do meu companheiro. Qual o ponto principal disso tudo? A perda da minha mãe fez com que essa revelação surgisse mais rapidamente, mas acho que ela acabaria chegando em algum momento.

A verdade era: eu não podia mais fazer aquilo. Não ia conseguir tornar felizes os Lakises do mundo, não importa o que fizesse — além de tudo, a Hermès continuaria sempre a fabricar novas Birkins, novos lenços de seda, novas *bugigangas*. Eu estava cansado de tantas vezes ter exercido a ingrata função de lavador de janelas do arranha-céu da Hermès. Era demais para mim, definitivamente.

Não me arrependia — essa tinha sido uma maneira lucrativa, apesar de lunática, de ganhar a vida. Também havia viajado para muitas das cidades mais agradáveis do mundo, comido alguns pratos inacreditáveis, bebido uma grande quantidade de vinhos caros e tido nas mãos milhões de dólares em mercadorias de luxo. Tudo isso porque eu sabia como fazer algo importante — sabia como levar Birkins para casa. Mas agora eu estava pronto — pronto para entregar a coroa cor de laranja para o próximo e ávido comprador itinerante de bolsas, quem quer que fosse esse comprador. E, com certeza, eu tinha algumas boas histórias para contar nas festas regadas a drinques. Ei, talvez eu deva anotar algumas das mais malucas antes que as esqueça — o que mais tenho para fazer? Beber ouzo?

※ ※ ※

Epílogo

Agora, que presumivelmente já leu este livro, você sabe do que se trata — *Como entrei na lista negra da Hermès* fala de como a Espanha, o eBay, o amor, a Hermès, a serendipidade e as Birkins viraram a minha vida de cabeça para baixo. Depois de passados esses cinco anos da minha vida, o clichê que diz que "a verdade é mais estranha que a ficção" tomou um novo significado. Escrever um livro sobre tudo que aconteceu me pareceu bastante lógico. Mas o que eu não me dei conta quando surgiu essa ideia era de como é difícil escrever um bendito de um livro. Quer dizer, estamos falando de sangue, suor e lágrimas aqui (com ênfase nas lágrimas). O problema é que ninguém me avisou. Não que houvesse muitas pessoas que pudessem me avisar — sejamos honestos, quantos escritores a gente conhece pessoalmente? Eu, na época, não conhecia nenhum. Se conhecesse e eles fossem capazes de pintar um quadro exato do "processo criativo", tenho certeza de que eu teria escolhido a rota do ouzo. Mas, bem... eu não conhecia. E aqui estou eu, três anos depois daquele fatídico dia em Mykonos. O que me conduz para a próxima pergunta, pois cabe aos epílogos fornecerem a resposta — o que estou fazendo agora? E, para ir direto ao ponto — como estão os outros personagens?

A boa notícia é que todo mundo (inclusive *moi*) está indo razoavelmente bem. Os suspeitos usuais:

SARAH: Ela ainda está dirigindo a Créateurs de Luxe e chegou a mencionar meu livro em seu *site*, como parte de sua "credibilidade". Não sei quem consegue agora para ela todos aqueles crocodilos, mas, a julgar por todas as listas em seu *site*, há um novo especialista em "répteis" trabalhando no cenário da Hermès.

ELLEN YEATS: Felizmente, ela trocou o seu amor pela Hermès por um amor muito mais substancial — o seu novo marido. Ela e eu nos encontramos no último ano e fizemos talvez a limpeza de guarda-roupas mais cara de todos os tempos. Sim, quase todas aquelas caixas cor de laranja e seus conteúdos foram parar no balcão de vendas do eBay.

LUC: Tome cuidado, Nova York. Sim, isso mesmo, Luc está morando agora em Manhattan (por cortesia de algum velhote rico, sem dúvida). Eu já mencionei como adoro morar na Espanha?

WARD: Você se lembra do sujeito que ia me contratar, mas não o fez? Bom, ele está ótimo e acabou de lançar outra coleção de joias para a Bergdorf Goodman. Ainda sem fábrica em Barcelona, contudo. Rapaz, eu *ainda* estaria esperando por esse emprego.

GRACE: Ainda em Nova York. Ainda maravilhosa. Ainda não nos conhecemos pessoalmente.

PAPAI: Sempre sentirá a falta de mamãe, mas pode finalmente manter a cabeça erguida no campo de golfe. *Todo mundo* sabe o que é um escritor.

SERGE: Sei lá. Nunca mais ouvi falar dele. Imagino que ainda esteja na loja da Faubourg.

LAKIS GAVALAS: Alguém sabe? Alguém se importa?

Juan e eu (e Gala e Dalí) ainda estamos vivendo em Barcelona, em Las Ramblas. Ele continua a dar aulas e eu... bem, estou escrevendo outro livro. Eu sei — nem eu mesmo consigo acreditar. Sem dúvida, tenho uma fome insaciável de castigos. Mas, deixando a brincadeira de lado, eu me sinto verdadeiramente abençoado por ter chegado aonde cheguei. De comprador de Birkins a escritor de memórias? As coisas podiam ser bem piores!

Só tenho uma coisa a dizer sobre a publicação do meu livro... obrigado, Senhor! Mas não pretendo comparar o meu caso com o dos desportistas que conseguem realizar um feito extraordinário e levar a medalha para casa, aparentemente por cortesia de Jesus. Quero comparar com o "obrigado, Senhor" que as pessoas dizem quando conseguem finalmente chamar a atenção do garçom em um clube lotado. Porque se há uma pergunta que eu não aguento responder nem mais uma vez, é a seguinte — "E aí, hum, seu livro já foi publicado?" Agora, posso enfim dizer... *Sim!* Já saiu! Pode comprá-lo!!

Mas eu não posso lhe dizer o mesmo porque você já o comprou. E lhe agradeço por isso.

Tudo de bom,
mt

Glossário dos Termos Hermès

25 cm, 30 cm, 35 cm, 40 cm: a Birkin é produzida em vários tamanhos; as medidas se referem à largura em centímetros na altura do fecho da bolsa.

BAGMATI: uma echarpe grande de *cashmere*, de tecido fino e leve, como uma pluma, que custa cerca de 1.000 dólares.

BARENIA: um couro graxo natural, com uma superfície não tratada. É considerado o couro clássico da Hermès e parece que sempre há uma escassez em seu fornecimento.

BIRKIN: bolsa de couro fabricada com uma grande variedade de matérias-primas, desenhada para que a mulher que trabalha ou viaja possa carregar tudo o que é necessário. O nome foi inspirado na atriz Jane Birkin, que, juntamente com Jean-Louis Dumas Hermès, criou essa bolsa em 1984.

***BLEU ROI*:** azul real, em francês.

***BLUE JEAN*:** azul-celeste, em inglês.

BOLIDE: nome de um modelo de bolsa, com um zíper que percorre toda a sua parte superior, em forma de arco. Originalmente, chamava-se Bugatti, mas mudou de nome mais tarde por razões legais.

BRAISE: um couro de crocodilo tingido de uma cor vermelha intensa e brilhante, usado na fabricação de bolsas e pequenos artigos de couro.

CHÈVRE: couro de cabra, em francês.

CITES: Convention on International Trade in Endangered Species of Wild Fauna and Flora [Convenção sobre o Comércio Internacional de Espécies Ameaçadas da Fauna e da Flora Silvestres]. É um acordo internacional entre os governos; o seu objetivo é assegurar que o comércio internacional de espécies de animais e plantas silvestres não ameace a sua sobrevivência. A Hermès fornece um documento da CITES toda vez que um cliente que mora em outro país, que não o da compra, adquire um artigo fabricado com couro de crocodilo, jacaré, lagarto ou avestruz.

CLOCHETTE: uma pequena capa de couro, em forma de sino, que pende de uma *tiret* (tira) fina também de couro (normalmente, presa à alça da bolsa) e que serve para proteger a chave do cadeado.

CLOU: o pé de metal na base de uma bolsa Hermès.

CROCO: abreviatura de crocodilo (também usada como gíria para se referir a qualquer espécie de crocodilo ou jacaré).

ÉTRUSQUE: a cor marrom médio avermelhado de artigos de couro.

FAUBOURG: a localização da loja original e carro-chefe da Hermès em Paris, no *Huitième Arrondissement* [Oitavo Distrito]. O endereço completo é 24 rue du Faubourg Saint-Honoré.

FERRAGENS: os fechos, zíperes e outros acessórios de metal das bolsas.

GEORGE-V: a avenida em que está localizada uma das três lojas parisienses da Hermès.

HAUT À COURROIE: a versão original e mais alta da Birkin, essa bolsa foi criada no início do século XX para transportar os apetrechos de equitação. Também é fabricada atualmente em uma grande variedade de tamanhos.

KELLY: bolsa que se tornou famosa graças a Grace Kelly, depois que uma foto em que ela carregava a bolsa foi capa da revista *Life* em 1956. A Kelly tem apenas uma alça de mão (enquanto a Birkin tem duas) e pode ser usada a tiracolo, pois vem com uma longa alça opcional (enquanto a Birkin não pode).

PALLADIUM: as ferragens de metal prateado das bolsas.

PARIS BOMBAY: uma bolsa que se assemelha a uma gorda *baguette*.

PASHMINA: uma típica mescla de aproximadamente 70% de *cashmere* e 30% de seda, usada na fabricação de xales.

PLAQUÉ: cada uma das placas de metal nas extremidades das *sangles* (correias) de couro. Em uma das placas está a inscrição "Hermès Paris".

POIGNÉES: alças.

PONTET: o passador de metal, na parte da frente de uma Birkin, que mantém as *sangles* (correias) no lugar.

POUDRE: couro de crocodilo tingido de cor bege cremosa, usado na fabricação de bolsas e pequenos artigos de couro.

RUTHENIUM: uma tonalidade cinza chumbo de ferragens, usadas em artigos de couro.

SANGLES: correia de couro; termo usado tanto nas selas como nas bolsas Hermès.

TIRET: tira de couro que prende a *clochette* à bolsa.

TOGO: couro áspero, com pequenas granulações.

TOURET: pequena argola de metal em que é preso o cadeado da bolsa.

ULYSSE: pequeno caderno de anotações, com capa de couro, que é apresentado em diversos tamanhos e com refil de páginas.

VERMILLON: cor vermelha com um meio-tom laranja, usada em artigos de couro.

Agradecimentos

A Laura Yorke e Cassie Jones, por pegarem o livro desde os primeiros estágios (e a Johnathan Wilber, por ajudar a pôr o glacê sobre o bolo).

A papai, que me deu, dentre todas as outras coisas, o meu sexto sentido: o humor.

A JCT, que estará ao meu lado para todo o sempre.

A Eddie, pela leitura, e a Dottie, pela espera.

A Kara Blood, por suas palavras.

A Riane, a fã mais nova do clã.

A Peach, que foi babá do autor — duas vezes.

A Gene e Elaine, por me fornecerem as ferramentas da escrita.

A Barbara Smith, que sempre acreditou.

A Mica R. Bonner, por ser o diamante na minha *clochette*.

A Gala e Dalí, os "pesos de papel" mais fofos que um rapaz pode ter.

E um "muito obrigado" cheio de gratidão a Anne Blake, Carole Bayer Sager, Créateurs de Luxe, David Tobin, Dean Silvers, Debbie Stier, DeMane Davis, Galina Slinin, Geoffrey Proulx, Hiromi Tsukada, funcionários do Hotel Mansart, JPG, James Wadsworth, Jill Melhado, Kate Hunt, Lakis Gavalas, Mary

Jane, Melissa Jane Bradley, canal "mamãe e papai", MGS, Muntsa Vicente, Patricia Petal, Pime, Rick Johnson, Sharyn Rosenblum, Simonetta Lussu, Ward Kelvin, Willow Bay, www.Luxury-Shops.com, todo o pessoal da William Morrow que me ajudou neste livro... e Hermès.

Conheça outros títulos da editora em:
www.editoraseoman.com.br